科学传播人才培养译丛
王康友　钟　琦　主编

科学传播
文化、身份认同与公民权利

〔英〕莎拉·戴维斯
〔丹麦〕玛雅·霍斯特 ◎著

朱巧燕◎译
翟杰全◎审译

Science Communication
Culture, Identity and Citizenship

科学出版社
北　京

图字：01-2018-4304 号

图书在版编目（CIP）数据

科学传播：文化、身份认同与公民权利 /（英）莎拉·戴维斯（Sarah R. Davies），（丹）玛雅·霍斯特（Maja Horst）著；朱巧燕译. —北京：科学出版社，2019.1
（科学传播人才培养译丛 / 王康友，钟琦主编）
书名原文：Science Communication: Culture, Identity and Citizenship
ISBN 978-7-03-059375-7

I. ①科… II. ①莎… ②玛… ③朱… III. ① 科学技术–传播学–研究 IV. ①G206.2

中国版本图书馆CIP数据核字（2018）第251616号

责任编辑：张 莉 张 楠 / 责任校对：贾伟娟
责任印制：李 彤 / 封面设计：有道文化
编辑部电话：010-64035853
E-mail：houjunlin@mail.sciencep.com

科学出版社 出版
北京东黄城根北街 16 号
邮政编码：100717
http://www.sciencep.com
北京建宏印刷有限公司 印刷
科学出版社发行 各地新华书店经销
*
2019 年 1 月第 一 版 开本：720×1000 1/16
2023 年 1 月第四次印刷 印张：17
字数：230 000
定价：78.00 元
（如有印装质量问题，我社负责调换）

总　　序

科普人才是指具备一定科学素质和科普专业技能、从事科普实践并进行创造性劳动、做出积极贡献的劳动者，是我国科技人才的重要组成部分。随着国家“十三五”规划的全面实施，公民科学素质建设进入跨越式发展的新时代。科普事业迎来了为建设世界科技强国服务的重要战略机遇期，也迎来了创新攻坚转型升级的关键窗口期，对有担当、宽视野、高技能的科普人才需求更为迫切。科普人才成为科普事业发展和公民科学素质建设的重要支撑和基本要素。

中国科学技术协会是全民科学素质行动计划纲要实施工作牵头部门，也是实施“科普人才建设工程”的第一牵头单位。为贯彻落实《国家中长期人才发展规划纲要（2010—2020年）》的部署，深入实施《全民科学素质行动计划纲要（2006—2010—2020年）》，进一步推动全国科普人才队伍的建设和发展，中国科学技术协会组织制定了《中国科协科普人才发展规划纲要（2010—2020年）》，并提出目标：到2020年，培养和造就一支规模适度、结构优化、素质优良的科普人才队伍。科普人才总量至少比2010年翻一番，整体素质明显提高，结构明显优化，地区布局、行业布局趋于合理；建设形成一批科普人才培养和培训基地，建立健全有利于科普人才队伍建设和发展的体制与机制。到2020年，全国科普人才总量达到400万人。

为了更好地实现这一目标，中国科普研究所成立课题组，组织引进和翻译了“科学传播人才培养译丛”。从世界范围来看，美国、英国、澳大利亚等国家的科学传播专业教育发展历史较长，形成了相对较为完善的人才培养体系。其中又以澳大利亚的科学传播实践背景及其在国家科技政策中的定位与中国的情况较为相近，其学科建制和教学体系对我国的科学传播专业发展有很强的借鉴意义。课题组第一阶段择优翻译出版4本著作，分别为《科学传播：文化、身份认同与公民权利》《有效的科学传播：研究议程》《科学和参与科学技术：议题与困境》《科学传播的理论与实践》，推荐给国内从事科学传播工作的相关人员阅读和参考。

科普人才培养任重而道远，中国科普研究所将加强国际交流，在全球范围内深入探讨科学传播人才培养方案和课程设置，并不断引进各国优秀的科学传播图书。同时，也欢迎本领域各位专家、同人向课题组推荐优秀书目，共同助力我国科普人才培养。

王康友

2018年10月

译者序

科学建制化的成熟促进了职业化科学家的诞生，新知识的获取使用的是外行不熟悉的方法，新知识的表达使用的是外行看不懂的学科术语，以提高公众科学知识水平和科学素养为目标的组织及专家应运而生，架起了科学和公众之间的桥梁。一般来说，传统的科学传播研究（科普、公众理解科学等）主要把科学传播看作是信息的转移，探讨如何有效地把信息从科学家那里传播给公众。其基本观点是，科学技术对社会影响重大，我们非常有必要把科学知识、科学方法和科学精神从科学家那里传递到普通大众那里，以帮助人们更好地理解科学、使用科学并支持科学事业的发展，这种理念也被称为“缺失模式”。

本书把科学传播看作是一个有许多生态位的多元化生态系统，其中，各种各样的传播实践构成了既相互依赖又具有自主性的复杂网络，研究人员需要审视其中关于科学、技术和公民在现代社会的意义。科学传播不仅仅是知识的迁移运动，还和更为广泛的文化、身份认同、公民权利息息相关。但是，现有的文献对科学传播在文化、身份认同和民主实践方面的多元应用尚未进行充分的研究。

文化是作者用来研究科学传播的主要框架，借用斯图亚特·霍尔的“文化循环”理论的五个环节——生产、消费、规制、表现形式和身份认同，她们检视了科学传播在这五个环节的不同情境下被实践、被体验和被想象的不同方式。

（1）科学传播的生产。媒体产业正在发生深刻的变化，许多报纸不再有专门的科学记者，不再有资源支持深度的科学报道，这是因为网络、社交媒体和免费公民新闻的兴起。新媒体几乎使人们无须付出太多的认知努力，就能够在任何地方获取关于任何事物的海量信息。同时，科学传播正在变得职业化。研究机构或者投入资源，如培训活动，将科学家转化为熟练的传播者；或者将科学家的传播任务委托给研究机构内的其他专业人员。而当代社会知识生产的本质正在发生变化，大学除了承担教学和基础研究任务之外，还要从事知识产权的识别、创造和商业化。大学的市场化和公共资金资助研究被认为是促进国家经济繁荣的重要手段。但是，这种市场化的压力也使机构和教师为了资金资助而竞争，从而使得他们的行为像资本家一样：没有经济利益的活动不会被保留。这种变化意味着科学传播的宗旨不仅仅是传播知识或教育公众，也可能是增加组织或学科的合法性，以获得更多的资金。科学传播成为科学家或科研机构树立品牌形象、维护公共关系的一种方式。

（2）科学传播的消费。科学传播设置的框架可能是理性、审议、教育或娱乐，然而在实践中，公众常常超越这些框架。作者注意到，受众和消费者可能会拒绝服从，抵制说教式的科学传播。图像、物质性和情感等因素都会对科学传播的解码、诠释和消费产生影响。

（3）科学传播的规制。科学传播目前还没有一套一致的规范和实践（根据职业社会学理论，这是一个专业形成的关键），但有证据表明，共同的规范、价值观和承诺正在出现。但是，该领域的多样性使得很难看到一套基于共同基础的专业评估标准。什么是“好的”科学传播，还需要进一步研究。

（4）科学传播的表现形式。在科学传播的语境下，关于表现形式的研究通常关注的是某种特定的传播方式如何再现科学、科学家和科学知识。这也是科学传播被研究得相当多的领域，本书许多部分也将反复提到这些研究。例如，有的学者研究如何使用隐喻、标识或图像来促进某些对科学的想象，或者研究对某特定表现形式的冲突性诠释。但是作者认为，重要的是不要仅仅关注这些表现形式是否准确地传达了他们所要传播的科学知识，因为科学传播的表现形式从来不仅仅是再现科学内容，同时也会再现社会或社会活动的某一部分，应该把科学传播的表现形式和更广阔的社会背景联系起来。

（5）科学传播的身份认同。科学家在传播科学知识时，不仅要提供事实或信息，还要讲清楚科学是什么、应该怎么样，以及管理自己的专业和个人身份认同。对于有些人来说，这是对硬核事实[①]和确定性的追求，而其他人对科学的叙述则引进了模糊性和不确定性。一些科学家认为，他们主要是作为个人发言；而另一些科学家则认为，自己是更大群体的代表，例如他们所供职的大学或所在的学科领域。同时，科学传播对于公民看待自己、看待所属社区的方式也可能是重要的。本书认为，公众既是科学知识的消费者，也是积极参与管理的公民。科学传播以多种不同的方式构建身份认同。公民可能出于不同的原因接触科学，如好奇、乐趣、娱乐、社会原因等。有些科学传播的受众认为，公民有义务“跟上”科学，并且担心很多公众没有充分重视科学。重视科学可以是一个好公民的标志或迹象。另外，也有一些人可能把自己界定为不理解或不关心科学的人。

随着大规模杀伤性武器、生物技术、新能源技术的面世和快速发展，社会对科技与生命健康、社会伦理方面的担忧逐渐加深，公众对科学的支持和赞赏程度下降。传统的“缺失模式”未能缓解公众对科学的紧张和不信任，20 世纪 90 年代以后，学界逐渐发展出了科学传播的“对话模式”，也被称为“参与模式”或“民主模式”，它认为不能单方面地要求公众理解科学，科学也需要理解公众。公众应该作为与科学平等的一方，参与到科学的进程中，双方应开展建设性的讨论和对话。

从“缺失”到“对话”，被认为是科学传播发展的主旋律，如布莱

① 指纯粹的科学事实。——译者注

恩·特伦奇（Brian Trench）所说，这一叙事是一个基础性的故事，以多种方式被这个领域的人们所描述。

> 近十年来，几乎反复地讲述同一个关于自己发展的故事。这个故事很简单：以前的科学传播是根据“缺失模式”开展的，它是一种从富有知识的专家到没有知识的公众之间的单向传播；现在它是“对话模式”，即能让公众参与双向传播，并利用他们自己的信息和经验。

作者批判性地反思了这种叙事，认为它现在对这一领域的发展施加了限制。她们认为科学传播的历史是多元的，单一的叙事简化了科学传播的历史和背景；科学传播的生态系统是多元的，而从“缺失”到“对话”的叙事往往只聚焦于在职科学家，这导致研究者只关注特定的科学传播形式和行动者，而错过了这个生态系统中的很大一部分；科学传播的文化是多样的，从“缺失”到“对话”描述的是特定国家，即英国的背景，其他国家和地区可能在不同程度上受到类似趋势的影响，但是，它们也有自己的科学传播历史和想象；科学传播是多样化的，在实践中，科学传播景观一直比“从缺失到对话”话语所显示的更为多样化。在传统模式的实践中有对话和参与，同样地，今天的对话模式里仍然也有大量的缺失模式的科学传播。最后，科学传播从“缺失”到“对话”的叙事也把自己表现为孤立的历史——被描绘为科学及其普及者的内部事务，几乎没有意识到更广泛的政治动力。

本书的价值首先在于放弃了单一叙事，不是简单地重复“从公众理解科学”到“公众参与科学”。科学传播的实践是复杂的，各种传播生态同时并存，并且在不同的情境中，科学传播更是多元的。作者呼吁，科学传播学术界应该广泛利用各种理论、概念和方法论的资源，研究各种不同经验场合所发生的科学传播，她们还指出了在研究中值得进一步关注的一些工具和领域。

其次，本书视野开阔，对当代科学传播的几个重要趋势都进行了较为深入的讨论，主要包括：科学传播的职业化；学术资本主义带来的科学传播公关化；科学全球化、市场化和商业化的趋势如何形塑（shape）科学传播，以及如何被科学传播所形塑；科学传播在文化、身份认同和民主实践方面的作用；科学传播与物质、情感相互纠缠的方式；等等，帮助读者建立了科学传播领域的基本图景。

对于中国的科学传播研究而言，本书还有特别的意义。近现代以来，古老的中国多次风雨飘摇，很多精英的共识之一是科学技术的落后导致了国家民族的落后，因此要向西方列强学习科学技术。科学传播承担了启蒙的重任，主要就是知识的扩散和转移。新世纪以后，一些学者引进了对话模式，认为科学传播应该超越传统模式，转向对话，强调公众参与科学和公众在科学事务上的决策权利。“从缺失到对话”的叙事也开始成为国内学界的流行话语。本书对该流行话语的反思提醒了中国学者不能简单地移植国外理论，囿于单一框架，而应该从中国科学传播的历史和现实出发，联系更为广泛的当代社会、政治和经济，推进中国科学传播的发展与创新。

译　者

2018年8月17日

致　谢

很难记起写作本书的最初想法是从哪里来的。我们已经在一起工作了一段时间，彼此之间的对话经常是关于科学传播的各个方面，包括我们都感到兴奋的内容、我们还不知道答案的问题，以及我们迷恋的科学传播正在发展的领域。最后，这些对话凝聚成写一本书的想法，探讨一些我们发现的特别有趣的思考科学传播的方法。我们一起探讨了不同的主题、概念、理论框架以及那些我们认为可能有助于启发科学传播研究的方法和角度，结果就是读者将在本书中看到的这些。

回忆那些在写作过程中曾经帮助我们的人则要容易得多。布莱恩·特伦奇（Brian Trench）、克里斯蒂安·H. 尼尔森（Kristian H Nielsen）、艾伦·欧文（Alan Irwin）、麦肯·舒尔茨（Majken Schultz）和一个匿名的审稿人给我们的初稿提出了非常宝贵的意见。一群科学传播研究者友善地参与了我们在哥本哈根的研讨会，讨论了我们著作的一部分：感谢马西米安诺·布奇（Massimiano Bucchi）、安妮·迪斯特（Anne Dijkstra）、简·格雷戈里（Jane Gregory）、凯伦·巴尔迪德（Karen Bultitude）、西蒙·洛克（Simon Lock）、米拉·希尔（Miira Hill）、费利西蒂·梅勒（Felicity Mellor）、乔·孟德尔（Jon Mendel）、霍克·里希（Hauke Riesch）、朵乐西亚·波恩（Dorothea Born）、埃里克·斯坦勒（Erik Stengler）、尼娜·艾姆龙（Nina Amelung）、凯斯普·奥斯维斯基（Kasper Ostrowski）、梅根·哈尔派（Megan Halpern）、布里特·赖（Britt Wray）、歌德布斯（GödeBoth）、凯特尔·桑迪科（Kjetil Sandvik）和德里亚·韩恩（Dehlia Hannah）的参与及他们对本书的评论。关于本书的议题，我们还与其他学者、职业传播者、学生有许多非正式的对话：乌里克·费尔特（Ulrike Felt）、安迪·斯特林（ Andy Stirling）、朵乐西亚·波恩（Dorothea Born）、麦克·迈克尔（ Mike Michael）、西西里亚·格莱（ Cecilie Glerup)、伯特·达斯戈德（Birte Dalsgaard）、雅思派·斯迪恩·温科（Jasper Steen Winkel）、路易斯·怀特里（Louise Whiteley）、亚当·本科德（ Adam Bencard）、伯格·林德伯格·穆勒（Birger Lindberg Møller）。感谢他们，特别是那些一语中的的意见。有一些很好的建议我们并未采纳，部分原因是文本本身的快速变化难以控制。遗漏、不当和失败的责任归属于我们自己。

我们还需要感谢帕尔格雷夫（Palgrave）出版社在整个过程中提供的帮助，特别是霍利·泰勒（Holly Tyler）和多米尼克·沃尔克（Dominic Walker）。我们得到了欧盟委员会居里夫人基金（European Commission Marie Curie）资助，没有他们的支持，本书是不可能完成的。哥本哈根大学资助了我们与一组合成生物学家的卓有成效的合作。布罗切基金会（Brocher Foundation）为我们提供了一个月的美丽的隐居生活的工作环境，一些章节是在他们的日内瓦别墅里完成初稿的。

最后，玛雅要感谢艾伦·欧文（Alan Irwin），他的幽默令人开怀，还显示了在做全职管理的同时进行研究是有可能的。莎拉要感谢拉斐尔·希麦尔（Raffael Himmelsbach）提供了稳定的支持和美味的食物。我们也要彼此相互感谢。一起写完这部似乎算得上成就的著作以后，我们仍然在一起讨论，仍然喜欢彼此一起工作。

目　录

第一章

绪论：科学传播作为一种文化

在现代知识社会，科学传播的重要性不言而喻，人们都期望科学知识和技术发展能成为经济增长和增加社会福祉的核心，并希望通过科学能找到应对气候变化、能源、食品和水资源不足等挑战的解决方案。这样的期望意味着，科学传播至少在三个方面是重要的。

首先，科学传播对增加个人、组织和国家的福祉很重要。许多国家投资了它们国内生产总值（GDP）的很大一部分去寻找解决社会问题的方案，而科学也确实常常提供关键的新知识和新技术，使我们的生活变得更好。这些知识必须被传播给它们的潜在用户才能生效。关于疾病预防、水资源或能源效率的技术，只有把它们传播给那些相关的可以使用的人，才会提高公民的生活水平。例如，通过新技术开发新产品。关于像遥远星系或代谢系统等的复杂知识，可能不会立刻产生直接的效益，但这些基础科学知识还是需要传播的，因为它们可以帮助公民理解生命，理解自己在地球中的位置。

其次，科学传播对民主很重要。如果人们与许多决策的基础——科学知识本身没有牢固的联系，那怎么能在知识社会中为决策做出贡献呢？这种联系不仅仅是具有理解科学事实或正确解释科学事实的能力。相反，它意味着公民应该知道科学知识是如何产生的，其局限性和后果是什么。[1]这不是一个简单的要求。然而，如果科学是当前社会最重要的生产力之一，那么公民必须熟悉它的运作方式。科学应该在民主机构中由公众开展辩论，否则我们就会产生社会风险，那些理解、使用及做出科学决策的人，与那些不理解、不使用及不做出科学决策的人之间会越来越两极化。

最后，科学传播的重要性还体现在它和文化与身份认同有关。许多日常生活中的东西依赖于技术科学，表现在从我们吃的食物到我们的交通系统、通信技术和医疗保健。有时候，这些日常生活的科学性是看不见的，但一旦它的重要性显示出来，则可能是令人痛苦的——例如，如果我们需要与医疗专业人士讨论特定癌症的最佳治疗方式时。然而，大多数时候，科学通常潜藏在背景的某个地方。它促进了我们对社会问题的思考，诸如气候变化、膳食营养或粮食安全等问题，但是，我们关于这些问题的经验和我们作为知识社会的公民所关注的其他问题交织在了一起。这是我们如何理解自己的一部分，也是我们所处的整体文化结构中的一部分。对于有些人来说，拥有丰富的科学知识是非常重要的，因为它可以成为一个关键的身份认同标签；而对于另外一些人来说，它与其他价值观和认知方式混合在一起。本质上，科学传播是一种使我们理解（make sense of）科学，从而理解我们所属的社会的活动。[2]

本书的出发点是，在当代知识社会，科学是文化的核心部分。科学传播并不仅仅是把困难的东西“翻译”成简单的，也不仅仅是把科学知识从懂的人那里传播到不懂的人那里。它是社会不可分割的一部分，对社会福祉、民主和文化有着巨大的影响。许多讨论科学传播的作者已经探讨了科学传播在有效地把科学知识转化为社会问题的现实解决办法方面的重要性，即科学传播在社会福祉方面扮演的角色。[3] 因此，本书将关注后面两个角色——民主与文化。我们对科学传播和文化、身份认同、公民权利之间的关系很感兴趣。我们将会论证，科学传播和组织、身份认同、空间、情感、职业生涯、未来，以及许多社会生活的其他方面紧密联系。它不应该被想象成或者主要作为一种个人事务被研究，而是应该涉及集体和文化的建构。

什么是科学传播？

当提到“科学传播”时，我们在想什么？例如，2014 年 6 月，在哥本哈根举办的欧洲科学开放论坛（EuroScience Open Forum，ESOF）可以帮助解释我们如何使用这个术语。欧洲科学开放论坛每隔两年在欧洲的主要城市举办。2014 年，它和一个被称为“科学在城市”（Science in the City）的公共科学节一起举办，其中包括不同种类的科学传播活动，例如，从由医学学生策划运行的“泰迪熊医院”[①] 到室外挪威海洋水下生物照片展览。在为期 6 天的活动中，大约有 4 万人参加了科学节，这使得欧洲科学开放论坛成为对学术、新闻、家庭、学校团体、政策制定者、活动家、艺术家、政客及公关团队的完全整合。取决于某个特定时刻你在哪里，欧洲科学开放论坛可以是一个浅层的智囊团讨论、一个传统的杰出科学家的公开演讲，或者是富有激情的活动家在装饰着艺术和黑客技术的空间里主持的现场工作坊。如果你漫步于欧洲科学开放论坛的主厅，你将会发现各种展位，例如，爱沙尼亚研究理事会，强生公司研究展览，或者居里夫人研究奖获得者交流会。这个活动作为一个整体，把无聊的青少年、面临截稿日期的记者、高调的政策制定者，以及富有激情的大学生带到一起，参加各种活动，包括从鼓励人们漫步浏览以理解科学概念的工作坊，到关于科学在社会中的角色的辩论。

欧洲科学开放论坛有很多被我们认为是“科学传播”的活动。面向公众的活动包括但不限于学龄期儿童工作坊、公开演讲或体验式科学示范活动。我们并不想区分欧洲科学开放论坛大厅及“科学在城市”展示的活动和参与式活动的差别。所有出席欧洲科学开放论坛的观众，不管是学龄期儿童、政策制定者，还是科学家自身，都是活动提出的各种有关科学的信息的受众。这里的要点是，科学传播可能发生在许多不同的背景、不同的情境，可能自觉地或者非自觉地，面向各种不同类型的受众。它传播的内容也是各种各样的，效果也大不相同。在一个类似欧洲科学开放论坛的活动中，参与者不只是学习具体的科学事实，而且是参与到沟通中。例如，参与讨论词语“科学”的意义，类似欧洲联盟（European Union，简称欧盟）或某个特定大学的组织认同，科学职业的机遇和价值所在。科学传播

① 儿童带着假扮生病的泰迪熊之类的玩偶来让医生看病。——译者注

是日常生活的一部分，无论是个人的（与家人参加一天的科学活动）还是职业的（通过传播你的研究来支持雇主）。

我们把科学传播定义为一种有组织的活动，其目的是传播科学知识、方法、过程或实践。在这个设定中，非科学家被认为是受众的一部分。[4]这是一个广泛的定义。它包括：报道科学的大众媒介；针对患者或者特定技术的用户群体的信息材料；科学博物馆；科学节或者科学工作坊；公开演讲和辩论；在线或者社交媒体的科学内容。因此，科学传播可以发生在任何地方，比如，医生给你的禁烟宣传单，政府为了衡量公众对新技术的看法而开展的关于转基因作物或纳米技术的意见咨询活动。

我们使用“科学”这个术语，我们也可以很容易地讨论“研究传播”（research communication）。我们使用这个术语的原因是，科学传播是一个固定的术语，而研究传播不是。然而在实践中，“研究”比“科学”的意义更广泛［从某种角度来说，就像德语单词 Wissenschaft（“科学”）也包括“人文和社会科学”的意思］。尽管情况开始有所改变，但传统上关于社会科学或人文研究的传播很少被关注。[5]虽然公认的是，该领域大多数的实践与研究是关于自然科学和医学的，但我们的定义并没有排除其他形式的基于研究的知识。类似地，我们的“科学”是“科学技术”的简称。现代科学和技术错综复杂地交织在一起，科学传播通常涉及某种技术或技术发展。[6]

我们的术语“科学传播”不包括哪些呢？我们的定义不包括正式的科学教育。因为该领域在它自己的领地里已经被很好地研究，因此，它不是本书的主要兴趣。它也不包括科幻作品或虚构类电影、电视、小说中涉及的科学，或者偶然提到的科学，例如日常生活或政策话语中的科学。这样做的原因是，我们不想让“科学传播”的定义如此广泛，以至于失去了它的本义。如果一切关于科学的都是科学传播，那么它涵盖的东西就会太多，以至于不可能被连贯地讨论。然而很明显，虚构类作品涉及科学的部分，或者流行文化和话语中科学扮演的角色，对于人们如何认知科学具有重要的意义，尤其是对于那些没有通过太多其他方式接触科学的人。那么，根据上下文确认其他文化和传播领域有哪些作为特定例子被包含在讨论范围之内或者作为科学传播的某些方面可能是必要的。

作为生态系统的科学传播

科学传播并不简单。我们可以用“生态系统”来隐喻科学传播在现代知识社会中的复杂性。“科学在城市”把研究导向的活动、展览、研讨会、辩论和演示集中在一起，在欧洲科学开放论坛大会上，大学公关人员在与人交流时、公司发放免费的钢笔来宣传自己的品牌时、研究机构播放自己的研究视频时，传播就发生了。把这些多样化的活动看作是科学传播生态系统的一部分，可以帮助我们理解科学传播景观的异质性和多元性。不仅欧洲科学开放论坛是这样，在更一般的情况下也是如此。必须强调的是，我们并不是想象了一个稳定的结构，在其中，每样事物都有固定的位置，并且和其他事物以特定的方式连接；而是表示科学传播生态系统中充满了不同形式的生命，并且以不同的形式互相联系。如果科学传播是一个生态系统，那么它会有许多生态位，其中，各种各样的传播实践构成了既相互依赖又具有自主性的复杂网络。

有一些生态位建设良好，已经成为科学传播的家园很长时间了。例如，媒体就是这种情况。它们有科学传播的传统，既包括作为日常新闻报道一部分的科学新闻，也包括专门的科学纪录片或科学栏目。[7] 近年来，在数字化和社交媒体平台发展的驱动下，媒体系统发生了剧烈的变动。[8] 这些变化使得许多不同的参与者，包括公民、活动家、组织、研究机构和其他专业生产者参与内容生产，他们制作的内容大量增加。其他新增的包括正在发展的科学播客、TED 演讲、YouTube 视频、推特（twitter）的使用（例如，用推特直播科学新闻发布会或科学事件）。大学和研究机构在过去的十年里也扩大了其传播部门的沟通渠道。

另外一个建设良好的科学传播形式是科学家的公开演讲或他们写的科普图书。从许多方面而言，这两种形式是一个多世纪以来最经典、最广泛地提高公众对科学的理解的途径之一。[9]这经常被看作是科学传播的典范，也是很多人认为科学传播主要就是科学家个体出于自己的抱负向公众告知他们的研究领域的原因之一。科学家对科学传播依然重要，但在传统的书面或口头传播之外又有了新的传播形式，包括不同种类的形式。例如，科学大满贯（science slams，其中每位科学家都有几分钟的陈述时间，完成以后由观众投票选择谁是最佳陈述者）；研究人员访问学校，举行科学会谈或科学演示活动；科学家和艺术家之间的互动。现在我们可以看到，科学传播和艺术、戏剧、喜剧或故事的组合越来越多，这显示了科学传播比过去更加关注创意和趣味性。[10]

生态系统的第三部分是国家授权和推广的科学信息。随着 20 世纪福利国家的发展，它们越来越有责任开展正确信息的宣传运动，指导公民过一种健康的生活。[11]今天，这样的信息不仅局限于健康促进运动，也扩展到了生活中的很多其他领域，如可持续发展、能源、休闲活动、生活垃圾。在国家治理的其他方面，科学传播也已经非常重要。随着科学成为经济增长和繁荣的关键驱动力之一,一方面，它在政治上的重要性越来越突出；另一方面，对某些科学领域和新兴技术日益增长的怀疑本身也成了政治治理的一个问题。自 20 世纪 90 年代以来，欧洲及欧洲以外的各国政府和其他政策行动者们发现，公众在科学治理和科学决策中非常重要。[12]科学政策的公众参与形式包括参与式共识会议，即一组公民质询某个特定问题的专家小组，随后就该问题撰写一篇他们认为应该怎么应对这个问题的报告[13]，但也有很多类似的形式，其目标是使公民参与有关科学的对话和政治决策。

科学传播生态系统第四个已经建立的生态位是科学博物馆和科学中心。大多数学龄期的孩子都有访问自然历史博物馆和科学博物馆的经历，而且，博物馆和类似机构被视为是在正规学校教育之外非正式科学教育的关键场所。这样的机构已经从主要搜集和展示目标物发展到包含互动元素，利用视频和音频来进行更深入的学习。互动元素在科学中心这样的地方更明显，访客可以亲自动手参与演示，这种设计的目的是引导访客理解有关自然科学的基本原则。[14] 近年来，博物馆不断加大工作力度，鼓励公民以其他方式参与科学。至少一个世纪以来，业余的鸟类学家和天文学家已经为科学家提供了有用的数据。科学博物馆也为新形式的“公民科学”提供越来越多的支持，包括天文学大数据分析、当地环境监测或蜂群观察记录。[15] 除了已建立的机构及科学领域转向增进互动和参与之外，新形式的“草根”参与已经浮出水面，如黑客空间、创客空间及自己动手（do it yourself，DIY）生物学，这些是公民自己设计的补充和学习科学的地方。

所有的这些例子都显示，科学生态系统是异质的、多元化的。它和健康传播、科学教育及政治参与相关，也形成了一个在一系列实践和学术研究上都相互关联的独特领域。重要的是，该系统是动态的。其中的一些传播形式——电视纪录片、科普读物、公开演讲，看起来似乎是相当稳定的；而其他一些传播形式，如科学大满贯、公民科学或公众对话，正在萌发或发生变化。所有的传播形式共同构成了科学传播的景观，它们之间的关系总是在不断地变化。

作为文化的科学传播

欧洲科学开放论坛这样的活动集合了许多不同种类的知识、不同的人群，以及不同的传播形式。这些形式的科学传播没有一种可以独立于他们所在的文化、组织和群体背景之外被理解。因此，本书的核心论点是，科学传播不仅仅是知识的转移。当然，在大众传播活动中，科学思想的交流会以不同的方式发生。但是，总是有更广泛的意义背景围绕着，用来构建特定的身份认同、加固组织文化，或者参与政治辩论的科学传播实践和各种活动。我们的宗旨是促进科学传播这些多元化方面和使用的讨论，特别是在这样的情况下，现有文献迄今尚未对此进行充分的研究。我们想问的是，如果不把科学传播看作主要是一种知识的迁移运动，而是把它想象成现代社会的一个空间，那么在那里，我们可以审视当前流通的关于科学、技术和公民的意义。

因此，本书的写作有几个目的。最基本的目的是，我们要强调当代科学传播与文化、身份认同和公民权利的关系。在整个讨论过程中，我们将使用真实的例子和案例进行研究。我们会特别指出那些我们认为值得进一步研究的情境，例如在科学传播实践方面迅速发展的大学公关部门的活动，或者媒体对名人科学家的报道。用真实例子开展我们的讨论，在丰富学术研究的同时，可以使读者想象和了解科学传播的实践方式。虽然我们并不是在写一本关于如何开展科学传播活动的手册，但我们还是希望本书能对职业传播人员和其他传播研究者有所启发。

我们认为，科学传播学界也将受益于新的视角。在整本书中，我们建议重新想象科学传播研究，把科学传播作为一种文化现象来对待。把科学传播理解为一种文化，可以帮助我们研究它在组织、业界和民主方面扮演的角色，以及在资源生产和期望、情感、情绪生成方面的作用。因此，文化是我们用来研究科学传播的主要框架。在这个框架之内，我们开始检视科学传播在不同情境下被实践、被体验、被想象的不同方式。

文化的概念似乎太过于被人们所熟悉。它在社会科学、人文领域及大众话语中被广泛使用。我们引用英国传统文化研究学派，特别是斯图亚特·霍尔和他的同事们在著作中发展起来的一个定义。霍尔认为，文化与其说是一系列如小说、绘画或电视节目、漫画之类的东西，不如说是一个过程、一组实践。首先，文化关系到社会和群体成员之间意义的生产与交换，即意义的给予与索取。说两个人属于同一种文化，是指他们阐释世界的方式几乎是一样的，他们对于自我、世界的认知和情感以相互可以理解的方式来表达。[16]

这和我们理解科学传播的方式异曲同工。中心是关于意义生产及科学传播在特定社会作为意义生产的一部分的方式。当社会的行动者就科学展开交流时，他们叙述的是关于世界的、自己的故事，以及他人所在的位置。通过把科学传播理解为一种文化现象，我们就可以把它看成许多不同人的生活、不同种类的身份认同的集合，而不是简单地将其视为知识的转移。

霍尔清楚地论述了文化是多元的。我们曾经说过，欧洲科学开放论坛举行了一系列广泛的科学传播实践活动。然而，总体而言，这些活动可能体现了一种视科学为社会重要组成部分的文化。但是，并不是所有的哥本哈根市民都认为自己和“科学在城市”有关，以及参加科学节活动是有意义的，换句话而言，他们对文化的理解和“科学在城市”的组织者所假设的可能不同。对于霍尔来说，这一点非常重要，他注意到对意义共享的关注可能会导致我们误以为文化是统一的、认知性的。但是，他说在任何文化中，“任何主题的意义都有巨大的多元性，我们阐释和表达的方式总是多于一种”。[17]因此，把科学传播看作是文化实践，可以让我们预期到它在阐释中的多元性，不管这是特定传播活动的特性，还是更为一般的科学在社会中的角色。这种文化理论也可以帮助我们意识到科学传播的社会背景，以及它总是在特定时刻被表达和阐释的事实。毕竟，文化是变化的。“说两个人属于同一种文化，”霍尔写道，“就是说他们以大致相同的方式阐释世界。”这意味着来自其他文化和亚文化的人的阐释方式是极其不同的。

霍尔和一群英国开放大学的同事关于文化的思考被总结为一个被称为“文化循环”的理论模式。[18] 这是一个用来理解文化生产的循环，最早于20世纪80年代被提出，作为研究“文化进程的规律性”的一种方法。[19] 在此基础上，霍尔和他的同事用该理论拓展了研究，使得生产者不再被视为可以单一地决定文化产物的意义。[20] 霍尔他们以“索尼随身听”为例论证，文化产品的意义不是一成不变地由制作者决定的，而是在具体的情境中被演绎的：

> 意义不是简单地从一个独立领域（生产者）发出，然后被另一个独立领域（消费者）接收的。意义的生产与其说是“传输”流模式，不如说是对话模式。这是一个不间断的过程。它很少在预定的地方结束。[21]

通过多个不同的文化进程，意义被确定（抵制、更改和协商）。表现这些文化进程的循环有五个环节：生产、消费、规制、再现和身份认同。每个环节都有助于意义的创造、翻译和交换，而且，它们是彼此连接的（图1-1）。为了便于理解，它们被描绘成独立的过程，但“在现实世界中，它们不断重叠，以复杂的、偶然的方式交织在一起”。[22]

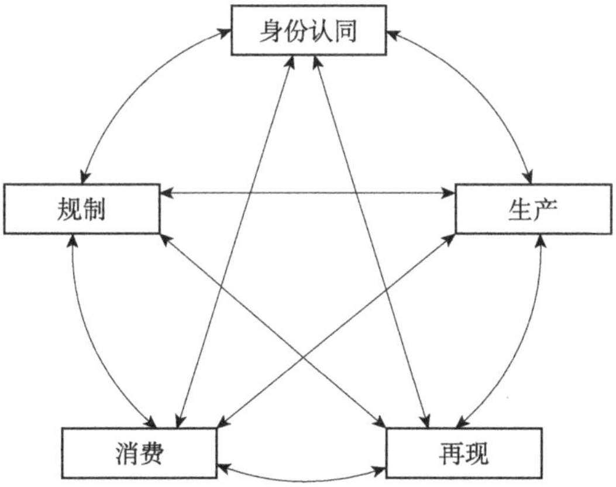

图1-1　文化的循环

修改自斯图亚特·霍尔的文化循环理论

我们认为，该理论是重新认识科学传播的有用起点。[23]这不是传播过程的模式或一个简单的捡起来就能被系统地应用的东西，而是如果想顾及某个科学传播实例的丰富性，即整体地而不是从一两个维度观察，它可以提供一个分析框架。在这方面，循环理论可以作为一个指引。它在整个地图上标出了一些导航点，并指出了航行的方向，但并没有告诉我们在旅途中会发现什么。

接下来，我们将从“文化循环”理论的视角来讨论这五个环节中的每一个是如何帮助我们解析科学传播实践的。我们会思考每个环节（生产、消费、规制、再现和身份认同）如何与欧洲科学开放论坛大会及“科学在城市”科学节联系起来，探讨其中一些可以揭示一般情况下的科学传播研究的问题。当然，这五个环节的分隔是人为的，因此，我们的讨论也经常把一个环节混合到另外一个环节。重要的是，要把文化过程的理念融入科学传播的背景中。本书的其余部分将会进一步解释这个论点，我们将在接下来的段落预览本书探讨的几个重要主题。其中，最重要的问题是如何把科学传播作为一种文化现象。

科学传播中的身份认同

欧洲科学开放论坛在哥本哈根市嘉士伯城地区举行，这里以前是嘉士伯啤酒厂和一个相关工业综合体的所在地。2014 年，嘉士伯城正在进行大规模重建，许多空置的建筑被用作临时舞台和活动场所。对于丹麦人来说，嘉士伯具有丰富的内涵，在科学史上值得引以为豪，影响力很大。1847 年，J.C. 雅各布森创立了嘉士伯啤酒厂，他曾访问法国巴斯德研究所，并率先采用科学技术来提高啤酒酿造的质量。他以科学的热心支持者而闻名：1875 年，他成立了嘉士伯实验室，直到现在，该实验室还是工业实验室典范一般的存在，同时也取得了优秀的基础科学研究成果。嘉士伯基金会是丹麦最大的私人科学基金会之一，与丹麦皇家学会之间有着密切的联系。

因此，将欧洲科学开放论坛放在嘉士伯举办突出了重要的文化和历史轨迹及价值观。嘉士伯象征着科学对丹麦现代工业化的重要性，以及科学领先和工业研究之间的联系。它代表了一种国家认同，在生产史上，科学和工业之间存在着紧密的联系，这种联系的重要性在当代科学政策中继续体现。公民对在科学上居于世界领先地位的国家的认同也由于欧洲科学开放论坛的存在而增强了。组织欧洲科学开放论坛需要大量的财政和行政资源，它选择在丹麦举办并成功运行的事实彰显了国家的声望。丹麦女王玛格丽特二世和欧盟委员会主席若泽·曼努埃尔·巴罗索同时出席了欧洲科学开放论坛大会的开幕式，这显示了该论坛的重要性。它还包括很多红地毯仪式，关于科学和技术对欧洲发展重要性的演讲，鸡尾酒会。很明显，丹麦是欧洲科学和社会政策的关键参与者。

身份认同是本书的一个关键问题。国家认同（丹麦是一个科学先进、技术在世界领先的国家）形成的过程在欧洲科学开放论坛中体现得特别明显，但我们也将关注科学传播的其他与身份认同的塑造和管理有关的方式。在第三章中，我们将论证科学认同与科学传播活动密切相关。科学家在传播时，不仅要提供事实或信息，还要讲清楚科学是什么、应该怎么样，以及如何管理自己的专业和个人身份认同。在整个欧洲科学开放论坛大会中，我们有可能遇到风格不同的科学家：有些人遇到的科学家是幽默直率的，而有些人遇到的科学家是严肃的。这些表现不仅和他们的个人性格有关，也暗示了不同版本的“科学是什么”。对于有些人来说，科学是对硬核事实和确定性的追求，而其他人对科学的叙述则引进了模糊性和不确定性。一些科学家清楚地知道，他们主要是作为个人发言的；而另一些科学家则认为，自己是更大群体的代表，例如他们所供职的大学或所在的学科。同样，我们将在第三章中探讨身份认同如何与科学共同体相关。

科学传播对于公民看待自己、看待所属社区的方式也或多或少地可能是重要的。我们将在第八章中介绍科学公民的概念，作为思考身份认同的构建和定义自己能力的一种方式。公众是科学知识的消费者还是积极参与其管理的公民呢？当然，许多公民在欧洲科学开放论坛期间参加了“科学在城市”科学节，并且是出于不同的原因参加的，如好奇、乐趣、娱乐、社会原因等。我们还遇到过科学传播的受众，在讨论的时候，他们认为公民有义务“跟上”科学，并且担心很多公众没有充分重视科学。参加科学节可以说是一个好公民的标志或迹象。另外，也有一些人可能把自己界定为不理解或不关心科学的人。

因此，科学传播涉及多种不同方式的身份构建。文化理论告诉我们，身份认同的构建不是一劳永逸的，而是一个持续的过程。通常来说，“最清楚的身份认同是由差异来定义的，即它不是什么”。[24] 文化是一个意义共享的池子，我们利用它来构建身份认同。伍德沃德写道，“身份认同在文化中产生、消费和调节，通过我们可能采用的身份位置的符号系统创造意义”。[25] 但是，这种持续的身份认同构建也有助于我们建立意义共享池。因此，文化和身份认同彼此不停地互动。科学传播可以帮助文化资源塑造身份认同，但它也必然会吸收现有的对科学、科学家和公众的理解。

科学传播的生产

欧洲科学开放论坛是一项庞大的事业，许多不同的组织和个人都参与了其发展。其中，科学传播活动由大学、学术部门、研究机构、企业、非政府组织、黑客、艺术家和设计师举办。这些活动利用了科学家、大学职业传播者、科学传播自由作家、设计师、管理人员、学生、商业人士和建筑工人的知识与技能。除了纯粹的技术上的科学传播生产外，这些团体如何一起工作或相互并存呢？欧洲科学开放论坛还提出了关于科学传播生产者灌输其产品的目的的问题。许多大学和研究组织把欧洲科学开放论坛作为开展公共关系活动的场所，讲述机构的正面故事。科学传播一般是努力塑造良好品牌的一部分。对于任何研究组织来说，良好的品牌都是吸引资金和资源的宝贵财富，我们将在第五章中进一步反思科学传播生产的这一方面，探讨其吸引资源的方式。开创性科学成果的价值不仅在于其本身，也因为它们可以被用来做具有高关注度的外部传播。

生产过程的研究涵盖了如何将意义编码为消息、人造物品及其他表现形式的各个方面。生产“涉及再现形式的技术限制及这些再现形式如何传递意识形态”。[26] 因此，生产研究涉及组织、技术和其他结构的分析，这些结构塑造了特定表现形式的形成，以及使那些表现形式具有特定含义的文化。这里重点关注的是生产任何表现形式的实践，包括从被认为是理所当然的假设和世界观到组织愿景、英雄故事及导致意义建构的日常习惯。

在科学传播的背景下，我们关注一系列不同的事情：品牌问题、科学传播在组织沟通中的作用（我们将在第三章和第五章中讨论），以及在生产科学传播产品时新兴的专业价值观和实践。在第四章中，我们将探讨科学传播越来越成为专门的职业活动，不再只是志愿科学家或普通记者的事。现在科学传播的专业价值观和规范在科学传播生产中发挥着重要的作用。科学传播不再是个体科学家日常工作的简单附属。相反，随着越来越多的钱可被用于支付传播大型科学机构的成果，科学传播正迅速成为一个巨大的行业。在第六章中，我们将跟踪这种实践发展趋势，论证今天的科学传播不再只是简单地报道科学研究的成果。相反，科学传播已经成为科学生产的一部分（有时则是前提条件）。为了获得必要的资源和具备合法性，科学家需要能够令人信服地谈论他们的愿景和想法。

因此，生产研究开启了许多关于科学传播如何被组织和执行的问题，以及其所附的价值观。仅举一个例子，生产研究可以提出关于谁控制科学传播的问题。在欧洲科学开放论坛，毫无疑问，科学话题的传播不仅取决于科学内容，也取决于组织认为什么信息是积极的、记者认为什么是有新闻价值的，以及特定活动形式的限制。许多不同的力量一起塑造了科学传播的生产。

科学传播的表现形式 / 再现

欧洲科学开放论坛大会设置了一个大展区，里面有大学、资助机构、企业、慈善组织及其他科学组织在小亭子里展示自己的美妙作品。类似地，科学节也配备了一系列帐篷，供各个机构向游览者展示他们的科学成果。这两种场所及其展览方式之间的差异非常有趣，在“科学在城市”科学节，尽管机构名字也会显示出来，但焦点往往是这些机构所做的科学展品。然而，在欧洲科学开放论坛的政策集会上，特定机构的品牌是最关键的，比展示他们所生产的科学知识更为重要。尽管存在这些差异，但欧洲科学开放论坛展会和“科学在城市”科学节努力的目标都是非常明确的：展示精心制作的特定科学展品，表现科学的重要、强大、有用和普世。根据受众的不同，科学的表现形式也会随之不同，在不同的场所，科学知识生产的不同方面都得到了强调（“科学在城市”更偏向于趣味性，欧洲科学开放论坛展会则更倾向于经济和生产），公共场所似乎有一些标准的、强大的、不容易偏离的科学表现形式。

表现形式是“所指”（例如词语、图像、身体语言或符号）以有意义的方式组织在一起，用来指代物理的或精神的“指示物”。这样的表现形式总是被以多种方式诠释。“这是我们使用的东西，”霍尔写道，“我们的所说、所想、所感受赋予了它们意义。”[27] 因此，表现过程包括使用各种所指来创造及传播现象的意义的所有方式。对表现形式的分析主要集中在传播符号意义的所指、符号、数字、图像、叙事、单词和声音上。正如“编码”涵盖了通过生产将意义嵌入文化艺术品中的过程一样，霍尔谈到了“解码”作为人们赋予表现形式意义的诠释过程。[28] 表现形式始终可以对多种方式的解码开放，因此生产者无法控制解码过程（尽管他们可能会尝试使某些方式的诠释比其他方式更明显）。

在科学传播的语境下，关于表现形式的研究特别关注通过特定表现形式将意义归于科学、科学家和科学知识的方式。这是科学传播中一个具有相当研究数量的领域，并且在本书的其余部分也会反复出现。例如，有研究使用隐喻、标识或图像来促进某些对科学的想象（见第七章的讨论），或者研究对某些特定表现形式的冲突性诠释。科学的媒体框架是另外一个注意力聚焦的关键领域（见第三章和第四章的讨论）。重要的是，我们不要仅关注这些表现形式是否准确地传达了它们所要传播的科学知识。科学传播的表现形式从来不仅仅是其科学内容，同时，理解科学的方式也再现了某种社会活动和社会的一部分。例如，一个简单的问题就是性别问题。如果大多数科学家代表都是男性，那么，这对观众解读科学有什么影响呢？[29]

科学传播的消费

在文化理论中，消费不是一个被动或无意义的过程。尽管对受众如何消费科学传播的期望往往侧重于教育和学习（或者通常以提高公民“科学素养”的形式出现[30]，或者是有直接信息需求的人，如患者），但在我们对欧洲科学开放论坛展会的观察中，很明显，游客发现了展会和展品的多种意义及目的。学习科学或会见科学家并不是一个简单直接的过程，而是与游客生活的其他部分相融合的过程。有人参加展会是因为他的儿子是哥本哈根大学的博士研究生，他想看看孩子在展示亭里做什么；有人是在下班回家的路上路过展会，顺便进来看看热闹；学校把参加展会当成免费的给学生放松的下午；海外游客将其视为哥本哈根之游中文化行程的一部分；科学家的家属和同事通过参观认识的人所制作的展品来表示对他们的支持。这些及其他所有方式的消费都值得进一步研究，如此才能更好地理解科学传播如何与受众生活的不同方面发生联系、如何产生意义。

这里的消费是指科学传播作品被解码、被使用的所有过程。“生产过程，”迪·盖伊（Du Gay）写道，“仅仅提供了一系列必须通过消费才能实现的可能性。”[31] 因此，消费是日常生活中对表现形式和制品的使用。对于我们来说，至关重要的是，这种消费应该被看作是主动的。文化产品的消费者不仅仅是被动地接受生产者制定的文本，而是根据他们的价值观、偏好和兴趣对内容进行解码。人们用适合自己价值观和具体情况的方式为科学与科学传播赋予意义。有时，这导致他们以与生产者意图完全不同的方式消费科学传播（例如，我们将在第七章中讨论的科学传播的“不当行为”）。

科学传播的消费也可以与我们将在第八章中讨论的术语“科学公民”相联系。当考虑物质和情感在科学传播中的作用时，我们还会在第七章中探讨一些公众消费科学传播的不同方式。欧洲科学开放论坛大会上的一个积极的、公民导向的公众参与的例子是一群“生物黑客”组织的展品和活动。他们的活动与研讨会结合了公民赋权的政治讨论和一些旨在邀请访客现场参与科学的动手活动。这种努力也表明了与身份形成的联系，公民科学活动家对自己的机构和公众参与有不同的看法，其他参会者可能是较为被动地为了享受科学家的演讲和展示。当然，积极地消费科学和进行科学传播，寻求参与科学政策的制定，并不一定就比简单地听取一场演讲更高级。但是，这些关于如何消费科学传播的选择是人们认识自己、塑造身份，以及科学在公民生活中的位置的一部分。

科学传播的规制

我们已经注意到，欧洲科学开放论坛的展示亭里陈列的科学展品和“科学在城市”科学节上的有所不同：前者是科学进步、精益求精、竞争和科学投资的代表，与现代知识社会国家繁荣和发展的故事有明确的关系；在“科学在城市”科学节上，科学被描绘为好玩的、壮观的、直接对日常生活有用的、娱乐性的、美妙的和吸引人的。这两种场合显示了科学传播如何根据不同的受众身份和需求被塑造的例子。这不仅与科学传播所产生的表现形式相关，还与它如何受到管制的问题有关。一些关于科学的故事似乎更适合于某一类受众。

管制的文化过程包括两个方面。一方面，对生产、消费有明确和直接的规定：我们组织、管理和控制文化产品生产及使用的方式，这方面突出强调了立法和其他正式的生产控制手段；另一方面，还有很多间接的管制手段，其中，文化意义“组织和规范社会实践，影响我们的行为，从而具有真正的实际效果”。[32] 因此，文化生产研究要注意文化规范和惯例如何影响文化产品的使用、流通及理解。规制可能与法律或指令一样具体，或者像我们生活所处的框架一样模糊，这些框架认定一些特定行为是有意义的，其他行为是无意义的。不管哪种情况，规制都是可以协商的：它不能

“机械地再现现状，这是一个经常有争议的动态过程”。[33]

因此，在科学传播的语境下，管制涉及正规立法和实践中未明确规定的一些规范与惯例。这可能不仅包括正式规则所要求的义务（例如，有些研究经费的申请条件是承担一部分该研究的科普工作），还涉及这些活动是否真正被需要，或者只是尚可接受，或者以某种方式不被鼓励的非正式文化。

欧洲科学开放论坛大会是经常可以发现的欧盟委员会（European Commission）资助科学传播的好例子，这反映了欧盟研究基金项目经常投入大量的精力和资金支持科普活动的事实。然而，这些基金本身的可获取性是不够的，需要得到非正式管理科学家行为的组织和纪律规范、价值观的支持。这个问题我们会在第三章和第五章中进一步探讨，那时我们会考虑研究者和传播者所处的不同文化，以及不同规范对他们的活动的制约。

在第二章和第九章中，我们也思考了过去几十年来，关于如何做和讨论科学传播的正式与非正式的规范发生了哪些变化。这也和以下趋势有关，仅仅关注教育和传播知识的方式受到了使科学传播走向对话和参与的理念的挑战。科学传播的这两种竞争性理念在欧洲科学开放论坛活动中非常明显。一方面，整个过程旨在教育公民认识科学的重要性；另一方面，其中也包括了大量与各种观众的对话互动和参与式活动。我们可以这样理解欧洲科学开放论坛：通过不同的科学传播实践来调节科学和社会。

作为启发方法的文化流通

文化循环论不是给我们提供快速答案的工具，相反，它的价值在于开启一些问题，让我们以不同的方式注意科学传播的不同方面。因此，我们可以将其作为分析科学传播的框架，这贯穿了本书的其余部分。作为一种启发方法，它显示了把科学传播看作是一种文化现象的丰富性。

然而，我们所描述的构成文化流通的五个环节不应该被刻板地使用。我们介绍它们并不是为了设计流通结构，而是将它们作为一种分析视角，帮助我们聚焦于科学传播的讨论。在接下来的章节中，我们将介绍一系列场合和主题，每个场合和主题都将涉及流通的多种时刻。

第二章将继续展开我们正在进行的关于背景和理论的讨论。我们讨论自己的立场——包括我们视野的一些局限，以及当代科学传播被塑造、被想象的方式。我们还进一步解释了在谈论科学传播过程时所使用的沟通模式：它不仅是文化的，也是物质的、建构的。第三章至第五章展开今天所呈现出来的科学传播生态系统。我们检视了现在的科学传播实践，探索了一些科学传播所处的不同文化场合和时刻。第三章聚焦于身份认同及科学家参与公共传播的方式。第四章思考了科学传播的发展和变迁，着眼于科学传播自身如何成为一个专业领域——不仅和科学文化相互作用，而且和媒介、教育及商业相互作用。第五章从现代社会知识生产的性质正在发生变化入手，探讨了科学全球化、市场化和商业化的趋势如何形塑科学传播，以及如何被科学传播所形塑。

第六章至第八章集中讨论科学传播的各种操演性（performativities）。世界各地有哪些不同形式的科学传播？对世界产生了什么影响？第六章认为，科学传播创造了未来：面向公众传播的科学期望和愿景有助于将特定技术与社会世界带入现实。第七章着眼于科学传播与物质、情感相互纠缠的方式，认为应该把它作为一系列超越话语的实践来理解和研究。第八章聚焦于科学公民，认为科学传播需要被视为在这方面发挥作用。那么，科学传播就和民主相关，在同样的程度上也和快乐、空间、愿景、组织、身份、职业、故事和文化相关。通过回顾科学传播的一些最近的历史，特别是它如何被界定为缺失模式（单向）或对话模式（多向）的，第九章将所有的内容联系到一起。本书开启了科学传播实践的复杂性研究，并指出在研究中值得进一步关注的一些工具和领域。我们认为，科学传播学术界应该广泛利用各种理论、概念和方法论的资源，研究各种不同经验场合所发生的科学传播。

注　释

1. 其中有很多关于“公众理解科学”这个概念的讨论。其中两个关键文献可以在这里找到：

   Durant J (1993) What is scientific literacy. In: Durant J and Gregory J (eds), *Science and Culture in Europe*, London: Science Museum, pp. 129–137.

   Michael M (2002) Comprehension, apprehension, prehension: Heterogeneity and the public understanding of science. *Science, Technology, & Human Values* 27(3): 357–378.

2. 我们将在本书中详细讨论理解 / 意义生产（sense making）这个概念，它不仅仅是公民的事情。传播工作影响所有的参与者，当然也包括科学家和其他科学传播从业者。意义生产和我们如何理解世界的基本架构有关。由于科学已成为现代社会的一项核心活动，我们需要从非常广义的角度理解这种意义生产。

3. Gregory J and Miller S (1998) *Science in Public—Communication, Culture, and Credibility*. Basic Books.

   Shipman WM (2015) *Handbook for Science Public Information Officers*. University of Chicago Press. Available from: http://www.press.uchicago.edu/ucp/books/book/chicago/H/bo18768107.html (accessed 24 October 2015).

   Bennett DJ and Jennings RC (2011) *Successful Science Communication: Telling It Like It Is*. Cambridge University Press.

4. 这个定义来自于下列文献，其中有更详细的解释：

   Horst M, Davies SR and Irwin A(2017). Reframing Science Communication. In: Felt U, Fouché R, Miller C and Smith-DoerrL (eds), *Handbook of Science and Technology Studies*, 4th edition. Cambridge, MA: MIT Press.

5. Cassidy A (2014) Communicating the Social Sciences: A Specific Challenge? In: Bucchi M and Trench B (eds), *Handbook of Public Communication of Science and Technology, 2nd edition*. London and New York: Routledge, pp. 186–197.

6. Latour B (1987) *Science in Action*. Massachusetts: Harvard University Press.

7. Hansen A (2009) Science, communication and media. In: Holliman R, Whitelegg E, Scanlon E, et al. (eds), *Investigating Science Communication in the Information Age*, Oxford: Oxford University Press, pp. 105–127.

8. Dunwoody S (2014) Science journalism: Prospects in the digital age. In: Bucchi M and Trench B (eds) *Routledge Handbook of Public Communication of Science and Technology*, 2nd Edition, New York: Routledge, pp. 27–39.

9. Broks P (2006) *Understanding Popular Science*. Berkshire: Open University Press.

10. Kaiser D, Durant J, Levenson T, et al. (2014) Report of Findings: September 2013 Workshop. MIT and Culture Kettle. Available from: www.cultureofscienceengagement.net.

Riesch H (2015) Why did the proton cross the road? Humour and science communication. *Public Understanding of Science* 24(7): 768–775.

11. Rose N (1999) *Powers of Freedom*. Cambridge: Cambridge University Press.

Foucault M (2000) Governmentality. In: Faubion JD (ed.), *Michel Foucault: Power*, London: Penguin, pp. 201–222.

12. Irwin A (2006) The politics of talk: Coming to terms with 'new' scientific governance. *Social Studies of Science* 36(2): 299–322.

13. Andersen IE and Jæger B (1999) Danish participatory models. Scenario workshops and consensus conferences: towards more democratic decision-making. *Science and Public Policy* 26(5): 331–340.

Grundahl J (1995) The Danish consensus conference model. In: Joss S and Durant J (eds), *Public participation in science: The role of consensus conferences in Europe*, London: Science Museum, pp. 31–40.

14. McManus PM (1992) Topics in museums and science education. *Studies in Science Education* 20: 157–182.

15. Lewenstein B (2016) Can we understand citizen science? *Journal of Science Communication* 15(1): 1–5.

16. p. 2, Hall S (1997) *Representation—Cultural Representations and Signifying Practices*. London: SAGE Publications.

17. 同上。

18. 这本书首次出版于 1997 年，同时出版的还有一系列关于循环理论其他 5 个元素的文章合集。第二版于 2013 年面市，讨论了与其他理论诸如行动者网络理论的联系，这些讨论很有启发性。

Gay P du, Hall S, Janes L, et al. (1997) *Doing Cultural Studies - The Story of the Sony Walkman*. London: SAGE Publications.

Gay P du, Hall S, Janes L, et al. (2013) *Doing Cultural Studies - The Story if the Sony Walkman*. London: SAGE Publications.

19. p. 283, Johnson R (1986) The story so far: And further transformations. In: Punter D (ed.), *Introduction to Contemporary Cultural Studies*, Harlow: Longman, pp. 277–313.

20. 从而将更传统的马克思主义意义观扩展为源于资本主义生产力量的东西。

21. pp.10, Gay P du (1997) *Production of culture/cultures of production*. SAGE Publications.

22. Gay et al. 2013.

霍尔对这些不同的时刻以及如何在每个时刻产生和传播意义给出了很好的解释：

“哪里生产？事实上，我们的‘文化循环’理论表明，意义是在几个不同的地点生产的，并通过几个不同的过程或实践（文化循环）流通。意义赋予我们身份认同，我们是谁，我们‘属于’哪个群体——所以它与文化被用来标记和维护群体内部的身份及群体之间的差异的问题紧密相关……每一次我们参与个人和社会互动，都会不断生产和交换意义。从某种意义上说，个人和社会互动应该是最优先考虑的文化和意义的场所，虽然往往是最容易被忽视的。意义也生产于各种不同的媒体。特别是现在，现代大众媒体通过复杂的技术进行全球传播，以前所未有的规模和速度在不同文化之间传播意义……每当我们用文化表达自己，或者使用、消费、移用文化'事物'时，也会生产意义。也就是说，当我们以不同的方式将文化融入日常生活的日常仪式和实践中时，这些方式就赋予了它们价值或意义。或者当我们编织叙事、故事和幻想时——围绕着它们……意义还规范和组织我们的行为和实践——它们有助于制定命令和治理社会生活的规则、规范和惯例。因此，意义也是那些希望治理和规范他人的行为和思想的人所寻求构造和塑造的……换句话说，意义问题产生于我们'文化循环'中所有不同的时刻或实践——身份的建构和差异的标记、生产和消费，以及社会行为的规范。" pp. 4–5，Hall S (1997)*Representation-Cultural Representations and Signifying Practices*. London: SAGE Publications.

23. 我们不是第一个使用该模型及其相关思想来分析有关科学和技术的传播的人。 例如，请参阅下列文献：

    Allan S (2002) *Media, Risk and Science*. Buckingham: Open University Press.

    Carvalho A and Burgess J (2005) Cultural circuits of climate change in U.K. Broadsheet Newspapers, 1985–2003. *Risk Analysis* 25(6): 1457–1469.

    Burgess J (1990) The production and consumption of environmental meanings in the mass media: A research agenda for the 1990s. *Transactions of the Institute of British Geographers* 15(2): 139–161.

    Wilcox SA (2003) Cultural context and the conventions of science journalism: Drama and contradiction in media coverage of biological ideas about sexuality. *Critical Studies in Media Communication* 20(3): 225–247.

24. pp. 1–2, Woodward K (1997) *Identity and Difference*. SAGE Publications.
25. 同上。
26. p. 100, Curtin PA and Gaither TK (2005) Privileging identity, difference, and power: The circuit of culture as a basis for public relations theory. *Journal of Public Relations Research* 17(2): 91–115.
27. p. 3, Hall S (1997) *Representation—Cultural Representations and Signifying Practices*. London: SAGE Publications.
28. Hall S (1980) Encoding/decoding. In: Hall S, Hobson D, Lowe A, et al. (eds), *Culture, Media, Language: Working Papers in Cultural Studies 1972–1979*, London: Unwin, pp. 128–138.
29. Chimba M and Kitzinger J (2010) Bimbo or boffin? Women in science: An analysis of media representations and how female scientists negotiate cultural contradictions. *Public Understanding of Science* 19(5): 609–624.

30. 一个有争议的概念，在本书后面我们还将继续讨论这个概念。早期的讨论可见：Durant J and Gregory J (eds), *Science and Culture in Europe*, London: Science Museum, pp. 129–137.
31. p. 59, Gay P du, Hall S, Janes L, et al. (1997) *Doing Cultural Studies - The Story of the Sony Walkman*. London: SAGE Publications.
32. p. 3, Hall S (1997) *Representation—Cultural Representations and Signifying Practices*. London: SAGE Publications.
33. p. 3, Thompson K (1997) *Media and Cultural Regulation*. SAGE Publications.

第二章

历史：关于当代科学传播、本书及我们的研究来自何处的故事

文化不是一成不变的。科学与社会相关，科学被传播的方式不是静态的，而是一直在发展。本书是关于当代科学传播丰富性的一个快照，但本书并不仅仅局限于此，我们还试图为科学传播学者和学习科学传播的学生提供某些“装备”，以帮助他们思考如何研究这种丰富性和发展性。

正是由于科学传播的丰富性和复杂性，本书（任何书）只能提供有限的观点。我们的观点受我们所处的背景、兴趣及我们所沉浸的特殊文化的形塑。那么，我们是谁？本书从哪里开始呢？

本书发展的起点是我们的一个感受，作为科学技术与社会（science，technology and society，STS）研究背景的科学传播学者，我们发现，科学传播实践已经不断溢出旧的分析框架。它不仅发生在比文献中见到的更多样化的场合中，而且以比我们预期的更为复杂的方式展开。例如，我们意识到，虽然自己所在的大学里就有很多传播部门，但我们对大学、非政府组织、公共部门或工商界实行的科学公关还不够了解。我们正在培养来自不同学科的学生，对科学传播正日益成为得到教育项目支持或由营利性企业开展专业活动的方式感到好奇。我们观察到了访问科学馆或进行公共传播时自己的行为的复杂性，并意识到这种复杂性并不总是很好地被科学传播中关于访客或参与动机的研究所注意到。科学传播研究往往更多地倾向于关注其中一些形式和角色（媒体、科学家和公众对话），其余的（社交媒体、公共关系及作为积极消费者的外行受众）则较少被研究。

本书试图将新的视角和工具引入科学传播的研究与分析中。我们的观点受所处的科学技术与社会背景的影响，但我们在本书写作过程中尽量少使用理论。我们将以折中的方式使用不同领域的理论：虽然我们在第二章的其余部分总结了我们的整体方法的关键方面，但总体而言，我们将借鉴不同学科和传统的思想，力图将这些观点统一到科学传播的背景下，而不是坚持一个特定的框架。我们的主要观点之一是，科学传播可以有效地利用更多样化的社会理论和研究领域（如消费者研究、文化理论、政治研究或组织与管理等）。因此，我们将努力通过探索科学传播实践的不同方面来体现这一点。

如果在理论上折中，那我们在自己最熟悉的文化背景和科学传播实践中的局限性将更大。我们的经验主要来源于美国、英国和丹麦，读者会发现，我们的许多例子和案例研究都来自这些地方。但这并不意味着科学传播中最有趣的研究和实践发生于此，而是我们的历史和经验刚好在这里。我们期待其他国家的同行们（特别是非英语背景的）和我们一起对话，本书旨在激励和弥补这方面的差距。一个更广泛的问题是，我们的语言能力让我们阅读的大部分研究继续集中于英语语境中，我们希望能够阅读更多的在亚洲或拉丁美洲发表的科学传播研究成果。如果有的话，我们还稍微涉足了一些关联领域，包括健康传播、博物馆研究、非正式科学教育和风险传播。再次声明，这并不是指这些学术领域对科学传播没有什么用。篇幅有限（只写一本书而不是好几本）不可避免地限制了我们不能过多地涉及这些领域、背景及许多新近出现的科学传播实践。公民科学、黑客和制造、社交媒体及科学治理都值得给予比我们能够给予的更多的讨论篇幅。

“我们”是谁？本书中大量使用了代词“我们”，这可分为三种情况。首先，“我们”可能是本书作者。例如，我们认为科学传播是一种文化现象。其次，“我们”也可能扩大到本书的读者，还可能扩展到我们两人只是其中一部分的科学传播学者和从业者的共同体。例如，我们需要一起考虑如何更好地捕捉科学传播的丰富性，并集体开展对话。最后，特别是当我们翻到本书的最后几章时——“我们”更多地是指民主社会的公民。例如，我们有权利和责任审视科学在社会中的作用。不管是个人还是作为本书的作者，我们都相信这一点是很多社会的承诺。

第二章的其余部分阐述了迄今我们给出的语境。科学传播是多元化的，但有一些关键的动力塑造了它在当今知识社会如何被理解。这些动力——启蒙思想、科学争议、参与和审议——可以概述如下。本章的后半部分介绍了启发本书的关键理论，为我们如何理解传播的本质提供了索引。

启蒙、科学与民主

科学传播为什么重要？我们有时候会被记者问到这个问题，关于这个问题人们总是觉得有点儿多余，因为它默认的潜台词是“当然，科学传播很重要”，这也是记者所认为的（有人可以说：不，实际上科学传播不重要吗？）科学传播的重要性在很大程度上被我们所生活的社会认为是理所当然的，甚至重要到令人难以反对的程度。这本身就揭示了科学及其宣传和传播在多大程度上与欧洲现代性的基础思想，即启蒙之间的联系。

启蒙是关于人们想要理解世界及他们渴望用自己的理性去理解世界的意愿。因此，与它对应的想法是启示，启示通常被认为是神圣的，是唯一可靠的认知世界的方法。1784 年，康德将启蒙定义为：

> 启蒙就是人类挣脱自我施加的枷锁。这个枷锁是指在没有督导的情况下，人们就不能运用自己的理解能力。之所以说这个枷锁是自我施加的，是因为人们并不缺乏理智，而是缺乏不经别人的督导运用理智的决心与勇气。敢于知道（Sapere aude）！“有勇气运用你自己的理智”因此成为启蒙的座右铭。[1]

因此，康德所说的是，虽然人类拥有运用理性来理解世界的潜力，却常常不这样去做。相反，我们应该“敢于知道”。有趣的是，“有勇气运用你自己的理智”对于当代科学传播来说，也不是一个过时的口号。正如启蒙思想旨在鼓励个人运用自己的理性一样，科学传播可以被认为是给予外行公民参与当代科技社会所需的工具。考虑到启蒙思想和民主观念的发展历史及该历史持续塑造现代的方式，这并不奇怪。启蒙的概念是理解欧洲在 17 世纪和 18 世纪发展的民主不可或缺的一部分。德国政治哲学家尤尔根·哈贝马斯（Jürgen Habermas）曾经描述了一个正在形成的公共领域和公民之间的理性审议如何被用来作为理解现代民主进程和参与的基石。[2]在他的（理想化的）描述中，自由和独立的公民在公共及半公共场所聚会，讨论共同关心的事项，以便就公共和政治问题交换观点；然后这些观点会影响公共政策的制定。这些交流基于理性和知情论证。作为世界上重要的知识供应者，科学自然而然地被视为这些讨论的一部分。[3]

因此，公民的理性参与对于民主来说是重要的，这种观念是启蒙时代遗产的一部分。另外，可靠的知识——像科学所提供的——对这样的辩论是重要的。科学传播成为民主运作的必需的一部分。一份 2007 年向欧盟委员会提交的报告为此提供了额外的证据。它引入了“宏大叙事”的概念，即“关于世界的丰富想象力”，宏大叙事总结和加强了对社会如何运作的共同理解。该报告的作者写道，其中一个宏大叙事就是技术进步。在该宏大叙事中，科学和技术无条件是好的。它们帮助我们解决问题，是经济繁荣和文化启蒙的基础。它们“非常确定的是一系列社会弊病的解决方案”。[4]再一次地，这个宏大叙事暗示了科学传播对于发展繁荣和谐的社会有重要的价值。科学技术带来利益，例如有用的产品和经济的增长，应该鼓励公民参与其中。这种参与不仅在民主方面很重要——如同哈贝马斯的公共领域模式——它还通过招募人们从事科学事业和鼓励欣赏科学的文化支持在经济和文化上有价值的科学活动。

理性、民主和进步的观念——以及科学在支持实现它们这方面的作用——是欧洲内外共同文化遗产的一部分。它们在社会中被反复强调，我们理所当然地认为科学和科学传播是重要的。这些期望和假设往往是隐藏的。但是，正因为如此，它们才值得被审视。例如，似乎很清楚，科学在当代社会并不总是拥有声望和权威，它也不总是能满足理所当然地为我们提供美好事物的期望。科学的力量是一个具有历史偶然性的成就，面向公众的传播在实现这一点上起了重要的作用。[5]彼得·布鲁克（Peter Broks）描述了 19 世纪的科学家如何用身份认同发展一个紧密的团体，他说，这是一个“通过界定科学术语排除公众的过程”。[6]随后，科学与社会的关系发生了根本的变化，正如历史学家史蒂文·沙宾（Steven Shapin）所说，科学家“在自己领域内的事情上赢得了远远大于自主的权力”。[7]这意味着科学在社会中获得了更多的权力。我们的社会现在已经认为科学是独一无二的，而且具有独特的权威，科学不需要像某些陷入困境的群体那样，试图与其他公众分别开来，为自己寻找一个独特的身份认同。正如“进步”这个宏大叙事所表明的那样，“科技发展”作为一种内在的积极的观念被广泛认同。精英群体，如政治家和记者，很少质疑这种叙事。

争议与抵制

因此，启蒙、理性和进步的观念继续影响了我们很多人如何看待科学和科学传播。例如，许多科学传播者热衷于通过传播科学来赋权于外行公众。一个共同的认知是，知识和科学理性对于参与公共领域来说很重要。但是，其他叙事也正在出现，影响着我们如何看待科学与社会之间的关系。20世纪后半叶，一些事件让“理性的力量”和“进步的必然性”这样的叙事复杂化，为科学和社会的关系带来了新的学术及政治兴趣。

例如，曼哈顿计划的发展引起了关于技术好坏“双刃剑”的讨论；纳粹医生或塔斯基吉（Tuskegee）项目（以黑人男子为试验品秘密研究梅毒对人体的危害，隐瞒当事人，使大批受害人及其亲属付出了沉重的代价）进行的不道德和虐待性医学研究促成了关于医学伦理的公开辩论。到20世纪70年代，不仅仅是具体的研究领域（如核研究或滥用医学研究）正在受到挑战，科技发展本身也受到了更为普遍的挑战。环境问题已经开始出现，而且科学知识在新技术中的广泛应用开始有了争议。社会学家多萝西·内尔金（Dorothy Nelkin）的工作是描绘这些公共科学争议的关键，她调查了这些争议如何重塑了人们对科学与社会关系的理解。内尔金探讨了20世纪新出现的关于科学技术的理解、使用和评估方面的许多冲突，研究涵盖了核能、基础设施建设、神创论，以及在医疗保健方面采用新的诊断方法。[8]她的研究表明，多年来，公共科学争议在许多焦点问题上已经多次出现。例如，核电的使用和管理就是一个随着时间的推移多次出现的争议性问题；21世纪最近的一个例子是2011年日本福岛核电站的灾难性后果。类似地，基础设施、工业和污染也是公众不满与政治冲突的焦点。1962年，蕾切尔·卡逊出版了《寂静的春天》，批评了农业污染物对生物多样性的灾难性影响。从那以后，关于环境破坏、风险分配和人类危害的争议开始在全世界继续。

取代这一类担忧的关键议题之一是关于开发和使用生物技术的全球争议[9]。1975年，在阿西洛马举行了重组DNA会议。该会议由关心新生物技术安全的科学家主动召集，讨论了暂停使用新的生物技术，直到安全措施得到妥善的实施。此时，生物技术对于更广泛的公众来说仍然是相对未知的：阿西洛马会议主要是由科学家发起并参与的（一些律师、政策制定者及医生也在场）。[10]1978年，第一个试管婴儿诞生，许多国家展开了针对生殖技术的“胚胎大辩论”[11]，这不仅增加了科学家对生物技术的讨论，还促进了外行人士、政策制定者和不同利益群体代表的讨论。公开辩论的焦点不仅在于与先前版本的优生学（现在以设计婴儿的形式出现）之间的关系，还涉及作为手段而不是目的地克隆和使用人类胚胎。到1990年，人类基因组计划开始实施，越来越多的声音被明确地纳入生物技术发展的讨论中。人类基因组计划设置了一小部分资金用于研究和项目活动的伦理、法律和社会问题（ethical，legal and social issues，ELSI）。伦理、法律和社会问题方面的工作旨在探讨与科学有关的忧虑，例如，隐私权及保险公司是否应该能够访问你的基因组数据。农业发展带来了公众领域更进一步的科学争议。1996年欧洲进口转基因大豆，1996年克隆绵羊多利诞生的新闻登上了各大媒体的头版头条，引发了全球各地的公开抗议活动。

生物技术的历史表明了对科学知识的使用、评估和控制的辩论可以在多大程度上动员广泛的社会抗议活动。在这种情况下，科学传播本质上是政治性的，而不是像民主社会启蒙思想所描绘的那样的中立的公共利益。科学家、活动家、政治家和学者们现在必须注意科学传播的方式及这种传播的效果。如果他们对有争议的领域感兴趣，情况更是如此，但是在更为普遍的领域也同样适用。“公众意见，”马丁·鲍尔（Martin Bauer）和乔治·加斯克尔（George Gaskell）写道，“不仅仅是一个‘事后观点’，它也是一个关键的约束条件。”[12] 因此，科学的公开沟通和争论是科学与社会不同的故事之间的战场，这种辩论有可能给技术科学发展带来限制。

如何看待争议本身也成为这一政治讨论的一部分。有人将争议视为公众对科学的理解需要改进的信号，只要人们正确地理解科学，这个争议就不会是怀疑性的；也有人认为，争议表明，科技需要民主化，需要接受公众的审查。在这种观点下，问题不在于公民对科学的理解，而在于开展科学研究的方式。举一个过去几十年中科学传播发展的一个例子，20 世纪 80 年代中期开始在英国展开的“公众理解科学”可以说明这些视角的差异。

从公众理解科学到公众参与科学

1985年，英国皇家学会发表了博德默报告［以其主要作者沃尔特·博德默爵士（Sir Walter Bodmer）命名］《公众理解科学》。该报告强调，公众对科学的了解不足，为了改善这种状况，它建议“科学家必须学会与公众沟通，乐意与公众沟通，并且确实认为他们有责任与公众沟通”。[13] 随着该报告的发表，在20世纪80年代末和90年代，英国对科学传播的兴趣、经济的支持和其他支持日益增长。如同沃尔特·博德默爵士25年后所描述的，它有效地动员了英国皇家科普学会①（Royal Institution）和英国皇家学会这样的学术共同体，有助于开启国家财政，使得科学传播活动同时获得了资深科学家和资金的支持。[14]该报告的出版并不是一种孤立的现象，类似的讨论同一时期在许多国家都可以被发现。然而，对该报告及其对科学和公众的假设的后续批评已经成为理解科学传播领域的关键叙事。[15]

该报告被批评是建立在“缺失模式”或“单向”传播的基础上的。[16]公众被视为同质的集合体，需要统一的科学教育。受众是一块白板，通过精准的媒体报道或博学教授的公开演讲，就可以把科学知识刻在白板上。它的基本观点是，随着公众的知识越来越丰富，他们将会越来越支持科学（包括技术）。[17]已经有一些人指出了这种路径的缺陷，特别是来自科学技术与社会领域的研究外行公众如何参与科学的学者。他们的研究强调，公众从来不是有“认知缺陷”的白板。“缺失模式”忽视了公众已有的科学或其他方面的知识，以及这些知识影响沟通的方式。此外，很明显，认识科学并不一定就会爱科学［科学传播学者强·特尼（Jon Turney）的话］。了解更多的科学知识并不能保证公众一定信任或支持科学发展。这在20世纪90年代的英国尤为明显，当时出现了一系列的公共科学争议，从英国“疯牛病”的进展到对转基因作物开发和利用的担忧。[18]

这一系列争议及公众对科学和科学家的信任正在下降的情况，都表明我们需要采取一种不同的科学传播路径。学者、政策制定者和传播者开始倡导对话的方法，其中，外行知识被重视，公众所认为的优先事项也被认为与科学有关。这些内容体现在英国上议院科学与社会委员会2000年发表的一份报告中，它讨论了“信任危机”和“新的对话模式”。[19]作为回应，该报告看到了人们对科学对话、参与和公众参与科学议程感兴趣的发展趋势。政府资助开展了一项全国性的关于作物遗传修饰的辩论“转基因

① 成立于1799年，致力于科普工作。——译者注

国家？”（Genetically modified nation？）[20]，迪莫斯智库发布了一份有影响力的报告，倡导公众通过“上游参与”（upstream engagement）的方式参与新兴技术的开发[21]，博物馆、学术团体及其他科学传播者提出了新的计划，让观众积极参与科学辩论。

我们以英国为重点介绍了这个故事，但是其中的许多术语和概念——“缺失模式”、公众理解科学、对话、上流参与——在整个欧洲和世界其他地方的科学传播讨论中都具有影响力。例如，美国一个关于非正式科学学习的报告指出，“理解公众与科学的关系有两种主要的路径……公众理解科学和公众参与科学（public engagement with science，PES）”，并且引用科学技术与社会研究的文献来支持这个观点。[22] 欧盟委员会 21 世纪第一个十年和第二个十年的报告、政策和资金结构都借鉴了科学技术与社会学者的工作，以促进公众参与和审议科学。[23] 在许多地方，“缺失”和“对话”已成为一个谈论不同科学传播方式的方便的缩写。我们将在本书“结语”中重新讨论该叙事及其影响。在这里，重要的一点是，从单向缺失模式的科学传播到对话与参与的这个故事，对今天的科学传播学者和从业者有重要的影响。

对话、协商与参与

我们不能孤立地看待科学对话的发展。过去的几十年来，政治理论和实践更多地转向了参与和协商，这影响到了科学中的向公众咨询和公众协商。理论家们主张“协商民主”，而政府和其他政治行动者则增加了与其选区的协商和其他形式的参与。梅芙·库克（Maeve Cook）以最简单的话语说道，“协商转向”涉及“民主政府的定义是为政治生活中的理性讨论提供中心位置”这个观念的兴起[24]——这也把我们带回了哈贝马斯和他的公共领域观，同样也是基于理性和知情讨论的。很多人进一步提出，不同群体之间的协商，应该与政治代表投票的、传统形式的代议制民主一起（或者在有的情况下，可以取代）并行。在协商理论中，协商是一种特别的谈话，用西蒙·钱伯斯（Simone Chambers）的话来说，它涉及“辩论和讨论，目的在于产生理性的、知性的观点，参与者乐意根据其他参与者的讨论、新信息和主张来修正自己的偏好”。[25]参与是这样一种观念，即在许多公民感到无力的地方，以及对代议制民主不信任的地方，公民应该有机会更直接地参与政治决策。[26]

协商民主的理论家通常把他们的思想追溯到像哈贝马斯这样的政治哲学家的著作中。但是，协商式民主也有强有力的、经验性的一方面，它试图将相当抽象的概念“理性论证”或“交往行动”翻译成一套适用于协商实践的工具。因此，协商民主有一系列的试验性实践，从大规模和有影响力的实践（一个由 160 名代表组成的公民大会，准备重新设计加拿大不列颠哥伦比亚省的选举制度）[27]到小型的实践（一个小型建筑项目的审议过程，或者由学者开展的实验）。目前有了一系列不同的协商形式：公民议会、公民陪审团、协商工作坊、审议投票、参与剧场、共识会议。这些形式努力消除在外界可能显而易见的权力不平衡，赋权于那些通常会沉默的人，让他们发出声音。行动或决定通常是讨论的重点；有时候，参与协商的人有望达成共识，而在其他时候，他们可能会被要求撰写一份报告，在所讨论的问题上提出建议或总结各方的立场。

特别值得注意的是，这些民主实验的结果，无论是普通的公民参与还是特殊的科学案例，都是混合的。协商可能难以被付诸实践，评论家也注意到，这些进程实际上可能让一些行为者和群体去权（disempower）。不考虑外界更广泛的权力结构、期望公民平等参与，可能是困难的，即使“理性讨论”启蒙－启发式的要求也会让一些群体比别人更有优势。“由于理性、知识储备、无私和辩论能力的重要性，”伊拉姆（Elam）和贝蒂尔松（Bertilsson）写道，“协商民主是在科学家的地盘上上演的民主政治。”[28]

然后，不管是在科学的背景下还是一般而言的协商转向，我们都需要质疑：对话就一定是好事吗？路易丝·菲利浦（Louise Philips）描述了对话是如何成为许多不同社会场合的流行话语[29]，包括在公共关系和科学传播中。虽然她很清楚对话可以是促进人类共存、跨越各种差异的积极力量，如阶级、性别、民族、教育，但她担心的是它成为一个理所当然的、时髦的、有积极价值的流行语的方式。“对话沟通理论中没有权威沟通的理想”，她写道：

> 不仅仅是一个不可能实现的理想，也是一个危险的想法：通过创造一个没有权威的领域的幻觉，它可以掩盖权力关系和分歧的知识利益。[30]

因此，菲利浦和许多其他人士认为，人们不能简单地假设协商和参与一定是解放人的。在科学的背景下，不能想当然它是“解决”科学与社会之间紧张关系的方法，也不是良好的科学传播的药方。实际上，正如菲利浦所说，它们可能只是掩盖了统治和权力的关系。重要的是要承认，这种不对称性将始终存在于科学传播中，特别是在协商与对话的过程中。

模塑科学传播

因此，今天的科学传播看起来如何、所处的社会如何理解它也是由许多动力所塑造的。启蒙和进步的观念使得人们难以“反对”科学传播；同时，这些故事由于科学争议和最近公众参与科学治理的争论而变得复杂化。“缺失模式”的传播观念与“对话”相反，尤其具有影响力的是，这些观念已经并且正在形成比“对话”更多的关于科学传播性质的理论描述。当继续讨论我们的思想所在的理论背景的时候，以上这些正是我们想要研究的。

布莱恩·特伦奇2008年在一项关于科学传播模式的荟萃分析中指出，现有的科学传播模式有一些关键的相似之处。它们大多关注科学传播中的互动程度，或含蓄地或明确地提及了“缺失”和“对话”路径之间的区别。前者被理解为科学知识从科学界向公众转移，后者强调知识和观点的交流。因此，单向的、公众理解科学式的知识扩散和对话的、互动的沟通之间的对比是科学传播如何被模塑的核心。即使模型涉及三种甚至四种类型的传播，但这种区分仍然是类型学的核心。特伦奇确定了三个主要的传播类型，分别是：知识被理解为主要是向公众扩散、向科学家扩散或在他们之间通过协商共同建构。他指的是缺失（或扩散）、对话、参与（或者会话）[31]。他说，后者是“多方向的：传播在专家和公众之间以及公众和公众之间来回多次发生”。[32]

类似地，萨拉·帕尔默（Sarah Palmer）和雷纳塔·希比切（Renata Schibeci）也发展了包括四个类别的传播模式，其中包括“缺失”、“咨询”和“协商”传播，但增加了第四类，即专业科学传播，涉及科学界内部的交流（例如在会议或期刊文章中进行的）。[33]

另外，多米尼克·布罗萨德（Dominique Brossard）和布鲁斯·卢恩斯坦（Bruce Lewenstein）则更关注驱动不同模式（面向公众的）科学传播的目的。他们还区分了专注于信息传递的传播和侧重于吸引公众参与的传播。然而，在这些较大的类别中，他们还包括前者的“缺失”和“背景”模式，以及后者的“公共参与”和“外行知识”。

他们认为，这些科学传播模式可以通过其所动员的政治模式的轻微不同而区分开来（他们写道，科学传播的公众参与模式和“公众广泛参与政策过程的理想”相关）。[34]

大多数的科学传播模式都聚焦于知识如何传播和产生。它是不是把已经存在于科学当中的知识传播给公众（“缺失”路径）？它是不是把那些外行公众发现的结果和科学家与政策制定者分享（“咨询”路径）？或者它在对话和协商中产生，因为不同的行动者互动，交换意见，并得出新的结论（“参与”或“协商”路径）？

在不同类型的传播情境中，将科学传播理解为知识的迁移具有相对直观的优点。它基于我们理所当然的自身经验，也基于我们对传播发生过程的理解。但是，我们认为，应该把这种直观的传播模式复杂化。因为它是一个相当“扁平化”的概念：以这种认知方式关注科学知识的生产和迁移导致科学传播的功能、经验和结果当中的一些重要部分缺失了。首先，它缺失了气味、情感、梦想、身份认同和故事，而这也是被绝大多数科学传播实践所忽略的。同时，它也倾向于聚焦个人的认知过程，忽视传播的组织和制度层面。

我们已经引入文化循环论作为模塑科学传播的另一种方式。在本章的其余部分，我们还要为本书的理论论证基础进一步增加两个视角。然而，我们的目标并不是论证某单一模式优于其他模式。相反，我们想指出所有我们认为有用的资源，并论证任何模式的有用性一定是一个经验性问题。即使是看似简单的缺失模式，对于某些情境也是有用的，尽管人们应该总是意识到它的基本假设。每一个模式都让我们看到其中一部分，并且降低其余部分的可见性。重要的是，要反思这些可见性和不可见性的后果和成本。

作为本构和物质的传播

区分传播理论两种不同的范式很重要：传播被理解为信息或讯息的迁

移，以及传播被理解为意义的建构。[35] 上面描述的科学传播模式倾向于关注前者，强调信息的传递方式。我们认为，将传播理解为本构（涉及意义的持续生产而不是静态信息的运动），对于我们当前的目的而言更有成效。因此，在本书的观点中，传播是一种互动和建设性的基本人类活动。传播时，我们赋予在世界中发现的事物（物体、现象和人）以意义。传播是我们解释世界并在特定社交环境中相互协商这些解释的方式。因此，这种解释性工作也具有操演性：它创造了它所命名的。各种形式的传播不仅仅再现某种现象，还构成了现象本身。

这种路径最根本的含义是实际上没有单向传播这回事。[36] 相反，所有传播本质上都是积极的、交互的，包括通过电视、广播或写作传递的明显被动接收的传播。即使是最明显的单向传播也是被积极接收、被诠释的。受众始终在其先验知识、他们对该主题的观点及他们感兴趣或分心的程度的背景下接收信息。因此，任何类型的传播在某种程度上都是交互式的，即正在传达的内容与“接收者”所知道的、感觉的和期望的内容之间的协商。用这些术语理解传播意味着“缺失”和“对话”路径之间的差异变得不那么明显。意义总是在特定时刻通过传播产品、外行人士和科学行动者之间的互动产生。当然，科学传播包括许多信息的扩散在其中很重要的情况——但是简单的意义迁移永远不会被视为理所当然。“接收者”总是积极地围绕科学传播生产意义。

更重要的是，这种看法也将传播置于人类活动的核心，因为是传播使我们持续地理解世界，理解自己在其中的角色。这就是为什么我们在本书中的关键论点是科学传播对于现代社会至关重要，它不仅仅是把复杂的事情变得简单，以便非科学家能够理解。技术科学是我们日常生活中如此重要的一部分，以至于关于它的传播是我们如何将自己理解为公民、消费者及组织和社区成员的一个不可分割的部分。正是出于这个原因，我们认为，科学传播需要被理解为一种文化现象，这种现象涉及“意义的产生和交换”（使用斯图亚特·霍尔的语言）。这也是我们将在本书中涵盖各种不同现象的原因。为了理解科学传播的文化重要性，我们需要感兴趣的不仅仅是信息或知识的转移方式。我们还需要研究诸如组织、身份认同、专业化和科学性质的变化等现象（所有这些都将在第三章、第四章和第五章中讨论），以便掌握更广阔的科学传播格局。

此外，我们还需要强调对许多科学传播讨论中隐含的知识、信息和语言的重视。很多科学传播模式倾向于认为“科学”是由语言包裹包装起来的。换句话说，当信息以演讲或文本的形式共享时，传播就发生了。他们认为，关键问题是语言如何用于传播或构建（科学或外行）知识。例如，一些研究将公众参与理论化为信息传递的过程，认为可以根据“翻译质量”对其进行分析：来自不同来源的信息通过协商性活动（例如，以公开讨论、演讲、记录、报告或媒体报道的形式）的过程成功传递的程度。[37] 因此，公众参与的质量和信息是否能够在不同行动者之间完整地转移并且最终输出（例如总结性演讲或最终报告）有关。类似地，大多数关于不同形式科学传播的分析把演讲或文本（的记录）作为关键的数据来源。

科学技术与社会学者麦克·迈克尔强调了上述观点，他发现，即使科学传播研究在科学和社会的视角下似乎采取了截然不同的路径，但其基本假设也是相当类似。[38] 在一项 2002 年关于公众理解科学研究的讨论中，迈克尔区分了“传统的”依赖于实证主义方法的公众理解科学，如调查或“心理模式”分析，以及批判性或“诠释主义”的公众理解科学，它采用建构主义的方法。迈克尔发现，这两个学派之间存在许多差异——包括他们的方法和概念框架——但也有惊人的相似之处。正是这些让他感兴趣。他写道，这两种路径都涉及“人文主义（强调纯粹的人）、无形性（忽略实体）和离散性（科学和公众被预设为独立的实体）”。换句话说，他们把科学与公众之间的相遇想象为人类代理人个体之间的纠缠，而不是动物或技术。这些人类代理人被理解为无实体的，他们的知识和实践不是有形的，并且明确地属于“科学”或“公众”。

我们想特别关注“有形性”这个概念。再次声明，信息或知识的转移[39]只是理解传播的一种方式。有形性，或实体性，或物质性，也很重要。如果沟通具有操演性，涉及意义的积极生产，那么科学传播就是关于身份认同、社会关系和情感状态的构建——这些不仅仅通过语言，也通过具体体验来传导。意义是通过充分的输入和交互生产的，包括声音、图像、身体、物体、情感或场所。因此，重要的是，将传播视为不仅通过语言，也通过物质世界的所有表现形式来传导。因此，我们的论证也受到了科学技术与社会中的建构主义传统的启发，特别是关系本体论的理论，例如行动者网络理论（ANT）。[40]这些路径强调我们不能忽视物质世界，意义是通过不仅包含语言和符号而且包含对象和实体的网络生产与维持的。意义网络越强大深入，其所包含的实体就越多。因此，在科学传播中，有说服力的传播不仅仅和传播的直接背景有关。虽然直接背景会影响意义生产——它会产生影响，例如，如果某人的研究被描述为"理论"、"意见"或"事实"——但是更广泛的其他行动者网络也很重要。如果你可以列出像海平面上升这样的事实实体，能更好地论证气候变化正在发生；同样地，将自己表现为不是一个个体，而是作为更广泛的科学家、理论和事实网络的代表，将极大提升你的权威性。

有人可能会论证，行动者网络理论和其他转向"物质性"的理论的支持者，曾批评本书也借鉴了的文化理论（可能包括过分强调话语和意义）。[41]然而，就我们的目的而言，文化循环论中没有任何东西不允许我们包含物质性、实践性和实体性，我们肯定会将这些兴趣合并到后面的章节中。我们将在第六到第八章中探讨科学传播的操演性和物质性。

所有这些对我们如何思考科学传播意味着什么？我们认为，将传播理解为本构（涉及意义的积极生产）和物质（不仅通过语言，也通过行动者、对象和实体的网络进行传导）非常重要。诸如"公众参与"、"气候变化"、"品牌建设"或"科学"之类的东西，可以用许多不同的方式来解释和赋予意义。将这种意义生产视为构成和物质的思考，可以帮助我们注意意义如何依赖于其他实体的网络，包括人类和非人类。

因此，我们研究科学传播的路径是在任何传播情境中仔细关注在场的联系、背景和意义。我们不能理所当然地对"科学"、"公众"或"传播"等现象使用刻板化的认知；相反，我们感兴趣的是，这些及其他事物的意义是如何在特定情境和特定时刻被构建的。可以说，我们这是强调科学传播的三维性。我们感兴趣的事件、过程和时刻，从博物馆展览到大众媒体的科学报道，都无法用与信息生产和接收相关的单一分析轴来理解。它们是凌乱的场所，物体、身体、故事和身份在其中相互碰撞。当然，它们也因此而有趣。在接下来的章节中，我们概述了自己特别感兴趣的科学传播这个三维性的一些方面。在第三章中，我们首先考察研究者、身份认同和更广阔的社会共同体之间的相互作用。

注释

1. 此翻译取自哥伦比亚大学的网站主页：http:// www.columbia.edu/acis/ets/CCREAD/etscc/kant.html.
2. Habermas J (1962) *The Structural Transformation of the Public Sphere—An Inquiry into a Category of Bourgois Society*. Cambridge: The MIT Press. 也有人认为，该书对欧洲公共领域实际转变的经验性描述，并没有像我们在这里使用的理想型公共领域那样令人信服。
3. Shapin S (1990) Science and the Public. In: Olby RC, Cantor GN, Christie JRR, et al. (eds), *Companion to the History of Modern Science*, London: Routledge.
   Broks P (2006) *Understanding Popular Science*. Berkshire: Open University Press.
4. p. 76, Felt U and Wynne B (2007) *Science and Governance; Taking European Knowledge Society Seriously*. European Commision.
5. Shapin S (1990) Science and the public. In: Olby RC, Cantor GN, Christie JRR, et al. (eds), *Companion to the History of Modern Science*, London: Routledge.
6. p. 2, Broks P (2006) *Understanding Popular Science*. Berkshire: Open University Press.
7. p. 992, Shapin S (1990) Science and the public. In: Olby RC, Cantor GN, Christie JRR, et al. (eds), *Companion to the History of Modern Science*, London: Routledge.
8. Nelkin D and Tancredi LR (1989) *Dangerous Diagnostics: The Social Power of Biological Information*. New York: Basic Books.
   Nelkin D (1971) *Nuclear Power and Its Critics: The Cayuga Lake Controversy*. Ithaca: Cornell University Press.
   Nelkin D (1974) *Jetport: The Boston Airport Controversy*. Transaction

Publishers.

Nelkin D (1982) *The Creation Controversy: Science or Scripture in Schools*. New York: WW Norton.

Nelkin D (1979) *Controversy: Politics of Technical Decisions*. Beverly Hills: Sage publications.

9. Bauer M and Gaskell G (2002) *Biotechnology. The Making of a Global Controversy*. Cambridge: Cambridge University Press.
10. Berg P (2008) Meetings that changed the world: Asilomar 1975: DNA modification secured. *Nature* 455(7211): 290–291.
11. Mulkay M (1997) *The Embryo Research Debate*. Cambridge: Cambridge University Press.
12. Bauer M and Gaskell G (2002) *Biotechnology. The Making of a Global Controversy*. Cambridge: Cambridge University Press.
13. p. 6, Royal Society (1985) *The Public Understanding of Science*. London: The Royal Society.
14. Bodmer W (2010) Public Understanding of Science: The BA, the Royal Society and COPUS. Notes and Records of the Royal Society, 64: S151–S161.
15. Trench, Brian (2008) Towards an analytical framework of science communication models. In: Cheng D, Claessens M, Gascoigne T, Metcalfe J, Schiele B and Shi S, (eds.) *Communicating Science in Social Contexts: New Models, New Practices*. Springer Netherlands, pp. 119–135.
16. Irwin A and Wynne B (1996) *Misunderstanding Science?* Cambridge: Press Syndicate of the University of Cambridge.
17. Turney J (1998) *To know science is to love it? Observations from public understanding of science research*. COPUS.
18. 有关这段历史的更多讨论可见：Gregory J and Lock SJ (2008) The evolution of 'public understanding of science': Public engagement as a tool of science policy in the UK. *Sociology Compass* 2(4): 1252–1265.
19. House of Lords (2000) *Third report: Science and society*. London: The Stationery Office, Parliament. Available from: http://www.publications.parliament.uk/pa/ld199900/ldselect/ldsctech/38/3801.htm.
20. Horlick-Jones T, Walls J, Rowe G, et al. (2007) *The GM Debate: Risk, Politics and Public Engagement*. New York: Routledge.
21. Wilsdon J and Willis R (2004) *See-through Science: Why Public Engagement Needs to Move Upstream*. London: Demos.
22. McCallie E, Bell L, Lohwater T, et al. (2009) *Many Experts, Many Audiences: Public Engagement with Science and Informal Science Education*. A CAISE Inquiry Group Report. Washington DC: Center for Advancement of Informal Science Education (CAISE). Available from: http://caise.insci.org/uploads/docs/public_engagement_with_science.pdf.
23. 参见Felt U and Wynne B (2007) *Science and Governance: Taking European knowledge society seriously*. European Commission. 此外，21世纪初期还发起了“科学与社会”（Science and Society）和“科学与社会，科学为社

会”（Science with and for Society）资助计划。
24. Cooke M (2000) Five arguments for deliberative democracy. *Political Studies* 48(5): 947–969.
25. Chambers S (2003) Deliberative democratic theory. *Annual Review of Political Science* 6(1): 307–326.
26. Fiorino DJ (1990) Citizen participation and environmental risk: A survey of institutional mechanisms. *Science Technology Human Values* 15(2): 226–243.
27. Warren ME and Pearse H (2008) *Designing Deliberative Democracy: The British Columbia Citizens' Assembly*. Cambridge University Press.
28. p. 242, Elam M and Bertilsson M (2003) Consuming, engaging and confronting science. *European Journal of Social Theory* 6(2): 233–251.
29. Phillips L (2011) *The Promise of Dialogue: The Dialogic Turn in the Production and Communication of Knowledge*. Amsterdam: John Benjamins Publishing Company.
30. pp. 53–54, Philips L (2011) The *promise of dialogue: The dialogic turn in the production and communication of knowledge. Amsterdam*: John Benjamins Publishing Company.
31. Trench, Brian (2008) Towards an analytical framework of science communication models. In: Cheng D, Claessens M, Gascoigne T, Metcalfe J, Schiele B and Shi S, (eds.) *Communicating science in social contexts: new models, new practices*. Springer Netherlands, pp. 119–135.
32. p. 132, 同上。
33. Palmer SE and Schibeci RA (2014) What conceptions of science communication are espoused by science research funding bodies? *Public Understanding of Science* 23(5): 511–527.
34. p. 19, Brossard D and Lewenstein BV (2009) *A Critical Appraisal of Models of Public Understanding of Science. Communicating Science: New Agendas in Communication*. New York: Taylor and Francis, 11–39.
35. 标准的教科书定义区分了传播理论的三种不同范式：实证主义（与信息传递相关）、诠释（与意义生产相关）和批判（与批判理论相关），见 Miller K（2005）*Communication Theories—Perspectives, Processes and Contexts*. New York：The McGraw-Hill Companies，inc. 这里，我们关注第一种范式与其他两种范式之间的区别。
36. 拉扎斯菲尔德及其同事在 20 世纪 40 年代进行了一项开创性的研究，结果表明，大众传播并不像魔弹（或皮下注射针）那样能够向人们注入信息。见：Lazarsfeld P，Berelson B，and Gaudet H（1948）*The People's Choice: How the Voter Makes Up His Mind in a Presidential Campaign*. New York：Columbia University Press. 这项研究使得传播理论有了许多发展，但这些研究似乎并不总是能够对科学传播的研究和实践产生巨大影响。
37. Horlick-Jones T, Rowe G, and Walls J (2007) Citizen engagement processes as information systems: The role of knowledge and the concept of translation quality. *Public Understanding of Science* 16(3): 259–278.

Rowe G and Frewer LJ (2005) A typology of public engagement mechanisms. *Science, Technology & Human Values* 30(2): 251–290.

38. Michael M (2002) Comprehension, apprehension, prehension: Heterogeneity and the public understanding of science. *Science, Technology & Human Values* 27(3): 357–378.

39. 有些人区分了信息和知识，知识是个人经处理后对自己有用的信息。讨论可见：Horlick-Jones T，Rowe G and Walls J（2007）Citizen engagement processes as information systems: the role of knowledge and the concept of translation quality. *Public Understanding of Science* 16（3）：259–278. 由于本书的讨论目的，我们把信息和知识作为同义的术语。

40. Latour B (1987) *Science in Action*. Massachusetts: Harvard University Press.
    Latour B (1999) *Pandora's Hope*. London: Harvard University Press.

41. p. xviii, Gay P du, Hall S, Janes L, et al. (2013) *Doing Cultural Studies—The Story if the Sony Walkman*. London: SAGE Publications.

第三章

身份认同：科学家如何代表集体、建构身份与理解科学

很多科学传播研究聚焦于科学家作为科学知识的传播者身份。其隐含的意义是，个体科学家是科学传播的重要参与者，他们是定义科学传播实践的人，他们的经验和观点需要我们更好地去理解。正如瑞·古德尔（Rae Goodell）的开创性著作《可见的科学家》[1]中所呈现的，一种由重要的科学人士选择与公众交往的方式界定的科学传播，对“为什么特定的科学家参与面向公众的传播以及他们在传播上的经验是什么”有持续的兴趣。研究表明，科学家的传播行为有利于自己或自己的研究（个人乐趣以及从与公众的互动中获得灵感）、有利于社会（公众知情辩论和赋权外行人士使他们得以近用科学），或有利于个体（教育或启发受众）。[2]通常情况下，科学家的动机是希望提高公众对科学的兴趣、意识、理解和热情。[3]

第三章也将科学家在科学传播中的作用作为起点。然而，我们想要让这个故事复杂一些。我们将提出，科学家参与科学传播的动机比这更复杂，而不是仅考虑个体科学家的特定个人动机。科学家在参与科学传播时，可能将自己视为某些事物的代表，并为了更宏大的目的而采取行动。他们往往代表集体，同时也代表他们自己和他们的研究。

为了让这一点更清楚——承认这一点适用于我们自己，也适用于任何其他研究人员——我们将首先从第一章讨论过的在欧洲科学开放论坛大会、科学政策集会和公共科学节中的经验开始叙述。这个记录是从玛雅·霍斯特关于该事件的笔记和我们的参与经历中获取的，它表明了有不同动机的个人、职业和组织是如何卷入科学传播的。

“科学在城市”的传播研究

“科学在城市”科学节举办时，我在哥本哈根大学的展亭工作，其中一个展品是我与一些同事制作的交互式设施：一年多以前，当时可以申请在这个科学节上做科学传播的资助，我感到有必要提交申请。我已经做过两次这种形式的互动设施了，并因为这项工作赢得了一项颇有声望的大奖，所以，我想我应该为这个大节日做点什么。这正是我该做的事情。

现在我们在这里。就像其他时候一样，制造展品所花费的时间和资源比预期的要多，但是我对结果非常满意。我为此感到自豪，所以我尽全力让人们意识到这里有一个这样的设施。我希望人们看到它，我希望他们能和它互动。焦虑与自豪掺杂在一起。如果没有人过来的话，只有展品站在亭子里，空空荡荡的，像废弃了一样，没有人愿意理解它。我告诉其他人，这种不确定性是实验的一部分——我们能否以这种方式进行沟通，这是一个实证性的问题——因此缺乏参与也是一个结果。作为一名研究人员，我将捍卫这一结果。但是，作为一个个体、一个组织的一员和人类中的一员，我实在很希望这种情况不会变成现实。

这个节日的成功是以数字衡量的。几乎每个遇到我的人都在问我们是否有很多人访问这个设施。我通常会回答：数字其实不重要，如何与访问者互动更为重要。当然这只是一半的故事。我确实想要人们来，并且感谢上帝，他们来了。几乎所有的时间那里都有人在。虽然人数不如附近的泰迪熊医院那么多，但肯定足够称之为成功。而且他们中的许多人花了很长时间参与不同的活动，所以在沟通的质量方面，我也很开心。

把设施安置在哥本哈根大学的展亭里，与许多学校的其他活动和展览一起，是一个很好的决定。在一起可以产生通常在整个大学都不可能感受到的集体精神、归属感和团结精神，而且其他展品和活动也很有趣，做得很好。这让我感到自豪，我自己成了计划的一部分。虽然我有时确实想知道有多少科学节的访客其实就在大学或其他研究机构工作——我遇到了很多认识的人，我们都光顾了彼此的展亭，看看每个组织都做了什么，与自己的东西相比如何。我认为哥本哈根大学比其他机构做得更好。

设计师制作了带有设施标志和名称的实验制服外套，大部分时间我都穿着它。这一部分原因是我为这个设施感到骄傲，我想和它在一起；另一部分原因是当我走动时，其他人很明显可以看出我在负责这件事，所以我更容易与访客交谈。有几次我问一些来参观的孩子想不想和我做橡皮圈拼图游戏，这是一个象征着科学与社会是合作关系的游戏：有六个不同的大型拼图碎片悬挂在橡皮圈上，但你只能通过要求一两个站在设施之外的人来帮助你把所有的碎片放在一起，将它们连接成一张图片。要求孩子帮助我很有趣。我和他们说，游戏的重点是人们需要互相合作。我想到一个事实，我可以站在那里，一整天都这样做。这将是一个很好的参与方式，但我开始感到不安。还有其他什么是我应该做的吗？

然后我被告知，哥本哈根大学的校长和副校长[4]将来到展亭，我应该准备五分钟的设施游览。幸运的是，我们雇来记录节日的学生摄影师正在帐篷里，所以我让他拍摄了一些校长参观我们的展品的照片——记录来自上层的关注，说不定什么时候就能派上用场。不过，我也真的希望这两位校领导及其随行人员能了解该设施的目的。我决定要让他们亲自参与这个展品的互动，而不仅仅是用语言告诉他们。橡皮圈拼图游戏恰好合适。当队伍最终到达时，我觉得很难保持他们的注意，即使我还没有告诉他们要做什么的时候，我觉得他们已经准备离开。所以我跳过了主要的演示，很快地直接去了我想让他们尝试的互动设施。在他们离开之前，我还让他们做了最后的投票。[5]

作为战略表现手段的科学传播

通过把欧洲科学开放论坛的展品放在一起，我们当然想把自己的研究传播给外行，让他们能够理解它。但是，玛雅·霍斯特在前面的叙述中清楚地表明，事情不仅止于此。同时，对校领导、对我们的同事、对职业的传播者来说，展品也是一种业绩。科学家和其他研究人员不是自由漂浮的个人，科学传播通常是你作为特定组织的员工所做的工作内容的一部分。

根据该组织重视外部沟通和品牌的程度，你的贡献被认为或多或少是重要的。在这个案例中，哥本哈根大学作为一个整体投入“科学在城市”科学节的展示，重要的是向其领导说明这是一项有价值的投资。校长和副校长通过亲自访问来表达重视程度，这让那些看到的人清楚地知道，科学节及更广泛的科学传播是这所大学的重要组成部分，也是学校的重要工作内容。

但是动力不仅仅来自大学领导。在和丹麦的其他大学的展亭的比较中，玛雅·霍斯特注意到，哥本哈根大学的展亭让自己有一种满足感。成为优秀团队的一分子让人感觉很好，个人品牌也很重要。展品的制造体验起来是一种义务，一个真正的或想象的为科学做点儿什么的期望——“这正是我应该做的事情”——以及“拍几张校领导参观我们的展品的照片，说不定什么时候就有能派上用场”的想法。玛雅·霍斯特的笔记没有提及，在某种意义上，她也有和丹麦融为一体的责任感。丹麦科学部组织了欧洲科学开放论坛展会，并且显然希望丹麦的大学能够为其成功举办做出贡献。如果哥本哈根大学不参与在自己城市办的这样一个大事件——缺席本身几乎就是一种传播行动，这将是奇怪的。因此，这个展品部分传达了这样的信息：我们，即作者，是好的社会科学家，渴望在欧洲科学开放论坛提供的国际舞台上提升我们的大学、城市和国家的声望。

所有的这一切都清楚地表明，各种面向公众的传播背后可以有各种各样的战略议程。一件科学传播作品的生产可以是学术内容、社会责任和品牌宣传的混合。重要的是，这些东西并不是互相排斥的。作为品牌宣传的机会，这并不意味着它不能同时是学术内容或者出于真正希望看到人们参与科学知识的愿望。事实上，我们认为科学传播几乎总是涉及多个议程。作为分析者，试图判断一个给定的传播行为是否是利他的内容扩散或者只是一种品牌宣传（个人或组织的）是没有意义的。通常二者均有，还可能有其他的目的。

第三章的核心是科学传播需要被放置于这些多重背景中去理解。科学传播不仅与科学家及他们的受众有关，还与更为广泛的群体和集体有关。

因此，我们想说，理所当然地假定科学传播是“为了”普通公众、其内容只有“科学知识”是有问题的。相反，面向公众的传播和面向专业的受众（如资助者）一样，通常也涉及组织自身的业绩表现，因此根本不是完全为了指向外部受众。这是一个被称为自我传播的过程：“组织通过指向自我的传播识别并确认自己的形象、价值观和基本假设。”[6] 换句话说，面向公众的科学传播可以作为一种信号，告诉那些在其中工作的人：科学或科学组织意味着什么。我们的论点是，作为科学传播学者，我们需要更加关注科学传播为科学、科学家和科学组织构建身份认同的方式。

在这里，我们把“体制”和“组织”作为科学共同体的不同形式加以区分。在组织理论中，组织通常被定义为以手段为导向、以效率为目标的完成任务的系统，而体制是基于价值观、规则、规范和惯例的行为规范系统。[7] 在科学上，组织是解决科学生产任务的集体。科学组织的例子有大学、研究机构和研究小组。相比之下，当我们将科学作为一个体制时，重点是把科学作为行为规则的规范体系。因此，科学体制是超越特定组织的，包括促进科学思想的规范和价值观念的所有行动者。我们接下来会提出，与大多数其他组织的成员相比，科学家通常对科学体制有一个很强的认同，但对他们所工作的组织只有较为宽松的认同。这对于科学家在公众面前呈现科学时如何看待自己非常重要。

该区分所在的组织理论领域也为我们提供了意义建构、组织传播和沟通文化的概念。所有这些都有助于我们将个体与更广泛的群体联系起来，并且理解身份认同如何被这些东西所塑造。在这种情况下，文化通常被认为是一套潜在的价值观和规范——一种不言自明的解释性框架——而身份认同与我们如何看待自己相关，并且经常被表达得更为明确。[8] 文化和身份认同紧密地联系在一起，二者可以通过探究组织内外显性和隐性的传播过程来被研究。

科学的体制和组织

“体制”和“组织”的概念是可以用来看待不同科学共同体的概念性视角。但是，关于什么是体制、什么是组织，人们没有任何简单而明确的规则。在关注如何组成和运行的特定方面，大学、学科、研究网络和部门都可以被看作是其中一个或另一个。

我们把英国皇家学会作为一个例子。英国皇家学会是世界上最古老的国家科学院，官方网站介绍，它的使命是“认识、促进和支持科学的卓越，并为了人类的利益鼓励科学的发展和利用”。[9]其核心是由约1600名杰出科学家组成的团体，其中包括约80位诺贝尔奖得主。我们可以很容易地把英国皇家学会看作是一个科学组织：优先领域之一是“支持杰出的科学”[10]，当然，作为一个组织，它也能实现特定的目标，包括生产杰出的科学。2006年，英国皇家学会新闻办公室的鲍勃·沃德（Bob Ward）写了一本关于学会参与公开的气候变化辩论的著作。[11]在他的作品中，我们清楚地看到了将英国皇家学会理解为一个组织的迹象——一个聚焦于特定目标的集体。他说，在气候变化的公开辩论中，英国皇家学会的职责是“确保科学界的意见不被歪曲或忽视”。他进一步解释了英国皇家学会如何在战略上采取行动来实现这一目标，评估了新闻宣传可能面临的风险，组织发动了媒体，发布了新闻稿，并制作了有针对性的报告和声明。[12]

但是，我们也可以将英国皇家学会视为一种体制，或者作为科学体制的一个特定实例。体制不以目标为导向，而是通过共同的规范、价值观，与行为保持一致。这些共同的规范肯定会出现在英国皇家学会会员和职工的工作与生活中，从细微的（如知道如何称呼对方）到更深刻的（对增进科学知识的共同承诺）。在气候变化辩论的案例中，很明显，英国皇家学会并没有将这个运动视为代表一个特定组织或宣传组织品牌的活动。鲍勃·沃德写道，“英国皇家学会不是为了自己的利益寻求媒体报道的”。鲍勃·沃德介绍了更广泛地代表科学推动新闻运动的方式：它力图保护科学界免于虚假陈述，并展示为什么气候科学是可靠的知识，因为它通过稳健的方法产生。通过这些方法，组织成了背景。英国皇家学会在这些辩论中的表现，重要的是它作为科学体制的代表的角色。尽管使用了英国皇家学会这个复杂的组织机器，但其主旨是让科学界作为一个整体，而不是一个特定的群体或品牌来和社会进行对话。

赋予组织意义

如同第二章所解释的，我们把传播理解为意义建构的一种形式。因此，传播是我们诠释周围的世界、赋予它意义的东西。这通常是对的，但它也适用于我们如何看待组织。例如，组织理论学者卡尔·维克（Karl Weick）认为，通过传播来建构意义对于我们如何理解组织的性质至关重要。意义建构涉及对我们周围现象的持续解读：这是一个过程，我们告诉自己这些现象的意义，以便能够将世界理解为一致的东西。在维克的理解中，一个组织是我们所讲述的故事的总和。正如我们可以有不同的科学家形象一样——我们可以以不同的方式赋予科学家意义——我们还可以讲述关于大学和其他研究机构的非常不同的故事，例如，把它们作为一组建筑物和设施、一个保护学科传统的平台，或者一种生产对社会有用的知识的手段。这些意义中的每一个对于全面了解大学都是重要的。

因此，故事和意义建构不仅是我们添加到现有组织（如大学）的一个层级，它们也是构成组织的材料。这个观点从根本上改变了我们理解科学传播的方式。科学传播是科学和科学研究机构总体故事的一部分，而不是有奉献精神的个人的额外工作，也不是大学公共关系部门工作人员的职责。它有助于创造这些现象和组织。[13]

这样的组织不稳定，也不容易被准确地描述。切尼（Cheney）和他的同事们用大学作为例子来解释任何特定组织的模糊性：

> 一所大学既不是有许多班级的、实际的、实体的校园，也不是其中工作人员的总和。相反，它是一个复杂的符号、信息、努力和活动的系统——一个它的成员及其边界之外的人员和群体的贡献网络。[14]

换句话说，组织有许多不同的故事，以及许多不同的理解它们的方式。例如，大学和研究所这样的研究机构并不是固定或静态的。重要的是，哥本哈根大学或英国皇家学会，或一个特定的科学博物馆会随着背景的变化而变化。我们用来描述组织的这个术语实际上可能是它们最稳定的东西：组织"身份认同的表面持续性"，焦亚（Gioia）、舒尔茨（Schultz）和科利（Corley）写道，来源于"组织成员使用的标签的稳定性来表达他们认为组织是谁或者什么"。[15] 虽然这样的标签可能是静态的——哥本哈根大学，或者更精确的 Københavns Universitet，自从 1479 年以来它就叫这个名字了[16]——但它的含义在不同背景和不同时间可能会有巨大的不同。今天的"大学"是什么，回答可能会有所不同，这取决于你问的是本科生、副校长、新闻办公室的员工还是在食堂工作的厨师。

关于任何特定研究机构的多元故事的存在也与组织文化有关。正如组织的身份认同不是固定的而是流动的、偶然的一样，组织的文化——支撑组织意义构建和身份认同形成的故事、价值观及规范——也不是固定的或单一的，而是多重的。[17] 组织文化对于形塑组织传播，包括是否及如何进行面向公众的科学传播都很重要。例如，我们知道，如果科学传播有强大的文化支持，那么其成员更有可能参与其中。[18] 如果科学家以前参加过传播活动，认为他们的同事也在花时间去做这些活动，或对此有正面的态度，那么他们更有可能去参与。[19] 组织文化也塑造了传播的内容：对英国皇家学会的一项研究发现，尽管它也在努力促进对话，但该组织内面向公众的传播文化也导致了其对单向传播实践的维护。该研究的作者写道：这个组织“没有充分地研究非专业人士的投入如何，以及是否可以对其科学政策和建议的核心业务有贡献”。[20]

“强势”文化[21]可能决定或塑造特定的重复性行为，如使用特定的传播形式。但组织文化仍然是可变的：它可能不会一夜之间改变，但也不是一个常数。它影响组织成员，但也随着时间的推移受到成员的所作所为及他们构建身份认同的方式的影响。组织成员经常会寻找不同于主导文化所指定的方式的做事方法。加雷斯·摩根（Gareth Morgan）主张，在任何组织中：

> 可能会有不同的竞争性的价值体系，创造出彼此镶嵌的马赛克一样的组织现实，而不是统一的企业文化。除了性别、人种、语言和种族外，宗教、社会经济、友谊和专业团体对文化马赛克也可以产生决定性的影响。[22]

对于科学家来说，职业价值观和规范是我们之前提到的科学体制的一部分。这个体制可以被看作是一个非常强大和部分独立的“价值体系”，不一定与研究机构的组织文化一致。该价值体系的一个例子是罗伯特·K. 默顿（Robert K.Merton）描述的 CUDOS 规范[23]：公有主义（communalism）、普遍主义（universality）、无私利性（disinterestedness）和有条理的怀疑精神（organised scepticism）。虽然这些规范不应被理解为对实际科学实践的实证描述[24]，但它们确实描述了科学家用来解释他们工作文化的一套价值观（或意识形态）。这里的要点是，这些价值观不一定与特定研究机构的优先事项、策略和文化相一致。例如，公有主义的规范表明，科学家应该分享科学知识，而不是保密。然而，一个研究机构可能并不一定会因为知识产权或专利的原因而对信息共享缺乏限制（第五章我们会继续讨论其中的张力）。

此外，科学规范体系中还存在着分支，这些可以成为构建加雷斯·摩根所指的“组织现实”的重要手段，也可以定义组织的参与经验。科学家可以选择将自己定位于某一特定主题领域内的学科或子学科中，并使用特定的科学方法。在身份建构上，属于一个学科，至少与被特定的研究机构所雇用一样重要。因此，大学和其他研究机构将始终纳入一系列组织文化，并可能难以叙述关于本组织的单一的、统一的故事。研究组织赞助或执行的科学传播的挑战不仅在于主导的组织文化是鼓励还是不鼓励这种沟通，还在于如何与许多不同的、有时候还是竞争性的科学家所在学科的亚文化互动。当组织文化发生变化时，或者当领导层讲述的“故事”被其他组织成员驳回时，或者当竞争中的亚文化试图传播它们自己对组织的意义构建时，会发生什么呢？

墙上的教授

2014 年，哥本哈根大学医学院的大楼外面出现了两张大型海报。一张海报上面是 20 米高的施瓦茨（Thue Schwartz）教授（医学院的主要研究人员之一）的照片，照片中，他微笑着俯视着下面的人群。他的胸前写着一句简短的话：“肥胖与糖尿病：研究可以创造新的药物。”

施瓦茨教授是一个现代型的科学家，他的研究很出色，还有商业化和企业家的精神——他在高端期刊上发表了大量论文，同时在制药企业还有与之相配的职业生涯。因此，人们不奇怪学校传播办公室认为印有他的形象的海报适合放在建筑物外面。这张海报给大楼的冰冷墙壁（根据粗犷的建筑风格建造）提供了不同的氛围，而且这张非常人性化的科学面孔有吸引人的地方。施瓦茨教授看起来像一个相当普通的人：他没有穿着实验室的外套或西装——虽然他的头衔和隶属关系清楚地显示了出来。

这面墙对着一条繁忙的通勤道路，从城市的北区进入哥本哈根，许多人每天都必须经过这条路。这位科学家的信息显示，一些复杂而广泛的问题有简单的解决方法，那么路人是如何看待这位仁慈的科学家的呢？这是一个人们想知道的有趣的问题。施瓦茨教授确实对人体新陈代谢进行了研究，他的愿景就是创造一种疗法，可以用药丸治愈肥胖和糖尿病，这也是没错的。然而，这种疗法在近期不太可能实现。也许行人不应该从字面上理解这个承诺，而是作为一个关于科学在做什么的一般消息来理解呢？

但是，通勤者不是唯一看到这张海报的人。在大楼内工作的人对这张海报有什么想法呢？他们认为，这是面向外界的对他们工作的良好描述吗？我们不清楚是不是每个员工都赞同研究的承诺，这些研究将会产生药丸来帮助治愈疾病，特别是像肥胖和糖尿病这样的与复杂的生活方式相关的疾病。在楼里工作的人是否认同这个承诺呢？或者他们会用完全不同的故事来讲述为什么这位教授的照片会被选中贴在这面墙上吗？这张海报就是科学传播往往具有自我传播性的一个例子，或是组织成员本身所接受的传播。那么，对于任何一项面向公众的传播来说，我们都可能会问这项科学传播在创建组织身份认同方面的后果和影响是什么。

代表科学

如果科学家是多个互相重叠的研究组织、机构和文化的成员，那么，当他们参与面向公众的传播时，他们可能会为其中的任何一个发言。在一项之前的分析中，本书的作者之一问科学家，当他们在公开场合谈论科学时，他们代表了什么（或他们为了什么而发言）。[25]科学家以三种主要的方式构建他们的代表角色：有些人认为自己是代表知识或专业领域（扮演专家的角色）发言，有些人则将科学视为社会机构（扮演教育者的角色），还有些人将自己视为特定研究机构的代表（扮演研究经理的角色）。

所有受访的科学家都承认，他们的组织（无论是大学、研究机构还是独立实验室）都有兴趣建立良好的公众形象。但是，只有科学家首先承认三种角色的最后一种——研究经理，并描述了他对传播活动的影响。在这种模式下，科学是作为特定的研究机构所组织的社会活动而开展的，研究经理的任务是树立这个组织的正面形象。相比之下，当科学家代表专业领域时，他们就像专家一样行动。在这里，科学被理解为专家社区的一个集合——学科，提供关于世界的真实知识。大学被认为与他们所说的专家没有什么关系，相反，相关社区由该学科内的同行组成。最后，当科学家把科学（以大写字母 S 开头的“科学”）作为社会机构时[26]，他们扮演的角色被描述为公众的教育者。在这种模式下，科学被描述为一个机构，其功能是找到关于世界的真实知识，并理性地将其用于解决问题。他们作为传播者的职责是教育、启蒙社会关于科学理性的东西。与专家的角色一样，组织在这里似乎是看不见的，或者至少是不那么重要的。相反，是科学家代表它们的整体学科或科学来呈现科学。

通过展示科学家如何在传播中为特定组织和机构服务，这些角色明确表明，科学家在面向公众的传播中不会仅以个体的身份传递一系列科学事实而没有其他的什么。他们总是代表比自己更大的“东西”，区别在于这里的“东西”是什么样的集体。当然，这三种角色是理想型的，总结了每种角色不同的特殊特征。在实践中，没有科学家系统地、专门地承担这些角色；事实上，大多数人根据即时背景采取特定的角色。[27]然而，作为理想型，这些不同的角色表明，面向公众的、同样的传播内容可以以不同的方式被理解，评估成功的方式也是如此。令人震惊的是，只有研究经理的角色明确地植根于特定的组织中。担任这个角色可能是组织职责的要求——一个部门主管需要宣传本部门的研究——但有趣的是，我们已经与许多看起来似乎并没有系统地扮演这个角色的担任领导职位的科学家交谈过，甚至这也不是他们面向公众传播时的首选。这一观察再次突出表明，科学家很少认为自己首先是某个组织的成员。他们拥护的主要是学科或科学体制，而不是其所在的组织。

上述三种科学角色清楚地表明，科学家尽管可能不会将自己与特定组织联系起来，但在面向公众进行传播时，他们确实会把自己归于特定的想象集体中。他们的公众传播不仅关乎他们和他们的受众，还关乎他们想要代表或展示的集体社区（或者简单地不让自己在他们面前感到尴尬）。专家和教育者的角色倾向于将科学视为一种合作性活动，其中，学科或科学方法的使用是社区的关键策略。他们甚至把自己所属的大学、部门和机构视为恼人之物，认为一系列绩效指标和管理要求是他们追求真正科学的威胁（第五章我们还会回到这个问题）。

这种组织的不可见性对在面向公众的传播中把科学构建为一种社会活动具有重要的影响，因为这意味着其他行动者或现象可能被用作科学的焦点或符号。组织学学者古施（Guthey）、克拉克（Clark）和杰克逊（Jackson）[28]曾经论证，大公司的高层领导经常成为该公司意义构建的焦点。焦亚、托马斯（Thomas）调查了大学和研究机构的高层管理人员，提出：

> 顶层管理团队成员对身份和形象的看法，特别是对未来形象的期望，是意义构建过程的关键，是组织内部情境和议题成员解读之间的重要联系。[29]

换句话说，高度知名的管理人员和研究人员，可以作为更大集体和组织的一种资源。他们对组织的“身份和形象”的看法可以被组织内其他人所延续，进而构建他们事业的意义。因此，在科学的背景下，特别知名的科学家不仅可以在传播和扩散他们的科学观念方面发挥作用，还能宣传他们的团队、部门、学科或大学。

名人科学家

曝光度最高的标志性人物是名人科学家，如苏珊·格林菲尔德（Susan Greenfield）、史蒂芬·皮克（Steven Pinker）或奥利弗·萨克斯（Oliver Sacks），他们是科学内部和外部意义建构的焦点。这样的名人不是一个新现象。19 世纪，达尔文是进化理论的知名领军人物，受到了同等程度的辱骂和欢呼。古德尔写了一系列 20 世纪的“知名科学家”，其中包括卡尔·萨根、玛格丽特·米德（Margaret Mead）和莱纳斯·鲍林（Linus Pauling），他们的职业生涯被“讨论、崇拜、诅咒、鼓掌和嘲笑”。[30]古德尔在 20 世纪 70 年代写道，即使是在大众传媒变得越来越重要的时代，这样的知名科学家仍然是稀有的。他们面临着特殊的挑战，包括几乎被认为是“科学界的污点”的方面[31]，对面向公众的科学传播形成了挑战。古德尔担心一位有魅力的名人科学家对政治和公共辩论可能产生的不适当的影响，甚至在其专长以外的领域也是如此。但他们也代表了从事科学的不同方式，他们在公共场合的时间和在实验室中的时间一样多，并且显示了科学研究的人性化和经常是怪趣的一面。

最近，德克兰·法伊（Declan Fahy）认为，“萨根效应”——公众的关注强度与科学可靠性成反比的观念（因此，对科学家的职业生涯有危害）——不再是真实的。法伊认为，许多今天的名人科学家在开展公共传播活动的同时，保持了备受尊敬的研究生涯；除此以外，做科普的不再被视为“二流科学家”。[32] 做传播的科学家不一定以古德尔所写的方式被重视。通常，他们能够使公众传播成为他们科学品牌的一部分，从而也成为他们生活的一部分。法伊写道，名人出现在三个过程的交点：个体的公共生活和私人生活的融合；他们作为“文化商品”或品牌的地位；以及他们在公众意识中的某些意识形态或概念的具体化。[33] 名人科学家是更广泛的“名人”（celebrification）文化的一部分：与其他名人一样，像运动员或电影演员一样，他们之所以有权力，是因为“他们生动地表现了观点、问题和意识形态，让人们可以想象和理解抽象概念……（他们）是社会运动的领袖”。[34] 换句话说，名人科学家不仅是有魅力的人物或古怪的个人主义者，他们代表更广泛的社会和文化关切——法伊指出，例如，理查德·道金斯（Richards Dawkins）是无神论与社会之间的关系的代表人物，或者处于困扰中的美国知识分子代表尼尔·德葛拉司·泰森①（Neil DeGrasse Tyson）——他们和社会有联系，也因为这些联系而受到欢呼。法伊解释说，真正的名人必须“与历史相交”，这样他们的地位才能与时代的精神一致。[35]

这样，科学名人就可以跨越公共和科学领域，成为科学内部和外部意义建构的焦点。例如，生物技术企业家克雷格·文特尔（Craig Venter）已经成为某种特定的从事科学研究方式的一个重要标志，这种方式是高度企业化的、以商业发展为导向的。在科学世界的不同角落，阿尔伯特·爱因斯坦那狂野而怪异的头像已经成为卓越科学和专注基础研究的象征。爱因斯坦同时代表了天才和古怪的个性。他所象征的科学形式应该是独自一人创造出大量的新知识，而不用俗气地考虑实际应用或经济效益，因为重要的应用是自然而然的。同样，法伊认为，史蒂芬·霍金象征着科学是一种纯粹的认知和脱离肉体束缚的努力。[36] 因此，科学名人成为科学的象征，代表着对科学是什么和应该是什么的不同想象。这些名人在象征方面的能

① 美国著名天文学家，做了许多科学传播工作。——译者注

力意味着他们是媒体、公众和科学家自己建构科学意义的重要途径。

然而，作为一个知名的科学家，他们仍然存在着矛盾。萨根效应在科学文化中继续被提及，科学家可能会担心承担名人科学家的角色。[37] 西蒙娜·罗德（Simone Rödder）认为，这应该被理解为科学系统中的结构性矛盾，源自与科学家所承担的各种角色有关的不同期望。[38] 她认为，我们应该从“科学界维护科学准则的完整性，如根据科学标准来分配奖励”这个视角来理解这种矛盾。[39] 对于她而言，至关重要的问题是“尽管面向公众的传播催生矛盾，但科学家在什么条件下会变得知名呢？”[40] 她的结论是，尽管科学家可能扮演着向外界呈现科学的角色，但他们通常必须在三个条件下才能这样做，以免失去科学信誉。这三个条件是：他们在公众场合的出现必须基于良好的科学工作背景；他们的出现应该与自己的机构或组织角色有关（代表自己以外的东西）；他们不可以被认为是故意爱出风头。

因此，科学信誉对于科学内部的意义构建至关重要。科学家通常对自己作为一个象征性代表的公众知名度的自我传播方面的意识非常强烈。公众可见度高的科学家冒着被认为在科研上不怎么出色的风险，他们必须注意保护自己免受这种风险，例如满足罗德所描述的三个条件。但公众传播的这种自我传播维度并不仅仅关注科学卓越性的呈现，还要确保一个人的公众形象在科学上是严谨的，这比知名度更需要被强调。特定个体也可能试图实现在大学、部门和研究团体的愿景或野心。例如，卡拉·布鲁斯南（Caragh Brosnan）和麦克·迈克尔（Mike Michael）研究了某个跨学科神经科学研究小组如何理解自己。[41] 他们发现，团队领导在组织运作中发挥了关键作用：与团队其他成员不同，他有跨学科的背景，在临床和基础神经科学方面都有专长。因此，他在实现一个将基础研究转化为临床有效干预措施的承诺方面发挥了重要的作用，他也是跨学科研究实践的现身说法。他象征着团队其他成员所从事的实践，有时可能是不连贯的或分散的。

类似地，乌里克·费尔特（Ulrike Felt）和马克斯·福克勒（Max

Fochler）认为，针对更广泛公众的科学传播形象被研究人员吸收并影响他们对从事科学的期望和经验。“科学传播所讲述的故事”，费尔特和福克勒写道，“总是成功的”。强调研究人员在科学中找到满意、兴奋和鼓舞人心的叙述，可能意味着“将自己的经历与这些叙述相比，越来越成为研究人员进入博士以后阶段的可怕之举”。[42] 这里，面向公众的传播再次反馈了组织或机构内传播的身份认同建构。名人科学家的公众声音被正面和负面地用于他们的学生、同事和其他人对科学的意义建构。

用衬衫来再现科学：“#衬衫门”和罗塞塔号彗星探测器

在媒体中高度曝光的科学家代表或象征着科学文化的特定版本，当这些再现有争议或有不同的解读方式时，会发生什么呢？

罗塞塔任务在欧洲航天局的网页上有详细记录：2004 年开始启动，航天器被开发用来“追踪，进入围绕彗星的轨道并登陆”。[43] 它于 2014 年 8 月到达了目标彗星，在轨道上飞行了 3 个月，并在 11 月 12 日释放了着陆器“费莱”（Philae）。轨道运行和着陆阶段都是尝试与彗星进行接触的第一次，着陆引起了全球媒体的强烈兴奋。报纸用博客即时报道了该事件，费莱也有自己的推特账号，很快，“彗星登陆”传遍了全世界。但是，登陆后不久，至少有一些关于该事件的兴奋点出现了偏差，项目科学家马特・泰勒（Matt Taylor）在一次新闻发布会上，穿着一件带有幻想风格图案的衬衫，上面是一个衣着暴露、穿着聚氯乙烯（polyvinyl chloride，PVC）紧身胸衣的女性。如同推特用户使用标签“#衬衫风暴”和“#衬衫门”迅速指出的那样，衬衫的设计显示这里不是那种多元化、女性友好的工作环境（欧洲航天局以男性为主导的任务室照片增强了这种效果）。[44] 第二天，辩论已经到了这样一个高点，以至于马特・泰勒为自己穿着“错误”的衬衫而在一个视频中充满情感地道歉了。在罗塞塔、费莱和那件衬衫的故事中显然有很多事情发生。其中一个是社交媒体的强大力量。如科学传播学者爱丽丝・贝尔（Alice Bell）

所指出来的，推特用户说出了泰勒的同事、欧洲航天局新闻办公室或世界各地的科学记者似乎都没有注意到的——如果你是科学项目的发言人，那么你也不可避免地会成为科学文化的发言人，也许你得想想，在这种文化中，人该做什么，不该做什么——这使得该事件成了一个国际新闻故事。[45]另外，科学和科学家被媒体以特定的方式报道，但是很多人没有注意到这种呈现的方式。如果我们在科学新闻报道中看到任务控制室里全都是白人男性，或者如果记者不断强调女性科学家的外表，同时强调男性科学家的资质[46]，那么这将有助于塑造公众对科学文化和科学工作环境的共同想象。在这方面，笔者很高兴地提请注意2014年另外一个与航空有关的新闻：印度的火星航天器成功进入轨道，印度空间研究机构的任务控制室的照片也引起了人们的注意——但在这个案例中，是因为控制室里有妇女的强大存在。[47]《魅力》(*Glamour*)杂志评论说，"想象一下所有看到这张照片的年轻女孩都会认为，这就是科学家的样子"。[48]

双重承诺与解耦

面向公众的科学传播对科学家的身份认同构建有很多重要的意义。它可以使他们作为一个特定集体的代表，将自己与研究机构联系起来或分割开来，或者为机构提供可以作为象征性领导者的领军人物。这种多重性，以及同时认同其组织、学科或更广泛的科学共同体的能力可以被比作组织学学者所谓的"双重承诺"。[49]这是专业人士同时对自己的组织和职业都富有责任感的观点：不是选择其中的一个或另一个，他们同时致力于这两个。并不罕见的是，科学家认为学科的其他成员——甚至是那些也许在竞争对手大学工作的人——是他们最亲密的同事。这种双重承诺可能是大学内部传播专业人士沮丧的根源，他们可能难以理解，某个科学家觉得与自己的大学的组织传播战略相比，其与竞争大学的学科同事更加一致。一个典型的例子是医学研究的新结果。虽然大学可能有兴趣报告他们“优秀的研究团体所取得的突破性进展”，但负责这项工作的科学家可能会更多地考虑结果的不确定性，并关注他们在该学科内的同事解读“耸人听闻的新闻故事”的方式。

然而，尽管科学家有能力协商多种角色，但有时候科学家也会经历不同承诺之间的相互冲突。对此的一个回应被称为“解耦”，这个术语在新制度理论中被用来描述这样的情况：组织及其成员削弱了总体（或外部）的性质、目标和内部协调、控制之间的直接联系。[50]解耦采取在面向公众的传播中形成的形象与组织内部的经验和价值观之间分离的形式。这种情况可以在推行新公共管理政治格局的组织中找到，这些组织把私营企业的效率战略应用于公共部门。这些组织经常遇到外部责任要求之间的冲突，例如，关键绩效指标和内部专业价值观之间的冲突。解决这种张力的一个办法是，无论是在一般的公共部门还是在大学，松解不同责任系统之间的联系，使它们分开而不是一体化。因此，解耦是满足外部需求而不必改变自己的内部工作实践、价值观和指导性规范的一种方式。在科学的背景下，解耦的做法是同时注意大学的绩效指标（毕业的学生、获得资金和在管理委员会工作），并遵守学科社区的规范，不让这两个系统直接相互影响。

例如，我们曾经访问过一个研究中心，它在企业化方面享有盛誉，并且非常擅长与各公司合作。然而，仔细看看，这些合作大多由本科生和硕士生作为项目工作人员的一部分完成，而许多永久雇佣的研究人员做的是传统的出版导向的基础学术研究工作。因此，该中心已经找到了一种组织工作的方式，允许研究人员向外讨论科学的实业化，而在内部，他们为基础研究的雄心保留了足够的空间。这种解耦不应该被视为欺骗或操纵。相反，它是在变化和相互冲突的需求及政治压力的场景中生存的必要手段。

然而，这些策略可能为科学家带来其他问题。被视为从事与商业有关的科学在重视商业化的政治话语中可能是有益的，而在其他情况下可能恰恰相反。如果科学家遵守企业化的要求并生产资源，那么他们作为某个知识领域或整个社会科学体制发言人的合法性可能会降低，因为他们可能被看作只是为了扩大自己的利益。

这对科学传播意味着什么呢？解耦或管理多个角色不是大学或科学的内部事务，而是需要通过不同的公共活动来表达。与此同时，面对着全球竞争的大学和研究机构，与过去相比，变得越来越企业化和市场化，这正在塑造着代表具体组织的科学传播与把科学作为一种体制（明确地或隐含地）所进行的科学传播之间的关系。例如，由于大学的科学传播方式正在发生变化，职业的科学传播从业者和科学家传播者之间的紧张关系正在显现（第五章中我们还会讨论这个问题）。大学雇佣的职业科学传播者可能会试图呈现统一的信息，“销售”组织的优势。他们感到的沮丧，以及他们的公共传播愿景与大学科学家之间可能发生的失调源于科学家缺乏组织认同意识，这对于战略传播目标来说是一个问题。然而，从研究者的观点来看，可能会有很好的理由最强烈地认同他们的学科或科学的专业价值观。职业的科学传播者不应该忽视科学体制的力量，以及科学家对这一套全球性的专业价值观的认同。

第三章的开始呈现了我们在“科学在城市”科学节的欧洲科学开放论坛展会上制作一个传播自己研究成果的设施的经验笔记。我们希望用该设施让外行人员了解和讨论我们的研究，但是，正如玛雅·霍斯特的笔记所清楚表明的那样，我们也有种种其他顾虑。（例如）我们希望自己的大学看起来很好，也享受与哥本哈根大学同事们的合作感，还想让其他科学传播者了解我们想出来的一种有趣的传播方式，并提高科学技术与社会研究的形象。而拍摄一张大学校领导的参与照片是额外收获。当我们开展传播时，我们站在设施旁边并介绍它，有时我们担当社会科学知识的无利害关系传播者的角色，但在其他时候，我们也承担着其他角色，例如，作为部门主管（玛雅·霍斯特），或者代表一个特定的地方社区（哥本哈根大学），或者是一个关心自己个人品牌的研究人员。所有这些角色都与这个设施纠缠在一起。它的意义最终与我们自己对研究、大学和学科的意义构建有关。

第三章的要点是，与该设施一样，科学传播很少只是简单地涉及某个特定的个体及其传播科学知识的愿望。这是因为，科学家实际上不是不受约束的个人，而是各种机构和组织的一部分。他们生产知识的方式与实验室团队、部门、大学、学科和研究网络等集体有关，他们的科学传播也同样受此影响。当他们传播时，他们既要为自己构建作为一个科学家的身份认同，也要代表不同版本的科学性质。因此，科学传播不可避免地与组织结构有关，反映出其变化也是形成组织关于自己的故事叙述的一部分。

注　释

1. Goodell R (1977) *The visible scientist*. Boston: Little Brown.
2. Davies SR (2013) Constituting public engagement meanings and genealogies of PEST in two U.K. studies. *Science Communication* 35(6): 687–707.
3. Martin-Sempere MJ, Garzon-Garcia B, and Rey-Rocha J (2008) Scientists' motivation to communicate science and technology to the public: Surveying participants at the Madrid Science Fair. *Public Understanding of Science* 17(3): 349–367.
4. Rektor and Pro-Rektor，大学的高级领导，大致相当于英国或美国的校长和副校长。
5. 有关该设施的更多信息，请访问：www.breaking-entering.dk.
6. p. 199, Christensen LT (1997) Marketing as auto-communication. *Consumption Markets & Culture* 1(3): 197–227.
7. Perrow C (1979) *Complex Organizations—A Critical Essay*. New York: McGraw-Hill, inc.
   Selznick P (1957) *Leadership in Administration*. University of California Press.
8. Hatch MJ and Schultz M (1997) Relations between organizational culture, identity and image. *European Journal of Marketing* 31(5/6): 356–366.
9. https://royalsociety.org/about-us/.
10. 同上。
11. Ward B (2007) The Royal Society and the debate on climate change. In: *Journalism, Science and Society: Science Communication between News and Public Relations*, Abingdon: Routledge, pp. 160–172.
12. Taylor JR and van Every EJ (2008) *The Emergent Organization: Communication*

as Its Site and Surface. Psychology Press: Sussex.
13. p.164, Ward B (2007) The Royal Society and the debate on climate change. In: Bauer MW and Bucchi M (eds), *Journalism, Science and Society: Science Communication between News and Public Relations*, Abingdon: Routledge, pp. 160–172.
14. p. 8, Cheney G, Christensen LT, Zorn TE, et al. (2011) *Organizational Communication in an Age of Globalization Issues, Reflections, Practices*. Prospect Heights: Waveland.
15. p. 64, Gioia DA, Schultz M, and Corley KG (2000) Organizational identity, image, and adaptive instability. *Academy of Management Review* 25(1): 63–81.
16. http://universitetshistorie.ku.dk/overblik/vigtige_aarstal/.
17. Hatch MJ and Schultz M (1997) Relations between organizational culture, identity and image. *European Journal of Marketing* 31(5/6): 356–366.
18. The Royal Society (2006) *Science and the Public Interest: Communicating the Results of New Scientific Research to the Public*. London: The Royal Society.
    Poliakoff E and Webb TL (2007) What factors predict scientists' intentions to participate in public engagement of science activities? *Science Communication* 29(2): 242–263.
19. Besley JC, Oh SH, and Nisbet M (2013) Predicting scientists' participation in public life. *Public Understanding of Science* 22(8): 971–987.
20. p. 490, Bickerstaff K, Pidgeon N, Lorenzoni I, et al. (2010) Locating scientific citizenship: The institutional contexts and cultures of public engagement. *Science, Technology & Human Values*, 35(4) 474–500.
21. Kunda G (2006) *Engineering Culture: Control and Commitment in a High-Tech Corporation*. Temple University Press.
22. p. 132, Morgan G (2006) *Images of Organization*. Thousand Oaks: SAGE,
23. Merton RK (1942) The normative structure of science. In: Merton RK (1973) *The Sociology of Science: Theoretical and Empirical Investigations*. University of Chicago press.
24. Latour B and Woolgar S (1979) *Laboratory Life. The Construction of Scientific Facts*. New Jersey: Princeton University Press.
25. Horst M (2013) A field of expertise, the organization, or science itself? Scientists' perception of representing research in public communication. *Science Communication* 35(6): 758–779.
26. Felt U, Barben D, Irwin A, et al. (2013) Science in society: Caring for our futures in turbulent times. *European Science Foundation* 50: 1–36.
27. 关于科学的角色集类似但略有不同的描述可见：Rödder S (2012) The ambivalence of visible scientists. In: Rödder S, Franzen M, and Weingart P (eds), *The Sciences' Media Connection—Public Communication and Its Repercussions*, Sociology of the Sciences Yearbook, Springer, pp. 155–177.
28. Guthey E, Clark T, and Jackson B (2009) *Demystifying Business Celebrity*. Routledge.
29. p. 370, Gioia DA and Thomas JB (1996) Identity, image, and issue interpreta-

tion: Sensemaking during strategic change in academia. *Administrative Science Quarterly*: 41(3): 370–403.
30. Goodell R (1977) *The visible scientist*. Boston: Little Brown.
31. 同上。
32. p. 203,同上。
33. Fahy D (2015) *The New Celebrity Scientists: Out of the Lab and into the Limelight*. Rowman & Littlefield.
34. pp. 6–7, 同上。
35. p. 206, 同上。
36. 同上。
37. 2006 年，英国皇家学会的一份报告发现，相当多的科学家认为他们的同事参与公共传播是因为不够优秀。Royal Society (2006) *Survey of Factors Affecting Science Communication: Conclusions, Recommendations and Actions*. London: Royal Society.
38. Rödder S (2012) The ambivalence of visible scientists. In: Rödder S, Franzen M, and Weingart P (eds), *The Sciences' Media Connection—Public Communication and Its Repercussions*, Sociology of the Sciences Yearbook, Springer, pp. 155–177.
39. p. 165, 同上。
40. p. 168, 同上。
41. Brosnan C and Michael M (2014) Enacting the 'neuro' in practice: Translational research, adhesion and the promise of porosity. *Social Studies of Science*, 44(5): 680–700.
42. p. 150, Felt U and Fochler M (2012) Re-ordering epistemic living spaces: On the tacit governance effects of the public communication of science. In: Rödder S, Franzen M, and Weingart P (eds), *The Sciences' Media Connection—Public Communication and Its Repercussions*, Sociology of the Sciences Yearbook, Springer Netherlands, pp. 133–154.
43. http://sci.esa.int/rosetta/2279-summary/.
44. 一位技术记者在推特上写道："我们的群体中，不会有女性受到太多的欢迎，只要问穿着这件衬衫的老兄就知道了。"见：https://twitter.com/roseveleth/status/532538957490561024.
45. http://www.theguardian.com/science/2014/nov/13/why-women-in-science-are-annoyed-at-rosetta-mission-scientists-clothing.
46. Chimba M and Kitzinger J (2010) Bimbo or boffin? Women in science: An analysis of media representations and how female scientists negotiate cultural contradictions. *Public Understanding of Science* 19(5): 609–624. See also: http://www.theguardian.com/science/political-science/2014/aug/10/why-is-the-media-so-obsesssed-with-female-scientists-appearence.
47. 见：http://www.bbc.com/news/world-asia-india-29357472.
48. http://www.glamour.com/inspired/blogs/the-conversation/2014/09/phot-indian-women-scientists-mars.

49. Cheney G and Lee Ashcraft K (2007) Considering 'the professional' in communication studies: Implications for theory and research within and beyond the boundaries of organizational communication. *Communication Theory* 17(2): 146–175.

Anderson RM, Perucci R, Schendel DE, et al. (1980) *Divided Loyalties: Whistle-blowing at BART*. Purdue University Press.

50. Meyer JW and Rowan B (1977) Institutionalized organizations: Formal structure as myth and ceremony. *The American Journal of Sociology*. 83(2): 340–363.

第四章

科学传播正在变化的性质：多元化、教育与职业化

前一章讨论的重点是科学家作为面向公众传播的参与者。我们认为不应该只将科学家视为个人，而应将其视为不同集体的代表。但科学家不是当代科学传播的唯一参与者。正如我们在第一章中所论述的那样，这是一个高度多元化的生态系统。它不仅充满了大量不同的传播形式，而且有各种来自不同职业团体，有不同兴趣的参与者。在每一个像道金斯或尼尔·德葛拉司·泰森这样的知名科学家的背后，都有无数做科普活动的博士后、宣传大学科研的新闻官，以及写作、演讲和制作展览的博物馆解说员及传播者。

变化中的媒体景观

大众媒体是这个生态系统的关键组成部分。传统媒体（报纸、公共广播机构和杂志）和新媒体都是科学传播的中心制造者。正如我们在讨论名人科学家时所看到的那样，科学家的媒体再现可以对科学界和外行受众在代表科学方面产生强大的作用。由于这种大众传媒的突出的再现科学的能力，科学与媒体，以及科学家与记者之间的关系长久以来一直持续地受到关注。科学家经常对此表示担忧：一位被美国国家公共广播电台（National Public Radio，NPR）博客引用的研究人员谈到了“标题忽视细微之处，走向耸人听闻”的倾向，而且她宁愿“拒绝回拨来自科学记者的电话，继续做实验室内的事务”。[1]这种焦虑并不罕见，科学界以外的其他人也存在这种焦虑。汉斯·彼得·彼得斯（Hans Peter Peters）写道：“许多评论家和传播研究人员”，

> 诊断“鸿沟”“冲突”“障碍”或错误传播，如不精确、科学家缺

乏动力和沟通技巧，是科学家的问题……然而，不仅是科学家“媒体之星”的现象……而且也是科学新闻源和媒体之间常规互动、新闻源满足于媒体报道自己研究的盛行……这表明需要重新评估科学与媒体的关系。[2]

彼得斯认为，科学与媒体之间的关系比所担心的误解或不同逻辑更为复杂。例如，大多数研究表明，科学新闻实际上几乎没有不准确之处［一项关于英国广播公司（British Broadcasting Corporation，BBC）科学内容的大型分析发现，其中没有任何错误，尽管存在一些纳入不同的声音来“平衡”故事的方式问题[3]］。彼得斯和他的同事所进行的大规模国际调查表明，科学家和记者之间的接触比人们通常以为的要频繁，问题较少。[4]根据这项在法国、德国、日本、英国和美国的科学家中进行的调查，“有57%的受访者表示他们对媒体最近对自己的报道感到‘非常满意’，只有6%的受访者‘非常不满意’”。此外，几十年以来，科学已经并且将继续是大众媒体报道的重要组成部分。[5]公众对它的兴趣很高，至少在某些情况下，对于某些内容，媒体的科学新闻数量正在增加。[6]

与我们这里的讨论最相关的是媒体的整体景观正在发生深刻的变化。例如，许多报纸不再有专门的科学记者，不太可能有资源支持深度的科学报道。[7]这些压力部分地源于网络、社交媒体和免费公民新闻的兴起。现在有很多人从互联网获取科学新闻，无论是科学家自己在博客或大学网站上发表的文章，还是“科学博客”这样的专业平台发布的内容。在与科学相关的新闻发布会实时推特的世界中，你可以在“脸书”（Facebook）上跟踪研究人员的状态更新，科学记者正在摆脱简单地向公众提供有关尖端科技信息的角色。评论家认为，科学记者的新角色正在出现，如守门人（curator，帮助我们处理海量的可获得信息）或公共知识分子（提供对科学报告的独特的，有时候是个人的解读）。[8]近几十年来也出现了专门的科学媒体中心，试图进一步缓和科学家与媒体之间的关系。英国科学媒介中心（Science Media Centre，SMC）成立于2002年[9]，旨在成为科学的“独立新闻办公室”。其业务包括：为研究人员提供媒体培训和写作指导；为记者提供媒体友好型的科学专家数据库；以及可以为突破性科学新闻提供清晰、准确信息的书面简报和研究摘要。尽管英国科学媒介中心被批评为强化了“拼贴新闻”（churnalism，在新闻报道中滥用相关组织事先写好的材料，如新闻发布会的新闻稿）文化和“科学信息娱乐化”的主导地位[10]，不利于调查性新闻报道的进行，但这些是对新闻室越来越大的压力的一个回应。

那么，大众媒体的科学报道正处在转型期。一方面，其中一些形式正在经历一个黄金时代，英国物理学家布莱恩·考克斯（Brian Cox）或美国天文学家尼尔·德葛拉司·泰森等名人科学家主持的电视节目一直是主流的成功节目，而诸如播放前沿思想家 20 分钟演讲的 TED 等在线平台可以让人一夜爆红（在写作这段话的时候，最受欢迎的 TED 演讲已被浏览 3100 万次）[11]；另一方面，在如何广泛地向公众提供科学新闻和信息的方式上也有深刻的分歧，作为一名研究媒体的学者，多米尼克·布罗萨德写道，新媒体使人们能够“在任何地方获取关于几乎是任何东西的海量信息，却不需要付出太多的认知努力”[12]，目前还不清楚这样做的后果将是什么。

科学传播的生态系统正在多样化

这些变化不仅涉及大众媒体所开展的科学传播。第四章及第五章证明了这个论点：一般意义的科学研究和特定的科学传播都正在经历如何被想象、如何被实践的重大转变。这并不是说在更早一点儿的年代中，科学是稳定的，科学传播是直截了当的：这些事情都不曾如此。[13] 但是，我们确实想论证科学传播处在转型的时期。特别是第四章探讨了科学传播生态系统正在发生多元化改变，作为其中的一部分，科学传播正在变得职业化。科学传播已经不再是少数“明星科学家”的保留战场。它是由各种各样的全职传播者（与许多热心的志愿者一起）组成的领域，无论是那些转向全职传播的科学家，还是来自其他领域的专业传播人士（如公关人员），或是越来越多的经过专业科学传播训练的个体骨干。

这些变化的一个例子是人们越来越重视把传播训练和实践经验融入科学教育中。[14] 现在对于年轻的科学家来说，同时接受科学和公共传播的培训几乎已经成为一种常规，这是基于这样一种理念，即科学学生将来需要的技能远远超出当下的科学本身。最常见的是，他们被鼓励获得“可转移技能”，这可以为他们做好应对学术界之外的世界的准备[15]；更具体地说，年轻的研究人员接受了这些领域的训练，即负责任的研究行为[16]、研究伦理学[17]、学术写作和演讲，以及有时候是更广泛的公众传播。科学传播训练主要侧重于“扩散而不是对话”的传播方式（正如一篇评论所说的）。[18] 很多关于这些课程的调查，以及教他们的科学传播学者都表示，科学传播的模式和理论是这种教育的一个重要组成部分[19]；理解和满足受众的需求是另一个组成部分。[20] 从我们自己的经验来看，这样的培训将引导科学学生进行不同形式的科学交流，旨在为面向公众的写作、与媒体交流、参与现场活动和对话等领域提供实际指导。

这种形式的培训不会停留在学生层面。正如特伦奇和史蒂夫·米勒（Steve Miller）所表明的，国家政府、研究资助者、大学和欧盟委员会都在大力支持科学传播的能力建设。[21] 因此，科学家有更多的机会把自己更好地武装成面向公众的传播者。例如，把之前提到的英国科学媒介中心的活动作为一个例子，英国科学媒介中心有一项为期半天的课程“新闻媒体概论”，其目的是“让人见识一下新闻媒体”，在职的科学家可以免费听课。[22] 英国科学媒介中心强调，这不是实践训练，而是一个理解科学新闻工作逻辑和实践的机会，并与英国科学媒介中心建立关系，可以进一步支持与媒体对话。类似地，在丹麦，一系列组织为科学家提供了专门的传播培训，包括科学新闻服务中心网站 Videnskab.dk 和报纸《信息》(*Information*)。许多读者能够想到更多本地的其他例子。

这些努力普遍得到了积极的接受，有效地支持了科学家参与科学传播。一项研究发现，正规培训和自我效能认知有利于科学家积极地与媒体互动[23]；另一项调查发现，科学家特别重视如何创作清晰的、容易理解的信息的训练（而不是把可能的操纵手法伪装成值得信赖的样子）。[24] 当然，人们所希望的是，沟通技能更好的科学家能够带来更好的科学传播，然后是更好的科学与社会之间的关系。我们可以补充说，把这样的希望与招募更多年轻人和学生从事科学的愿望联系起来并不罕见——大量财政支持公众的传播的背后是长期的顾虑。但是，与这些积极的经验相反，也有一些证据表明，对于年轻科学家来说，训练和开展公众传播的要求似乎是一个额外的负担。在一项研究中，博士后级别的研究人员表示有兴趣参加公众参与，但受到了他们工作条件的阻碍。[25] 他们说，他们的工作太不稳定，期限太短，也缺乏自主权来按照自己的兴趣花时间和精力在公众传播上。

科学传播的整合与职业化

对科学家进行培训力求为他们提供新的专业技能，为他们做好科学事业的准备，在科学上，面向公众的传播已经是工作标准的组成部分。因此，它涉及了我们称之为研究机构公共传播的整合模式。如果一个研究机构认为科学传播是从事科学不可或缺的组成部分，那么它将要求科学家和传播专业人员之间进行高水平的协作，并将投入资源，如培训活动，将科学家转化为熟练的传播者。传播被视为是科学的重要组成部分。

另外，公共传播的专业化模式涉及将科学家的传播任务委托给研究机构内的其他人员。在这里，公共传播是一项专门的工作，由具有相关培训经历的专业人士处理。这个模型解释了过去几十年发生的研究机构内部的传播专业人员的增长。[26]20 世纪 90 年代之前，大多数研究机构没有专门的传播或新闻团队，例如，意大利物质物理研究所是意大利首先任命媒体关系官员的公共机构之一，这一任命是从 1996 年开始的。[27] 今天，许多机构不仅有新闻和媒体官员，还有其他专门从事科普、公众参与、活动策划、校友关系维护等活动的角色和单位。简·格雷戈里（Jane Gregory）和马丁·鲍尔将这些变化描述为从所谓的"旧体制"的科学新闻（将科学家作为传播者，公众教育是关键的成果）转变为新体制下的公众理解科学公司，其重点是科学宣传、日益公司化的科学公关，以及大众媒体事件。公众理解科学公司是一种专业化的职业活动，他们写道，并且

> ……目前所需的公关技巧……意味着科学传播是少数人的职责，而不是多数人的。此外，公关的逻辑需要把传播功能集中化，这将使得 20 世纪 90 年代让每位科学家成为他或她自己工作的普及者的尝试越来越过时了。[28]

科学家个体不再是他们曾经的（或被定义的）强大的行动者，格雷戈里和鲍尔指出，科学传播的景观发生了深刻的变化。这些发展也在学者卡西尼（Casini）和奈瑞西尼（Neresini）的研究中显示了出来。他们研究了 40 个欧洲研究机构 [29]，访问了其中的科学家和职业传播人士，发现这些行动者很少认为科普和公众参与活动是科学家角色的组成部分。[30] 与公众的互动或被认为是委托给其他人的任务（如内部传播专家或媒体），或者被视为是根据科学家个人优先程度或善意进行的外围活动。卡西尼和奈瑞西

尼的解释是，由于公共传播不被视为科学家任务的关键组成部分，因此其不属于研究机构的“核心业务”。但这种委托也涉及科学传播在集体内部通过整合和专业化模式以不同的方式组织的事实。二者都是有效的选择，在任何一种情况下，科学传播都需要特定的专业技能，不同之处在于这些技能是支持和培训科学家，还是以他们自己的方式实践传播。

我们接下来还会继续关注现在的大学里按照第五章所讨论的专业化模式运作的各种任务和专业人员。更广泛的观点是，科学传播正变得更加专业化：在大学和其他研究机构中，这或者要求科学家以特定的方式得到支持和培训，或者需要专业技术人员本身的活动。科学传播的专业化也发生在大学之外。类似地，其他类型的组织，如非政府组织、慈善机构、社会运动团体和政府机构，同样也有专门的角色，承担着科学知识的互动和传播任务。这些角色可能是非正式的或志愿的。总体的主旋律是，科学传播不应该只留给科学家来做——无论他们是为绿色和平、联合利华公司、大学还是政府实验室工作——但是科学传播需要特定的技能。在过去几十年里，面向公众的科学传播已经成为一种可以和专业教育机构及培训项目竞争的产业。使科学被公众所知道本身就是一种职业，而不是附加在科学教育上的东西。

作为科学传播者的活动家

当我们想到科学传播者时，我们可能会想起电视上的著名科学家、欧洲科学开放论坛这样的科学节、即将进入学校的大学生，我们甚至可能会想到科学公关人员、制药公司的医学作家或博物馆馆长。但科学及科学传播也可以由社会运动和活动家团体开展。例如，环保慈善组织国际绿色和平组织就有自己的科研机构，并将其发现运用到运动中。[31] 关心疫苗接种、环境污染、核能或特殊医疗条件的运动团体也在公共传播中使用科学知识。

活动家进行科学传播的一个例子是，20 世纪 80 年代，艾滋病活动家团体对治疗研究的干预。史蒂芬·爱泼斯坦（Steven Epstein）的研究描述了围绕着艾滋病治疗的社会运动如何兴起以及进展。他认为，活动家能够让自己以不同寻常的程度卷入科学知识的生产中去。[32]他们不是简单地接受科学家和医生告诉他们的东西，而是能够参与关于如何开展临床试验的决定，并最终被接受为研究过程中重要的伙伴。活动家采取了一些策略来实现这一点，其中许多都涉及公共科学传播。例如，其中一个关键的方法是利用街头戏剧和抗议活动来提请注意所谓的"'家长式'药物管理政策"。[33]美国食品药品监督管理局（FDA）和美国国家卫生研究院（NIH）总部的大型示威活动使得公众和科学政策制定者都能够看到，与目前正在使用的方法相比，有其他药物试验的替代方法，即与患者合作。但是，活动家们也利用科学来增强可靠性，并以这种方式开展科学讨论。爱泼斯坦写道，一旦他们"对生物医学的语言有了基本的了解，活动家就发现他们也可以进入'生物医学机构之门'"。因此，艾滋病治疗的活动家和许多不同的受众在沟通时变得善于运用科学研究的语言和概念。作为公众运动的一部分，通过将自己描述为可信的、知识渊博的行动者，他们能够引起别人对自己的事业的关注，并且最终"挑战生物医学研究经常涉及的专家和外行人士之间的等级关系"。[34]

科学传播的职业化

专业的大学传播从业者的兴起是科学传播正在发生变化的一个重要方面，专业传播者在大学以外的激增也是如此。我们在许多不同的场合都看到了这一点。在参与和对话方面增长的兴趣也会带来科学与公众互动方面的咨询业及非营利性专业机构的增长［例如，参与（Involve），一个支持公众参与科学的英国智囊团和慈善机构[35]；思想实验室（ThinkLab），专门从事科学公关[36]；总部位于澳大利亚的专业传播机构（Econnect Communication），"创造性地传播"科学、技术和环境[37]]。学会（如英国皇家学会或美国国家科学院）有团队来管理公众传播的不同方面，从对话和参与到数字与社交媒体内容。科学节、科学表演（到学校中表演，旨在激发学童对科学的热情的节目类型）和科学导向事件可以由任何对象组织，从大型机构到个人自由职业者、小型企业或志愿者。[38]当然，科学博物馆和科学中心一直都有工作人员致力于通过开发展览或"解释者"的角色来做科学传播，但他们也越来越多地开展活动节目、学校科普团队，以及流动节目和展览，并设有专门从事开发和传播这些内容的部门。科学新闻业正在被企业博客、感兴趣的业余爱好者和非营利组织所占据。[39]患者组织和慈善机构可以开展公众参与活动，雇用政策人员来游说政府，以解决对他们来说重要的问题，并利用医学和科学作家明确表达他们所关心的问题背后的科学。

这种职业化的一个关键方面是发展社区认同意识，成为集体的一部分。现在，有一些或多或少正式化的社区认同自己是科学传播从业人员。PCSI-COM 邮件组就是一个例子[40]，它位于英国，但拥有来自全世界的订阅者。另一个例子是科技公共传播（public communication of science and technology，PCST）网络[41]，它每两年举办一次会议，把科学传播学者和从业者组织在一起。SciDev.Net 是一个专注于全球南方科学传播的网站和资源银行。[42]这些社区常常对自己的状态和成员所从事的活动的性质进行自我反思。例如，2010 年，PSCI-COM 邮件组广泛开展了有关持续专业发展（continuing professional development，CPD）课程和科学传播认证的需求（或没有需求）的讨论。讨论的起点是"科学传播者是一群独特的骨干"[43]，尽管这个骨干被认为是高度多样化的、完全是出于对公众参与科学或科学传播感兴趣的。由此产生的讨论清楚地表明，邮件组中的人员包括拥有数十年经验的传播从业者以及处在职业生涯早期、希望转向科学传播工作的科学家——一个由兴趣驱动的社区，换句话说，也是由实践驱动的社区。

当我们看到像PSCI-COM邮件组或科技公共传播网络这样的团体时，我们强烈地意识到这个领域正在发生变化，变化之一就是迈向职业化。根据职业社会学理论，其中至少有两个方面是重要的[44]：该职业需要基于从指定教育计划中讲授的理论体系获得一系列应用技术和可转移技能①；它应该坚持一套由职业共同体制定实施的职业规范。二者可能演变成专业性的职业生涯受到专业主义管理和支持的情况（例如，医生和律师需要获得专门的许可证才能够从业），当然，科学传播还没有这样。在思考科学传播的职业化过程中，我们依次来审视这些问题。萌芽中的科学传播专业讲授的是什么？这个实践领域的规范是什么？

培训科学传播从业者

许多人想从事科学传播工作。电子邮件讨论组、培训课程和其他科学传播资源的很简单的一个常规话题是：我怎样才能获得一份科学传播的工作（工资丰厚的更为理想）？大多数答案可以归结为两个建议[45]：第一个建议是积累尽可能多的经验。科学传播从业者及学者爱丽丝·贝尔说："你想写作？开一个博客。你想要运营活动？那么就自己策划一个。"[46]第二个建议是参加一个科学传播课程或教育项目。再次引用贝尔的话，一个良好的学历"将提供这个领域的联系网络，让你有机会反思科学传播是什么、对社会的意义是什么，以及这个世界上你感觉最自在的地方在哪里"。[47]

① 可转移技能（transferrable skill），可以在不同的场景、任务、工作场所转移的技能。——译者注

支持专业化的论据是，有证据表明，越来越多的传播从业者正在选择或必须采取第二个建议，同时获得该领域的非正式经验。在 2007 年英国科学传播大会的与会者中进行的一项调查显示，约 25% 的受访者有科学传播的研究生训练。[48] 特别是对于科学新闻工作者来说，有证据表明，这个社区的背景现在倾向于更高的科学学位和 / 或科学新闻专业培训。[49]

近年来，专业研究生课程发展迅速。这些项目有多个不同的层次，从几个星期的业余课程到硕士学位课程和博士学位课程。大多包括一些关于科学作为一种社会过程的教学（借鉴了科学技术与社会、科学史和哲学等学科），更多的是科学教育理论和传播理论；许多课程还将结合科学写作、媒介生产或展览开发等方面的实践培训。[50] 这些课程中的绝大多数是跨学科的，借鉴了不同领域的知识，无论它们是否与科学传播有关。一般来说，它假设学生是或应该是有科学背景的，并拥有关于科学的基础知识（一些课程只接受具有自然科学本科学位的学生）。科学新闻专业（以及更广泛的科学传播）的研究生课程和新闻学专业中的科学课程也有所增加。[51]

研究生培训的一个例子是伦敦帝国理工学院的“旗舰”，科学传播理学硕士课程[52]，最初创办于 1991 年，是英国第一门这样的课程，也是全球最早的几门课程之一。[53] 费利西蒂·梅勒（Felicity Mellor，自 2001 年开始就致力于该课程的发展和宣传）写道，该课程由约翰·杜兰特（John Durant）设立，最初由于公众理解科学的浪潮而获得资助（因此形成了第一章中所描述的英国历史的一小部分），后来它发展成为一门更专业的科学媒介生产的硕士课程。这两项课程计划——一般是一年完成的全日制课程——都是强·特尼所说的科学传播整体教育图景的一部分[54]，不仅强调实践技能，而且强调对科学和媒体本质的批判性思考能力。梅勒写道，

> 我们强调，虽然科学传播当然是关心科学的，但学习这个主题，成为专业的科学传播者不再仅限于科学家。尽管有科学学历，但我们的学生是人文专业的学生。[55]

这种“身份认同的变化”——痛苦地摆脱（某些）关于自然科学的假设以及随之而来的身份认同，可能是创伤性的。但梅勒说，他们发现，学生们相当迅速地构建了新的科学传播从业者的身份认同，并为自己和科学保持理智的距离、有能力对其进行批判性的反思，从而有效地沟通而感到自豪。这个“理性的重新定位”往往是毕业生记得的，并最终被他们用在了职业生涯中。该课程大约 80% 的毕业生在科学传播相关领域找到了工作。

攻读帝国理工学院的理学硕士是一项严肃的事业：这是一个为期一年的全日制课程，上课地点在伦敦市中心，学费（在本书写作时）最低是 9000 英镑。虽然一些学生可以获得奖学金和其他财政支持，但是对于许多有抱负的传播者来说，这样昂贵的教育项目几乎无法负担。那么，除了这样的课程项目的增长之外，还有一系列业余的、在线的和短期的课程，能够满足有现职工作的科学传播者或需要在特定地点上课的人员的需求。其中一个例子是南非斯泰伦博斯大学提供的在线课程。[56] 该课程长度超过 10 个星期，涉及 6 个教学模块和 1 个实践性的任务。课程的题目是“科学传播：理论导论、最佳实践和实践性技能”，由经验丰富的南非传播者玛丽娜·朱伯特（Marina Joubert）管理，面向已经在联系科学和社会相关部门工作的人，特别是发展中国家的人们。它只需要人们花费 500 美元（在本书写作时），第一次开课就吸引了来自非洲各地的数十名参与者。[57]

历史悠久的科学传播研究生课程——与帝国理工学院类似的有爱尔兰都柏林城市大学、澳大利亚国立大学或西班牙庞培法布拉大学的硕士课程——已经有了数百名毕业生。其中，很多人在不同的领域从事科学传播职业：担任新闻记者、公关人员，或者在广播媒体、博物馆、市场营销部门、科学政策相关单位工作。我们已经了解了一些这个群体的培训方式，现在我们来谈谈职业规范和价值观的问题。对于与科学传播相关的规范和行为准则，我们知道些什么？

科学传播的规范与价值观

我们认为，说目前对科学传播的规范和价值观还没有标准是客观的，或者，至少有多种竞争性的描述。这种多样性的一个方面是，职业实践并不总是与学术理论和分析有很好的联系。例如，经验丰富的科学传播作家史蒂夫·米勒认为，实践科学传播的人和分析科学传播的人之间有一个令人不适的隔阂。他说，这部分地与其专业由不同背景和职业道路的个人组成的程度相关：

> 人们往往去了或多或少与面向公众的科技公共传播相关的职业。在学术树的“顶端”，甚至是“公众理解科学”的教授或类似的人并没有在该领域进行研究；也没有人就这个主题做过一次讲座。相反，他们可能已经写了一些流行的科普著作（或同一本书的几个版本），或者组织了一个科学节……一方面是从业者，他们一般有自然科学、医学或工程学的背景，组织和参加了这种或那种公众参与科学活动；另一方面是研究人员，他们通常有社会科学或人文科学方面的背景，为期刊撰写学术文章，远离科学传播领域的实际战场。这两方互相不交流。[58]

当然，米勒是在借此机会间接批评像道金斯这样的名人科学家，他们被誉为“‘公众理解科学’的教授或者类似的名称”，尽管在该领域没有理论知识和分析，但他也指出，这一领域的研究人员常常将自己与现实世界的“科学传播带着血和锯屑的战场”实践相隔离。他试图检视二者之间的关系，在 2007 年英国科学传播年会［由英国科学促进协会组织，相当于美国科学促进会（AAAS）］上发放了一份问卷。如同他所注意到的，这次会议的代表是自愿参会的科学传播界成员，他的调查为我们提示了一些他们的经验和优先事项。约50%的受访者表示他们在科学传播领域从事专业工作，大多数人拥有自然科学（而不是传播学科）的背景；只有1/3的人在大学接受过科学传播培训。超过50%的人表示从未阅读过同行评议的研究科学传播的文献（米勒询问了该领域的两份重要期刊《公众理解科学》和《科学传播》)。考虑到被调查者的人口学信息，他说，典型的科学传播从业者是“一个（相对）年轻的中产阶级女性，受过良好的科学训练，但传播学方面的训练较少，不怎么重视相关的研究文献”。[59]

米勒对英国科学传播界的评估在多大程度上适用于其他背景，对此我们是不清楚的。我们的经验是，在科技公共传播网络中，科学传播从业者和研究人员相互之间的交流相对较少，而且人们确实长期担忧理论和实践之间的关系。[60]这在多大程度上是一个问题是有争议的，从业者可能觉得其无须更多抽象理论的帮助也完全有能力从事科学传播工作。从业者社区内部的自我反思程度很高，只不过不是学术界所关注的那些。同样不清楚的是，学术界与实践之间的更好关系对发展共同的职业规范和价值观是不是一定是必需的。例如，规范的一个例子来自传播者马特·希普曼（Matt Shipman），他2015年回应了自己为科学公众信息官员（science public information officers，PIO）[61]所写的一本书的评论。他之前曾说，自己声称科学公众信息官员的工作就是让他或她的雇主看起来很好，“让一些人感到不快”。但是，他解释说，

> 我怀疑那些不喜欢我所界定的科学公众信息官员角色的人的主要关切是，他们把“让自己的雇主看起来很好”和“捏造事实，只呈现阳光和马驹”搞混了。这完全不是真的。事实是，“让雇主看起来很好”只能通过清楚、诚实、有效地沟通该机构所做的工作来达到。诚信和透明是至关重要的，否则对该机构没有帮助。[62]

“清楚、诚实、有效地沟通……诚信和透明是至关重要的”，这可以作为科学传播可能需要的职业规范的简明例子。其他人则强调需要避免操纵

或强迫受众接受自己的结论[63]，或者以负责任的方式传达科学的不确定性存在特殊的挑战。[64]关于“缺失”和“对话”传播模式的看法同样是科学传播讲述自己故事的重要组成部分（如在教育传播者上）。[65]虽然科学传播者目前还没有达成一套一致的规范和实践（根据职业社会学理论，这是一个专业形成的关键部分），但有证据表明，共同的规范、价值观和承诺正在出现。

当前对科学传播职业化的研究

这些规范和价值观是否会形成条文呢？对此还不清楚。该领域的多样性使得很难看到一套基于共同基础的专业评估标准。制造交互式科普设施的设计师、为医学研究慈善机构工作的新闻官员和自由科普作家，要找到这些人很多的共同点并不容易，否则他们将能够就什么构成“好的”科学传播达成一致。同时，看起来确实会在以实践和教育为基础的理论上前进更多，这是形成职业的一个关键方式。当然，我们也希望科学传播学术研究真正成为实践的有用资源——不仅因为这种分裂对研究科学传播的学者构成了重大挑战，如果科学传播研究与“接地气的”科学传播现实无关，那么研究者将发现，这难以产生有生命力的学术。更重要的是，我们认为专业化和多元化的这些动态应该是未来科学传播学术研究的重要组成部分。

因此，重要的是退一步研究，更多地思考职业化和专业化现象本身。我们已经看到（在第三章），科学家的公共传播与身份建构的过程及代表哪种类型的集体有关。随着职业传播者接受教育、找到该领域的工作、成为科学传播社区的一部分，类似的意义构建过程将会发生。我们将在本书的第九章回顾讨论科学传播学术界的一些共同规范，特别是从“缺失”到“对话”话语的使用。在这里，我们想提出一些我们认为未来的实践和学术应该涉及的领域。例如，科学传播“良好实践”的规范应该如何发展？由谁来做决定？经济、政治、社会方面的发展趋势是否使聚焦于科学传播的教育和一批管理科学与公众之间接口的职业崛起？科学传播专业人员形成的社区以什么方式表现出全国性还是地方性？他们如何与其他传播科学的人员交流？

科学传播作为职业的兴起是一个迷人的发展过程，值得我们进一步研究。这种研究的要点不一定只是批评这个新兴的专业社区、改善其中的教育，甚至将它类型化；也可以将其视为一种社会学现象，告诉我们一些当代社会中科学和社会的本质。换句话说，它可以审问，科学传播越来越被视为一种职业化、专业化的活动，围绕着它的社区正在发展，这意味着什么呢？

在第四章结束时，我们想讨论一个特别值得注意的科学传播从业者的招聘广告。2015 年 5 月，正是我们写作本书的时候，欧洲核子研究组织（CERN）发布了一则招聘广告：他们正在寻找一个新的传播、教育和外联负责人。[66] 欧洲核子研究组织以其科学传播而闻名。媒体对其大型强子对撞机实验的报道一直很密集，而且该组织的公众形象是许多大学、研究组织和基础实验机构羡慕的对象。对于许多科学传播从业者来说，这将是他们梦寐以求的工作。那么，欧洲核子研究组织想要什么样的人呢？

成功的候选人将“指导和协助”理事会（核心领导层）制定战略目标，并促进与有关组织的合作。他们需要具备战略传播、组织内部沟通和人员管理能力（他们将领导一个“科学传播专家”团队）。传播学或相关学科（如科学新闻）的硕士学位是必需的；该广告还表示，额外的科学学历将会增加竞争力（但不是必需的）。令人震惊的是，为了工作应用而需要的技能和经验与任何其他大型组织的传播部门主管没有太大的不同（无论是公共的还是私人的部门）。只有所需的技术能力长列表中的最后一个，才提示了一些候选人即将为其工作的机构类型的证据：科学写作、科学普及和新兴技术监测。

科学传播本身正在成为一种职业，但它也被其他职业所“殖民”：具有公关、人力资源、企业传播或技术转移技能的个人也越来越多地参与到面向公众的科学传播中。欧洲核子研究组织的招聘广告显示了这一点：科学机构的传播显然与大多数其他大型组织的传播方式密切相关，需要类似的技能。这些变化的其中一个原因是政府、研究资助者和大学本身对科学传播的重视程度越来越高。然而，其他原因则涉及过去几十年来，研究机构和知识生产都普遍发生了改变。这是我们在第五章中将要讨论的主题。

注　释

1. http://www.npr.org/blogs/13.7/2014/05/02/308926616/when-science-becomes-news-the-facts-can-go-up-in-smoke.
2. p. 217–218, Peters HP (2012) Scientific sources and the mass media: Forms and consequences of medialization. In: Rödder S, Franzen M, and Weingart P (eds), *The Sciences' Media Connection—Public Communication and Its Repercussions*, Sociology of the Sciences Yearbook, Springer, pp. 217–240.
3. Mellor F, Webster S, and Bell A (2011) *Content Analysis of the BBC's Science Coverage: Review of the Impartiality and Accuracy of the BBC's Coverage of Science.* London: BBC.
4. Peters HP, Brossard D, Cheveigné S de, et al. (2008) Interactions with the mass media. *Science* 321(5886): 204–205.
5. Bauer MW, Petkova K, Boyadjieva P, et al. (2006) Long-term trends in the public representation of science across the 'iron curtain': 1946–1995. *Social Studies of Science* 36(1): 99–131.
6. Elmer C, Badenschier F, and Wormer H (2008) Science for everybody? How the coverage of research issues in German newspapers has increased dramatically. *Journalism & Mass Communication Quarterly* 85(4): 878–893.
   Boykoff M (2010) Indian media representations of climate change in a threatened journalistic ecosystem. *Climatic Change* 99(1–2): 17–25.
7. Dunwoody S (2014) Science journalism: Prospects in the digital age. In: Bucchi M and Trench B (eds), *Routledge Handbook of Public Communication of Science and Technology*, 2nd Edition, New York: Routledge, pp. 27–39.
8. Fahy D and Nisbet MC (2011) The science journalist online: Shifting roles and emerging practices. *Journalism* 12(7): 778–793.
9. http://www.sciencemediacentre.org/about-us/funding/.
10. Connie St Louis: http://www.cjr.org/the_observatory/science_media_centers_

the_pres.php.
11. https://www.ted.com/talks?sort=popular.
12. Brossard D (2013) New media landscapes and the science information consumer. *Proceedings of the National Academy of Sciences* 110(Supplement 3): 14096–14101.
13. Gieryn TF (1999) *Cultural Boundaries of Science: Credibility on the Line.* Chicago: University of Chicago Press.

Lewenstein BV (1992) The meaning of 'public understanding of science' in the United States after World War II. *Public Understanding of Science* 1(1): 45–68.
14. 值得注意的是，这些发展当然不是统一的，许多国家在其教育系统中没有这种重点。见： Mejlgaard N, Bloch C, Degn L, et al. (2012) Locating science in society across Europe: Clusters and consequences. *Science and Public Policy* 39(6): 741–750.

Trench B, Bucchi M, Amin L, et al. (2014) The global spread of science communication—Institutions and practices across continents. In: Bucchi M and Trench B (eds), *Handbook of Public Communication of Science and Technology*, 2nd Edition, New York: Routledge, pp. 214–230.
15. 例如，参见英国研究者组织 Vitae 开发的"研究人员发展框架"。https://www.vitae.ac.uk/vitae-publications/ rdf-related/introducing-the-vitae-researcher-development-framework-rdf-to-employers-2011.pdf.
16. Katavic V (2010) Responsible conduct of research: Do we need training in fraud-science? *Biochemia Medica* 20(3): 288–294.
17. Peiffer AM, Hugenschmidt CE, and Laurienti PJ (2011) Ethics in 15 min per Week. *Science and Engineering Ethics* 17(2): 289–297.
18. p. 728, Trench B and Miller S (2012) Policies and practices in supporting scientists' public communication through training. *Science and Public Policy* 39(6): 722–731.
19. Besley JC and Tanner AH (2011) What science communication scholars think about training scientists to communicate. *Science Communication* 33(2): 239–263.
20. Bray B, France B, and Gilbert JK (2012) Identifying the essential elements of effective science communication: What do the experts say? *International Journal of Science Education, Part B* 2(1): 23–41.
21. Trench B and Miller S (2012) Policies and practices in supporting scientists' public communication through training. *Science and Public Policy* 39(6): 722–731.
22. http://www.sciencemediacentre.org/working-with-us/for-scientists/intro/.
23. Dunwoody S, Brossard D, and Dudo A (2009) Socialization or rewards? Predicting US scientist-media interactions. *Journalism & Mass Communication Quarterly* 86(2): 299–314.
24. Besley JC, Dudo A, and Storksdieck M (2015) Scientists' views about com-

munication training. *Journal of Research in Science Teaching* 52(2): 199–220.
25. Davies SR (2013) Research staff and public engagement: A UK study. *Higher Education*, 66(6): 725–739.
26. 与此同时，预算的缩减导致许多专业新闻职能的衰落，大众媒体科学记者（至少在西方世界）的专门职责受到了压力。丹麦科学记者协会主席经常指出，截至目前，他的大部分成员都是科学组织的传播专业人士（为所在组织的传播服务）。
27. Arata M (2007) PR for the physics of matter. In: Bauer MW and Bucchi M (eds), *Journalism, Science and Society: Science Communication between News and Public Relations*, Routledge, p. 174.
28. p. 48. Bauer MW and Gregory J (2007) From journalism to corporate communication in post-war Britain. In: Bauer MW and Bucchi M (eds), *Journalism, Science and Society: Science Communication between News and Public Relations*, Routledge, pp. 33–52.
29. 卡西尼和奈瑞西尼使用的原术语是“机构”，但是为了和我们对这两个术语之间的区别保持一致，本书将其称为“组织”。
30. Casini S and Neresini F (2013) Behind closed doors. Scientists' and science communicators' discourses on science in society. A study across European Research Institutions. *TECNOSCIENZA: Italian Journal of Science & Technology Studies* 3(2): 37–62.
31. 见：http://www.greenpeace.org/international/en/about/greenpeace-science-unit-2/.
32. Epstein S (1995) The construction of lay expertise: AIDS activism and the forging of credibility in the reform of clinical trials. *Science, Technology & Human Values* 20(4): 408–437.
33. 同上，p.416.
34. 同上，p.428.
35. http://www.involve.org.uk/blog/programmes/programme-citizens-science/.
36. http://www.think-lab.co.uk.
37. http://www.econnect.com.au/about-us/.
38. 想更多地了解该领域，请见：Durant J, Buckley N, Comerford D, et al. (2016) Surveying the landscape of live public science events. Science Live. Available from: http://livescienceevents.org.
39. Dunwoody S (2014) Science journalism: Prospects in the digital age. In: Bucchi M and Trench B (eds), *Routledge Handbook of Public Communication of Science and Technology*, 2nd Edition, New York: Routledge, pp. 27–39.
Fahy D and Nisbet MC (2011) The science journalist online: Shifting roles and emerging practices. *Journalism* 12(7): 778–793.
40. 见：https://www.jiscmail.ac.uk/cgi-bin/webadmin?A0=psci-com.
41. http://www.pcst.co.

42. http://www.scidev.net/global/. 科学与发展网络（SciDev. Net）有许多区域办事处，专注于特定区域的科学传播——例如，见拉丁美洲和加勒比地区的这份报告：http://c96268.r68.cf3.rackcdn. com/Building_Science_Communication_Networks_2013.pdf.
43. 该讨论最初的消息可见：https://www.jiscmail.ac.uk/cgi-bin/webadmin?A2=ind1008&L=psci-com&D=0&P=21809.
44. Wilensky HL (1964) The professionalization of everyone? *American Journal of Sociology* 70(2): 137–158.
45. 例如，见：

https://alicerosebell.wordpress.com/2011/08/05/working-in-science-communication/.

http://phenomena. nationalgeographic.com/2010/07/29/on-the-origin-of-science-writers/.
46. https://aliceroscbell.wordpress.com/2011/08/05/working-in-science-communication/.
47. 同上。
48. Miller S (2008) So Where's the theory? On the relationship between science communication practice and research. In: Cheng D and Claessens M (eds), *Communicating Science in Social Contexts: New Models, New Practices*, Brussels: Springer, pp. 275–287.
49. Hansen A (1994) Journalistic practices and science reporting in the British press. *Public Understanding of Science* 3(2): 111–134.

Trench B (2012) Vital and vulnerable: Science communication as a university subject. In: Schiele B, Claessens M, and Shi S (eds), *Science Communication in the World: Practices, Theories and Trends*, Dordrecht: Springer, pp. 241–258.
50. Mulder HAJ, Longnecker N, and Davis LS (2008) The state of science communication programs at universities around the world. *Science Communication* 30(2): 277–287.

Trench B (2012) Vital and vulnerable: Science communication as a university subject. In: Schiele B, Claessens M, and Shi S (eds), *Science Communication in the World: Practices, Theories and Trends*, Dordrecht: Springer, pp. 241–258.
51. Trench B (2012) Vital and vulnerable: Science communication as a university subject. In: Schiele B, Claessens M, and Shi S (eds), *Science Communication in the World: Practices, Theories and Trends*, Dordrecht: Springer, pp. 241–258.
52. Turney J (1994) Teaching science communication: Courses, curricula, theory and practice. *Public Understanding of Science* 3(4): 435–443.
53. Mellor F (2013) Twenty years of teaching science communication: A case study of Imperial College's Master's programme. *Public Understanding of Science,* 22(8): 916–926.
54. Turney J (1994) Teaching science communication: Courses, curricula, theory and practice. *Public Understanding of Science* 3(4): 435–443.
55. p. 919, Mellor M (2013) Twenty years of teaching science communication: A

case study of Imperial College's Master's programme. *Public Understanding of Science* 22(8): 916–926.

56. 见： http://www0.sun.ac.za/scicom/?page_id=3348#.

57. 目前没有全面的研究生课程和培训课程目录。网站 http：//compassblogs.org/gradscicomm/offers/ 列出了美国的培训机会以及其他资源。其他努力正在进行中，见：科技公共传播网络的活动和 Mulder HAJ，Longnecker N and Davis LS（2008）The state of science communication programs at universities around the world. *Science Communication* 30（2）：277–287.

58. p. 276, Miller S (2008) So where's the theory? On the relationship between science communication practice and research. In: Cheng D and Claessens M (eds), *Communicating Science in Social Contexts: New Models, New Practices*, Brussels: Springer, pp. 275–287.

59. p. 280, 同上。

60. Turney J (1994) Teaching science communication: Courses, curricula, theory and practice. *Public Understanding of Science* 3(4): 435–443.

61. Shipman WM (2015) *Handbook for Science Public Information Officers*. University of Chicago Press.

62. http://www.scilogs.com/communication_breakdown/a-science-pios-job/.

63. http://www.culturalcognition.net/blog/2012/4/19/ethical-guidelines-for-science-communication-informed-by-cul.html.

64. http://stempra.org.uk/wp-content/themes/stempra/downloads/stempra_guide_to_being_a_press_officer.pdf.

65. Trench B (2008) Towards an analytical framework of science communication models. In: V Cheng D, Claessens M, Gascoigne T, et al (eds), *Communicating Science in Social Contexts*, pp. 119–135.

66. 完整广告文档可见：https://web.archive.org/web/20150817081225/http://jobs.web.cern.ch/job/11428.

第五章

正在变化的科学本质：学术资本主义、企业型大学与公共关系

2015年，生物化学家理查德·格兰特（Richard Grant）在《卫报》在线科学栏目发表了一篇博文，标题是“科学家或精打细算之人（beancounters）：谁来决定什么对英国科学最好？”[1]文章讨论了英国高等教育拨款当下的变化。格兰特写道，英国政府曾经让管理顾问公司麦肯锡提出如何更好地削减科学预算的建议，讨论了研究委员会（分配研究资金的政府机构）的重组和“集中采购”的办法。后者正是格兰特最反对的。他说，任何一个科学家，“只要他经历过集中采购的恐怖，他都会告诉你这是行不通的”。接下来，他以自己的经历讲了一个故事：

> 那还是我在政府实验室工作的时候。（在集中采购制度下，）我们被告知要从特定供应商那里购买移液器头。是的，他们比其他家都便宜——但这是有原因的。移液器头对分子生物学家来说几乎是不可或缺的……重要的是，这些移液器头能够移送你想要的精确的微量，以及避免从移液管脱落。你已经先于我想到了它的问题，不是吗？我的老板和客户发生了一场激烈的争吵，现场展示了一个滴水的尖头（在它掉下来之前），然后我们的实验室——是的，只是我们的实验室，不包括其他部门——被允许去找另一个供应商，他们可以真的把这该死的东西妥善做好。

格兰特说，他有很多被官僚干预科学的经验，担忧这些会持续侵蚀科学。“精打细算之人”正在干扰科学工作，他们的吝啬是一个巨大的烦恼，最终会适得其反，因为似乎最便宜、效率最高的未必是最好的。这种集中化是麻烦制造者。科学家应该自主工作。

简而言之，这里你看到了一个关于大学和研究机构正在经历的关于变化的故事。其他更积极的故事也可能被讲述，例如，从“精打细算之人”的视角。集中采购只是这些变化的一个方面。从根本上说，过去几十年来，大学和其他公共机构越来越市场化。[2]这些部门有了长足的发展，更加国际化，并且竞争激烈。无论是研究还是高等教育，大学和研究机构都需要彼此激烈竞争才能为自己的活动创造收入。研究人员为了资金资助而奋斗，大学争夺学生（客户）。与过去不一样，集中管理和有效的预算编制——集中采购只是其中一个例子——已经成为重要的科研方式。

第五章重点关注这些变化及其对科学传播实践的影响。尽管我们不同意格兰特以上提到的诊断，但我们确实认为目前的科学传播既反映同时也助长了科学界市场化和商业化的趋势。正如我们已经论证的，重要的是，公共传播的学者和从业者要把传播置于更广泛的社会、经济和政治环境中进行考虑，而不是简单地把它看作是无私的科学知识的传递。那么，在全球化、市场化和私有化的压力下，科学体制发生了什么变化？这对科学传播意味着什么？

企业型科学与学术资本主义

人们普遍认为，当代社会知识生产的本质正在发生变化。例如，我们可以从政治家资助和讨论科技的方式看到这一点。研究政策的政治重心越来越多地专门涉及大学与更广泛的学术研究的商业化。对于许多政治家而言，运作良好的科学与创新体系被视为国家发展的前提。我们被告知，我们生活在“知识社会”，研究机构被认为对此有重要贡献。[3] 在这种观点下，科学不是也不应该是一个根据自己的内部规则、规范和价值观运作的活动，而是一个旨在促进国家经济繁荣的更大体系的一部分。[4]

科学的商业化已经出现了很多年。早在 1983 年，亨利 · 埃兹科维茨（Henry Etzkowitz）就写了关于美国的“企业型科学”的文章。他认为，这种科学涉及知识产权的识别、创造和商业化，并且正成为大学“第三种任务”的重要组成部分（除了教学和基础研究之外的活动）。[5]后来，他与勒特·雷德斯道夫（Loet Leydesdorff）一起提出了“三螺旋”的假设，认为一个运作良好的创新体系基于研究系统、产业和国家之间的协作。[6]在“知识经济”中，埃兹科维茨于2000年和他的合作者们写道，“大学成为创新体系的关键要素，既是人力资本的提供者，也是培育新公司的温床”。[7]因此，大学不仅生产新知识，或发展个人的潜力，也创造与社会效益有关而且被视为“人力资本”和经济上有价值的创新的生产者。在这些论述中，大学的商业化、市场化及公共资金资助研究被认为是健康的，是促进国家经济繁荣的重要手段。但是，埃兹科维茨和他的同事们也很清楚，这些变化不一定会进展顺利。他们说，这些变化会产生争议，人们会讨论和辩论是否应该以这种方式延伸及改变学术活动。最终，企业型科学的发展是一个过程，这一阶段的争议在下一个阶段可能就是“新定义的合法的规则和角色”。[8]

不是每个人都像埃兹科维茨和雷德斯道夫一样乐观。在过去的几十年中，随着企业型科学发展速度的加快，许多研究已经探究了大学商业化和企业化的发展方向，并发现有证据表明，这导致了压力、紧张或彻底的拒绝。[9]例如，菲尔波特（Philpott）等指出，这加剧了大学内各学科之间的分歧和广泛的不和谐。特别是人文学者，他们发现自上而下的企业化压力是对“大学宗旨的根本威胁”。[10]希拉·斯劳特（Sheila Slaughter）和拉里·莱斯利（Larry Leslie）从一个不同的理论视角引入了“学术资本主义”的概念。他们借鉴了对新公共管理和新自由主义政策的分析批判，认为市场已成为高等教育政策背后的首要原则（例如，驱使机构和教师为了钱而竞争），从而使这一政策领域成为经济政策的一个子集。[11]创收活动在大学事务的各个方面都处于中心位置，无论是本科生和研究生教育、学术研究，还是联邦研究政策。斯劳特和莱斯利认为，尽管名义上被公共部门所雇用，但学术界正在变得越来越脱离公共部门。他们的行为像资本家一样：没有经济利益的活动不会保留。结果是大量的组织进行结构性重组，建立新的组织单位，内部资源配置发生变化，从而让系统利润最大化。

无论人们对此持肯定还是否定的观点，这些变化都正在影响着大学和研究机构的组织文化。在第三章中，用加雷斯・摩根的术语来说，我们看到了研究组织包含各种各样的有时是互相冲突的“组织现实”。企业型科学的新政策要求肯定形成了一个这样的现实，即使立即努力将其纳入组织结构和过程，也可能会失败。[12] 它们与学科及组织其他的亚文化一起形成了一种方法，科学组织的成员可以用这种方法围绕身份认同和目标建立自己的意义构建模式。最终结果——例如，在组织能够实现的公共信息传递中——取决于许多不同的因素。例如，如果科学家认为商业成就对于良好的组织声誉至关重要，那么他们更有可能从事这种活动。[13] 另外，大力支持商业化的组织文化也可能产生反叙述和解耦，使（一批）科学家在组织和个人目标之间出现巨大的不一致。[14]

在创新研究领域，这些变化激发了大量的研究。其中大部分观点认为，企业型学术角色与经典学术要求之间存在紧张关系，并研究了研究机构和科学家个体如何理解这些潜在的冲突。这取决于形成和管理不同背景中不同的身份的能力。贾恩（Jain）和同事们认为，科学家“通常采用混合角色身份认同，包括聚焦于学术的自我和次要的商业化的表象人格”。[15] 这种混合身份认同意味着科学家能够为商业化援引理由，使之与其主要学术角色身份一致，或者至少不直接冲突。在另一项类似的研究中，拉姆（Lam）发现，“科学家正在积极寻求塑造科学与商业之间的界限的方式”，并且“已经发展了应对新兴知识管理体制的不同模式”。[16] 因此，科学家面对似乎是被迫——或希望——接受的角色，并不感到无奈。相反，他们有各种策略来管理这些冲突，并且生活在最初似乎涉及截然不同的假设的角色中。

科学传播与科学市场化

关于大学和科学市场化的辩论正在进行。但清楚的是，这种不断变化的知识生产景观对于理解当代科学传播及其与大学组织文化的关系非常重要。研究机构作为从事科学研究的场所，可见度越来越高，超过了研究人员个体，这也增加了科学传播的重要性。[17]例如，一组德国研究人员的事例已经表明，组织文化强烈地影响着科学家“走向公众”的意愿。从可见的科学家到可见的大学，他们说，“学科认同……的支配地位正在受到挑战”，随着组织作为研究人员与同行竞争的集体变得更加重要。[18]这是大学和科学普遍面临市场化压力的直接结果。科学资助的变化意味着媒体的知名度越来越多地不再与学科或教育公众有关，而是与组织合法化有关：

> 我们的研究结果进一步支持了这样的观点，即经常被报道的科学家将其作为组织成员的期望……面对大学所承受的日益严峻的挑战，科学传播不是只留给一群特别活跃的研究人员的职责，也受到学术界对大学的需求和期望做出广泛回应的形塑。[19]

这种变化也会影响科学传播的内容。理查德·格兰特提醒注意“集中采购”的反效益的博客文章出现在在线报纸的科学栏目。为了直接回应企业型科学的危险和压力，提高公众对该问题的认识，“科学是重要的”（为了抗议英国政府削减科学预算而设立的）[20]这样的运动团体或“慢科学”[21]这样的国际运动出现了。围绕大科学的公众传播内容——像欧洲核子研究组织或欧洲散裂中子源项目，一个厄勒海峡地区的中子加速器——通常不仅仅包括项目能够揭示的对宇宙性质的新见解，还包括最终可能带来的新产品或创新的知识。在所有这些方面，科学传播正在被学术文化的变化所形塑。

跨学科与跨部门的协作

科学家不仅被要求成为具有企业精神的国家创新和增长的贡献者，还要相应地进行传播。另外，与企业型大学的想法相互交织在一起而来的是意识到科学的知识生产需要超越传统的学科结构。例如，黑尔佳·诺沃特尼（Helga Nowotny）、皮特·斯科特（Peter Scott）和迈克尔·吉本斯（Michael Gibbons）认为，传统的科学发现范式，他们称之为“模式 1”，正在被一种新的知识生产范式所取代或接替，他们称之为“模式 2”。模式 1 的特点是离散的学科分类、线性的创新模式及科学家和学术机构的自治。简而言之，这是一种可以被理解为与社会分离的科学模式。相反，模式 2 面向商业应用和社会影响，比模式 1 囊括了更多的行动者和组织，它还具有跨学科解决问题的特点，并承担着多重职责和社会责任。在模式 2 中，科学家不再自我管理，而是需要对社会负责。在模式 2 中，从基础科学到应用科学，最终到商业上有用的创新，这样的线性发展观念消失了，取而代之的是来自异质群体的行动者，包括大学研究人员、工业界人士和外行人士，可以共同研究既不纯粹是“基础的”也不纯粹是“应用的”问题。[22]

因此，跨学科合作是很多学术研究的重要趋势。这本身就需要很多沟通。[23] 学科专业化和亚专业化，使研究人员难以利用和了解其他科学学科创造的知识；通常，科学家不了解彼此的研究或彼此研究的基础、评价和诠释。自然而然，关于跨学科研究的结论是人们认为沟通技巧是成功合作的关键前提。[24] 但这种新的研究方式对大学之外的和其他研究人员之间的传播也有影响。其中一个问题是，跨组织、跨部门和跨学科的科学传播如何促进及塑造科学的理解与形象。

我们在第三章中讨论了哥本哈根大学用施瓦茨教授作为教师研究的“面孔”。我们说，施瓦茨是一个企业型跨界科学家的好例子，他们做出了卓越的研究，但也与业界合作。如前所述，像他一样的科学家如何理解自己的角色、参与企业活动，以及这些与学术科学有什么关系，关于这方面的研究还有很多。[25]但是，使用这种企业型科学家来促进科学发展也会影响科学传播，也有可能影响公众对科学的看法。大学科学家普遍被认为是无私利的、值得信赖的、客观的知识来源，他们被信任的程度远远超过所谓的业界科学家或特殊利益集团。[26]呈现的知识是通过不同学科之间的协作以不同寻常的方式生产的，或者是通过大学与产业科学家之间的交互而生产的，这可能会有什么不同呢?

这种担忧在医学科学中尤其明显，其提供了许多一般意义上的跨学科研究和特指与产业协作的例子。例如，医药行业赞助了大量的公立大学的研究，许多学术机构是健康初创公司的股东，他们的雇员是其中的领导。[27]然而，这些合作为挑战提供了充分的理由，如下面方框中《华盛顿邮报》讨论产业资助医学研究的特写文章所示，该文章强调，制药公司资助的研究如何有利于特定的结果是非常现实的担忧。[28]但是，我们也访谈了许多大学的医学研究人员，他们觉得，在阅读这样的故事的时候，自己处于进退两难的境地。他们为当前的政策话语所迫，不得不与产业合作，但又面临着被批评为产业“走狗”的风险。这也适用于他们如何发表文章。学者和公司科学家成为共同作者有时被认为是大学与创新的相关性及其贡献的正面指标，但也可能被外部观察者作为行业偏见的标志而问题化。

未来可能会鼓励科学与产业越来越多地合作，这样的难题不会消失。我们的感觉是，与产业的合作给科学传播带来的挑战将变得更加重要，也可能更难处理。在相关领域与产业及其他合作者协作，但又不能简单地被局外人所操纵，这将是研究机构的传播从业者未来要面对的关键问题。然而，这也是未来研究的关键问题。我们好奇的是，学术组织围绕这些资金合作是否存在内部冲突。例如，如果大学（公共卫生官员或社会学家甚至科学技术与社会学者）的一部分开始批评大学其他部门的行动（如在初创公司与大学分享股权的生物化学家），那将怎么办？如果有的话，这些冲突在大学品牌建设中如何融入内部传播呢？在实践中，面向公众的传播所呈现的与产业合作的结果是什么呢？这是行业传播团队的问题，还是科学家们也可以通过所在的大学或者自己进行传播？

大型制药公司的传播

《华盛顿邮报》2012年的一篇特写文章讨论了一种药物，尽管该药与心脏病发作的风险增加有关，但仍然被保留在了市场上。[29]作者彼得·沃瑞斯基（Peter Whoriskey）讨论了公司为了做到这一点而采取的各种传播行动，还利用这个故事来探讨更广泛的临床试验的资金和药物公司的影响。沃瑞斯基所担忧的是：

> 药物公司在这些实验中投资的数十亿美元帮助了世界寻求有效的药物，但他们的目标不仅仅是公共卫生。这笔钱也是追逐高风险利润的一部分，在过去的几十年中，公司的干涉已经多次干扰了国家的药物科学，有时会产生潜在的致命后果……当公司支付账单时，研究结果偏倚的机会是多方面的。

根据沃瑞斯基的论述，这已经导致了医学危机：

> 医生对药物公司资助的研究深感怀疑——恰巧，关于新药的研究大部分发表在《新英格兰医学杂志》（*The New England Journal of Medicine*，*NEJM*）上。[30]根据《新英格兰医学杂志》今年秋季发表的一项调查，大概有一半的医生愿意开产业资助的试验中所描述的药物。

记者在文章结束时指出了一个可能的解决办法：

> 其中一个主要建议是迫使制药公司发布上市药物的试验的所有数据……这种产业赞助试验的透明度并不能消除公司回避诚实

研究的能力，也不能避免只雇用合其心意的研究人员，或者设计出只有阳性结果的产品研究。但是，如果整个行业都采取了这样的措施——在这一点上没有迹象表明他们会这样做，那么独立研究人员可以分析试验数据，并得出自己的结论。许多人认为制药公司应该有义务分享这些信息。

这篇文章不仅是深入了解科学进程的科学传播的一个例子，而且显示了一个更宏大的问题：科学家和研究机构应该如何向公众传播他们与产业的合作及他们活动的商业化呢？

科学的企业传播

正如我们已经提出的那样，知识生产的不断变化对科学传播的实践、组织和研究方式具有深远的影响。研究机构已成为竞争市场上的玩家；在这样的气氛中，组织需要关心他们的声誉和品牌。用汉斯·彼得·彼得斯的话来说就是：

> 为了确保其生存所需的经济资源和政治支持，研究机构必须向其（公共的）出资者展示他们的有用性、卓越性和公众支持度。科学的一般合法性问题……因此被转化为对研究机构合法性的挑战——在媒介社会——这也必须通过公众传播来解决。[31]

根据被称为新制度理论的文献，这种维持合法性的需要是组织能够追求其使命和目标的一个总体要求。[32] 除了公共资金外，一个好的品牌也可以为研究机构带来其他的必要资源，包括相关的合作伙伴、优秀的员工和有才华的学生。在竞争市场中，它是任何组织的合法性和“经营许可证”的基础。尽管传统的科学传播形式显然可以被用于品牌的这种努力，但它们通常不再被认为是足够的。因此，研究机构从企业传播中引进了一系列做法，以支持战略沟通的需要，保持良好的形象。

虽然这种沟通策略将侧重于不同的利益相关者——校友、潜在学生和广大公众，但大众媒体被认为是重要的“第三方验证者”[33]，是品牌和传播活动的核心与焦点。媒体组织是公众讨论科学的重要策展人，因此被视为有潜在的可能来提供积极的报道，以增加信誉和合法性。这支持了一些关于科学家、科学组织和大众传媒之间的关系正在内移的研究。[34]“内移”这个概念涵盖了大众媒体和科学越来越多地交织在一起的想法。这项研究的关键问题之一是调查它对科学和知识的科学生产有什么类型的影响：更多地关注大众媒体对研究的报道影响了科学的内在规范、价值观和实践吗？我们在第三章中通过指出研究人员担任可见科学家角色的矛盾性，讨论了这项研究的一些结果。然而，到目前为止，看起来“科学对媒体的抵抗相当强烈”[35]：科学实践的结构性变化似乎并不是为了应对大众媒体的关注和优先权。然而，内移和更广泛的组织战略传播的发展影响了我们实践及思考研究机构的科学传播的方式。

在第五章余下各节中，我们要强调一些我们认为特别有趣的需要进一步思考的领域。首先，我们将考虑战略传播的方式，它不仅着眼于科学成果，而且也越来越多地涉及科学进程的一些方面，例如，关注能否带来赠款收入；其次，我们会进一步探究什么是科学公关，审问将公关进程纳入科学组织的意义；再次，我们将审视传播流控制的后果，特别需要关注的是研究机构的媒体政策；最后，我们将研究危机情况下的一种特定形式的企业传播。在论述这些的时候，我们偶尔会提到专业化和第四章中介绍的整合模式之间的区别。在第五章的情境下，这两个概念意味着两种不同的组织传播策略或组织传播实践的方法。组织机构是有专门的传播部门接管和控制传播工作，还是在组织的总体领导下，职业传播人员与科学家及其他组织成员一起工作？

作为品牌的科学卓越性

可以通过多种方式建立品牌的可靠性。研究机构采用的某些品牌建设的方式直接来自一般的企业传播。例如，这可以从特定研究机构在主页、小册子、商品、墙壁横幅、招聘广告、推特和脸书页面等传播宣传页上用华丽的词汇描述的自己的卓越表现看出来。其他形式对于研究来说可能更具体，例如，媒体报道新的研究成果被视为构建良好品牌的一部分。同时，一些以前仅仅作为内部研究流程一部分的行动现在还承担着传播和建设品牌的任务。其中一个例子就是将研究经费的获得当成一种塑造品牌的工具。

我们将竞争激烈的欧洲研究委员会（European Research Council, ERC）的拨款计划作为例子。许多大学不仅仅为员工提供建议和支持来申请资金，而且员工获得的欧洲研究委员会基金的数量本身就是大学经常用来夸耀的事情。例如，德国维尔茨堡大学的网站主页就清楚地显示：它是表现出科学卓越性的网站。浏览他们的“关于大学”页面，可以找到列有14个欧洲研究委员会资助获得者名字的表，旁边是诺贝尔奖获得者名单（9人）和莱布尼茨奖获奖者名单（10人）[36]。华沙大学的网站主页也明确显示，他们为自己获得欧洲研究委员会拨款感到自豪。在解释了这是特别有声望的奖项后，他们写道：“2007～2013年，欧洲研究委员会向14名波兰科学家颁发了基金，其中7名是华沙大学的雇员。”[37]7项资助比不上向维尔茨堡大学颁发的 14 项，但是，正如学校所解释的那样，它是给予波兰科学家的总资助的 50%。一切都是角度的问题。

这些如何影响科学传播呢？研究机构而不是科学家个体相互竞争的方式越来越明显。大学被正式和非正式地用外部资助收入的金额进行衡量和评估，从而让他们将大量的组织精力投入帮助研究人员吸引资金的工作中。随后，有名望的基金本身就成了一种传播工具。它们被用作向其他大学和政治利益相关者显示自己研究质量的缩影，也用于公众传播。这种品牌推广工作的有趣之处在于，他们把传播内容从科学成果转移到了象征性的缩影，例如一项基金的资助。同样，出售一项昂贵的专利，或者与著名的国际研究机构或产业合作伙伴的合作协议也可以被这样使用。所有这些故事都代表着一种比有形研究成果更具有承诺性的东西。它们被当成卓越性和实用性的象征，并以这样的方式被用于企业传播，以建立强大的品牌。

使用研究基金作为传播工具的一个更重要的影响是，它清楚地表明，科学传播已成为科学的核心业务的一部分。为了说明这一点，我们想及时回顾一下社会学家罗伯特 · K. 默顿在 1968 年对马太效应的描述：科学中优势和劣势的积累。[38] 默顿认为，知名的科学家比不知名的科学家更容易获得项目的荣誉和引用，尽管这些项目是合作的。实验室民族志学者布鲁诺 · 拉图尔（Bruno Latour）和史蒂夫 · 伍尔加（Steven Woolgar）也发现了类似的东西，他们称之为可信度循环，其中，研究资助让研究人员可以开展研究，进而发表文章。[39] 在申请新的基金时，大量的出版物又可以增加成功的机会（研究人员的“信誉”）。这两种情况都有信用和声誉的正反馈。那些已经有的人，会被给予得更多；那些缺乏的人，还会更缺乏。近年来，这种效应一直在持续。鲍威尔（Powell）和欧文-史密斯（Owen-Smith）1998 年在一项关于生命科学的研究中发现，大学为提高研究的商业价值而进行的努力导致有大量外部资金的大学和没有多少外部资金的大学之间“赢家通吃”的竞争加剧。[40]

这个故事的重点在于，组织的品牌，例如拥有许多研究资助的优秀大学，本身就成为在该大学工作的科学家的优势。这样，科学传播就不应再被看作是随科学本身而来的东西。相反，它是从事科学不可分割的组成部分。我们在第六章中还会讨论这个问题；这里我们想补充一点，我们认为，在未来的研究中，人们应该进一步考虑声誉、品牌及卓越性和实用性的感知之间的联系。公众品牌形象如何与成功的具体标志如基金、学生数量或合作相互作用呢？在现代科学传播实践中，研究品牌的建设、侵蚀和变化的方式是什么？探究品牌建设与企业传播的这些问题如何溢出大学或研究机构的情境，影响其他参与者开展的科学传播也很重要。这可能意味着，例如，与科学相关的慈善机构或博物馆，或科学传播商业，如何开发和管理他们的品牌，以及这些与“卓越科学性”相联系的方式。它将同样涉及持续跟踪大学和产业之间的合作与研究，探索科学业务背景下的品牌建设。

科学公关

让我们来更广泛地看一下现代大学的信息生产，源自企业传播的战略和策略越来越多地用于大学的声誉和产品管理，这种现象已经被概念化为“科学公关”。我们在第四章中提到了对这些趋势的一个批判性评估，马丁·鲍尔和简·格雷戈里把这种现象简要地总结为“公众理解科学公司”。然而，公关的概念不一定必然受到批评。瑞克·博切尔特（Rick Borchelt）引入了“信托投资组合”的概念，将其作为理解公关的一种方式。他和同事在 2015 年写道，这种路径是：

将科学组织的公关看成是为组织和更一般意义上的科学企业管理信托投资组合，也看成是未来学术界的统一概念。该信托投资组合包含几种要素：责任、能力、信誉、可靠性、完整性、合法性和生产力。管理这个信托投资组合意味着规划和管理建立科学与不同公众之间不同关系的各种战略沟通计划。[41]

这是对科学公关的非常广泛的理解。这不是我们所认为的传统科学传播（很少被认为是“管理信托投资组合”），但它通过使对“一般意义上的科学企业”的顾虑具体化而超越了单一组织的界限。在某种程度上，这可以被看作是公众传播专业化模式的直接驱动力：科学公关被视为专业科学组织的关键部分，要求训练有素的专业人士才能参加。这是与日常科学实践分开的东西。但是，博切尔特（Borchelt）和尼尔森（Nielsen）也警告了专业化的危险，他们认为“太多的科学机构只看到了公关的战术价值”[42]。在他们看来，科学公关必须被视为战略职能，公关管理人员必须有能力谈论科学。他们的工作并不是在战术上把故事推送上新闻，而是与科学家和管理人员谈论科学的核心业务，以及如何在外部呈现它才能通过“责任、能力、信誉、可靠性、完整性、合法性和生产力”来显示该组织值得信赖（正如第四章中所讨论的那样，一系列价值观再次暗示了科学传播实践中新兴规范的内聚力）。这些属性只能通过将公关办公室和其他传播专业人员的能力与科学家自身的能力相结合来显示。

博切尔特和尼尔森清楚，科学公关不应该被简单地理解为“销售科学”的过程，但是有时它会被这样认为。[43]他们使用了古鲁尼（Grunig）和亨特（Hunt）提出的公关模式分类，从误导性的“新闻代理模式”到“公共信息模式”、“双向不平衡模式”以及最终的“双向平衡模式”。这种分类显示了从操纵性和误导性的宣传需求到信息提供者与信息接收者之间的社会责任及互惠对话的演进发展。博切尔特和尼尔森强调了他们讨论的第四种模式，他们将科学公共关系描述为理想的、双向的、对称的实践，聚焦于对话和参与。

科学公关的对话模式也被一些人支持作为科学公关最佳实践的基准。例如，2014 年英国特许公共关系协会（Chartered Institute of Public Relations，CIPR）委托的一项关于科学公关的报告表明，从业人员还没有达到理想的双向平衡公关。它指出，组织“在优先收集、倾听和理解公众方面可以做得更多”。[44] 虽然实践上可能会有所不同，但是，科学公关被认为不只是单向的企业品牌建设。正如科学传播的讨论往往推动真正的回应性的对话作为公众信任科学不可分割的部分一样，公共关系理论认为，试图通过“销售”科学操纵公众，甚至不考虑受众的知识和观点提供事实，最终将适得其反。把科学公关作为管理信托投资组合的理念意味着一系列广泛的最好通过科学家、传播专业人士和不同受众之间合作开展的活动。实际上，这更多的是科学传播的整合模式。公众传播的责任并不是完全由公关专业人士或部门承担，而是与科学家分享，公关人员需要和科学家密切合作，以诚实地传播组织的研究。

媒体政策与办公室

将企业传播实践纳入科学组织也影响到在特定组织中组织和管理科学传播的方式（例如，影响整合或专业化模式的采用程度）。一个关键的问题是谁来控制传播流？谁来决定由谁对谁说话、在哪里说，以及什么时候说？企业传播实践通常意味着比传统学术组织有更高度精简的传播流，虽然严格执行媒体政策或传播政策在研究机构的世界中并不陌生。例如，这可以通过新西兰科学家吉姆·塞林格（Jim Salinger）的故事显示出来，他在没有事先得到批准的情况下就与媒体进行了对话。

戴维·罗伊（David Rowe）和凯莉·布拉斯（Kylie Brass）研究了当代澳大利亚大学的内部媒体政策。他们论证道，大学对媒体关系的管理变得越来越自觉，并且开始实施学术界用来调控公众评论的指导性准则。[45] 这些变化背后的意义在于，公众的注意力不仅会使组织声誉和形象具有风险，也会对知识和专业知识的整体合法性构成威胁。那么，科学组织正在越来越多地对科学体制的合法性承担责任。然而，罗伊和布拉斯也发现，学校管控公众评论的手段是多样化的，他们认为，新的大学比传统大学有更严格的媒体政策。我们推测，其中一个原因可能是传统大学作为学术组织拥有更高的现有信誉，因此认为没有必要——或者不认为自己有能力——控制他们的研究人员。罗伊和布拉斯还指出，在科学家越来越多地使用社交媒体和各种对话形式的传播环境中，这种严格的规定可能难以维系；从长远来看，他们建议，轻触式传播管理风格可能是唯一可行的选择。[46]

我们倾向于同意这个评估。在快捷的社交媒体时代，越来越难以控制面向公众的传播流，用严格的规则控制传播风险会使传播过时和不真实。不过，我们也预测，在制定和执行媒体政策的严格程度上，不同的组织文化之间存在重要的区别。我们认为这是值得进一步研究的东西。在一项由5个国家的科学家参与的调查中，彼得斯及其同事发现，有35%的受访者在与记者交谈之前必须取得组织中某人的批准，即使高级管理人员也是如此。大约有一半受访者需要取得他们的公关部门的批准，而另一半则需要取得他们的上级批准。有趣的是，美国和英国的公关部门倾向于比德国、法国和日本的公关部门更有影响力。[47] 这让我们想知道，不同的民族文化是否影响了科学家在控制自己的传播中的自由程度。也许，研究机构对企业传播实践的接受程度在整合或专业化模式之间做出的选择，在不同的民族和组织文化中是不同的。

未经授权的公众传播

2009 年，新西兰气候科学家吉姆·塞林格被国家水与大气研究所（The National Institute of Water and Atmospheric Research，NIWA）解雇了，因为他没有遵守该机构的新媒体政策。

根据新西兰电视台 NZTV 的新闻节目 *One News* 的报道，塞林格被解雇是因为一项过去曾经给他带来高度评价的行为：与媒体交谈。国家水与大气研究所的政策是，科学家在与媒体交谈之前需要有事先批准，而塞林格曾多次反对这一点。[48] 在其中的一个案例中，塞林格曾与气象主持人吉姆·希基（Jim Hickey）谈论某个地区的大雨，他被称为“国家水与大气研究所的塞林格博士”。然而，塞林格却声称他是以朋友的身份与希基交谈的，是希基，而不是他自己，把他和国家水与大气研究所联系起来的。根据新闻报道，塞林格博士还表示，他在被解雇之前没有看到媒体政策，说“他已经向媒体发表评论20多年了，被‘勒住缰绳’很不高兴”。[49]

塞林格是一位高调的气候科学家，2007 年政府间气候变化专门委员会（Intergovermental Panel on Climate Change，IPCC）获得诺贝尔和平奖时，他曾参与政府间气候变化专门委员会。大量的公众批评了解雇事件：有人认为，这其实是“新西兰的极度耻辱”。[50] 对于观察者来说，这看起来似乎很奇怪，这样一位知名的科学家因为许多研究人员正在被鼓励去做的事而被非难。这个故事可能会被重新讲述为科学家作为专家讲话和组织要求其成员遵守纪律之间的冲突。国家水与大气研究所的管理被批评为官僚主义、琐碎，不理解科学家的行为方式。虽然批评者并不一定否认国家水与大气研究所制定媒体政策的正式权利，但他们肯定反对其合法性。塞林格本人对新西兰电视台说：“作为一名科学家，我们都有点儿怪异，都可能略微违反协议，但这不会毁了国家水与大气研究所。”[51]

科学的危机传播

企业传播策略的使用还包括处理负面报道的方法。组织，包括大学，都必须关心公众对它们的评论。如果它们的临床试验出错，它们的研究人员就会被指控为欺诈[52]，该组织必须做出反应并尽可能地恢复其声誉和形象。

这种重建工作可能很复杂。通常来说，一个组织建立良好的品牌需要很长时间，但在几天内就可能遭到严重损坏。这是否适用于科学组织，目前还是一个悬而未决的问题。一方面，信任和声誉是科学作为一种体制的全部基础；另一方面，我们不太了解特定科学组织的危机如何渗透到对科学和科学家的普遍看法中。然而，我们可以从其他组织的危机传播研究中假设存在传播危机威胁着科学组织的合法性的情况。对这些危机的一个关键反应是把欺诈的科学家或组织与科学的其他部分拉开距离。例如，当韩国科学家黄禹锡在 2006 年被发现伪造人类干细胞克隆的研究时，情况就是这样。[53] 从被描述为“勤劳的和可靠的”，该案例的一项分析说，“他现在被描绘成一个流氓科学家和虚假英雄”。[54] 因此，对科学的威胁是孤立的：这个责任干脆放在单个的“坏苹果”上。

但这种隔离过程可能很困难。在 2006 年的“大象人试验”中[55]，6 名年轻人在伦敦北威克公园医院的 TGN1412 药物 1 期临床试验中患上了严重的疾病。在分析这场危机的媒体报道时，琳恩·斯托巴特（Lynne Stobbart）及其同事得出结论，这个事件对整个医学研究系统提出了一个问题：

> 我们调查的许多报纸和报道，构建了科学和科学家失控的现实，对科学知识和进步的追求可能会忽视公共安全，我们的创新能力越来越超过了相关专家处理相关风险的专业知识。[56]

换句话说，这个案例并没有被视为单个有问题的科学家、公司或研究团队的问题，而是科学本身的一个问题。正如亚当·海德克（Adam Hedgecoe）在一项对该试验的分析中表示的，这种声誉的损害不容易修复：关于该案件的政府报告拒绝把试验错误归因于个人或特定责任，因此，危机几乎不可能结束。[57]

斯托巴特（Stobbart）等分析了媒体对 TGN1412 试验的报道，该文发表在《英国医学杂志》（*British Medical Journal*，*BMJ*）上。这也很重要：科学的危机，无论是关于某个特定组织的还是被诠释为与更普遍的科学联系起来的，都是科学家感兴趣的。虽然科学家以不同的方式构建组织认同（正如我们在第三章中看到的），但他们仍然对别人怎么评论所在的组织感兴趣。[58] 哥本哈根大学也经历了一场备受瞩目的科学危机，当明星大脑研究员米莱娜·彭科瓦（Milena Penkowa）在 2010 年被发现伪造了大部分研究数据后，她被撤销了教授职位。此外，她还犯了财务管理不善和谎报研究的罪责。[59] 当她的欺诈故事出现在新闻上时，哥本哈哥大学的大多数员工都很关心别人对此事的看法。谣言、诠释、八卦和其他建构这个故事的意义的方式，在咖啡时间和午餐时间被分享；几年以后，这一案例仍然是一个组织传说，用来解释从官僚主义的研究伦理规则到大学领导优先的现象。[60] 重要的是，这个故事不再是仅仅关乎某个特定的雇员和她如何从事工作（如果有的话），并且，它是更广泛的意义建构的参考点，与大学的本质、科学是什么以及二者如何相互作用有关。

接口专家的兴起

在第五章的最后，我们要指出，研究组织的科学传播又增加了一层复杂性，那就是成为科学家和外部世界之间的调节人的内部竞争越来越大。例如，我们可以从获取研究经费的努力中看到这一点。传播专业人士不仅参与宣传和庆祝研究成果，而且对这些资源的高度重视意味着许多大学和其他研究机构现在雇人来帮助他们的员工撰写研究计划。在某种程度上，审阅科学家撰写的申请基金的计划书的人是外行，或至少是非专家：评估他们的小组成员可能来自多学科。[61]那些在研究支持办公室工作的人员将会熟练地简化和精简学术界的晦涩文本，并提炼出可能与评估者产生共鸣的关键概念。

研究机构现在聘请了一大批专业人士，他们的工作是以不同的方式调节研究与各种不同受众之间的关系。学者们已经把这个新的职业类别命名为“接口专家”[62]（interface specialists）。埃兹科维茨及其同事写道，大学知识产权（intellectual property rights，IPR）日益增加的商业化“需要加强与其他制度领域（特别是业界和政府）的情报搜集、监测和谈判能力”——一种专业人员才能满足的能力。因此，大学和社会其他领域之间的界面变得更加人口稠密。埃兹科维茨等写道，接口专家将“做介绍、组织讨论、谈判合同，以及担任其他类似于中介的角色，和同人一起促进与政府及业界其他潜在合作伙伴的互动”。其中，与科学传播关系最为密切的是，他们将协助向公众传播大学的研究。

这些专家在结合了传播、公共事务、商业法、技术转移和商业开发的事务中工作。这些调节专业人员或知识经纪人[63]的兴起，对大学传统的组织科学传播的方式提出了一些实际的挑战。一方面，它强调翻译和调节科学的重要性，从而促进了科学传播作为一个新兴专业领域的发展；另一方面，它也建议通过其他运作方式进行调节和翻译，例如专利写作、创业或品牌宣传活动。因此，组织内部可能会有竞争，涉及谁被允许谈论科学、与谁谈、在什么时候谈、在什么地方谈。

我们可以用专利的例子来说明这些冲突。专利是国家授予发明人的发明专有权——它是根据发明（而不是科学发现）颁发的一种知识产权，只有在发明尚未公布的情况下才能被授予。当今，在许多国家，科学家有义务在发表结果之前考虑其知识创造的商业价值，并让大学参与可能的专利申请决策。这样的申请必须表现出有用性、新颖性和非显而易见性，它们是复杂的文本。这些文本是极具技术性的，但也需要修辞的力量，以说服专利机构他们确实应该被授予专利。[64]因此，撰写专利申请是一项需要训练的技能。技术转让办事处一般会让专利法专家帮助科学家撰写这些申请书。

由于新颖性的规则（之前必须没有关于它的公开知识），申请专利的过程对正常的科学传播过程有影响，无论是在学术期刊上发表还是其他形式的传播。如果发明是突破性科学发现的一部分，那么它可能会在大学内引起复杂的谈判。每个人都希望利用该发现获得尽可能多的声誉价值，但他们会尝试以不同的方式做到这一点。相关研究人员可能想在科学会议上发表或谈论他们的发现；公关和媒体关系团队可能希望确保研究受到国际媒体的关注；而专利人员则希望不要过早地公开披露，因为公开的知识不能获得专利；技术转移办公室的其他人可能有兴趣与相关的重点企业分享部分信息，试图卖出知识产权。

因此，了解不同类型的接口专家在公众传播的背景下相互协商是一件复杂的事情。什么类型的非大学受众最重要、应该如何联系，以及何时联系，这些都不是显而易见的事。为了呈现一些关于某项新研究的形象或故事，很可能会有许多幕后的谈判和互动。现代企业型科学不仅涉及公关和科学传播办公室，而且到目前为止，我们对这些过程如何实施、组织和管理，还知道得很少。

科学正在变化

本章已经讨论了很多议题，从科学家对“精打细算之人”迫使他们削减实验室预算的挫败感到如何向特定受众销售科学的接口专家，以及科学欺诈带来的危机。贯穿整个过程的主题是科学正在发生变化。当代知识生产不再（如果曾经有过的话）在隔绝于商业、商业压力或更广泛社会的象牙塔里进行。它是跨学科的和多部门的，处于资本主义和资源竞争的压力之下。这些压力反映在公众科学传播的内容和实践中。在许多方面，科学家个体、大学和研究机构之间的竞争是科学传播作为一个职业兴起的部分原因。“学术资本主义”导致需要新的骨干职业出现，能够有效管理科学公关的接口专家、为研究机构建设品牌、撰写成功的资助申请书，并与政策制定者等专门的受众合作。它也导致了科学故事叙述种类的变化。大学宣扬自己在获取研究经费方面的成功，并将学术研究作为国家和地区经济增长与繁荣的重要组成部分。运动游说团体认为，传统的、纯净的研究正在受到威胁。

正如我们在整个第五章中所提出的那样，科学传播和所有的这一切都密切地纠缠在一起。它既是这些发展的组成部分——例如，通过给公众讲述关于寻求研究经费、难以获取的学术奖项和商业成功的故事——也被它们所塑造。特别地，新的机会正在对公众传播的专业从业人员开放，科学家可以将自己向公众公开工作的一些责任转移给专业人员。对于这种形式的职业化，我们还需要了解更多。研究机构是复杂的实体，而我们几乎不了解多个传播功能在其中如何运作。如果当代市场驱动的意识形态压力正在重塑科学，那么它们也在重塑科学传播。

注　释

1. http://www.theguardian.com/science/occams-corner/2015/aug/06/scientists-sajid-javid-mckinsey-research-cuts-paul-nurse-bis.
2. Shattock M (2009) *Entrepreneurialism in Universities and Knowledge Economy*. Berkshire: McGraw-Hill and Open University Press.

   Bok D (2005) *Universities in the Marketplace*. Princeton: Princeton University Press.
3. Beesley LGA (2003) Science policy in changing times: Are governments poised to take full advantage of an institution in transition? *Research Policy* 32(8): 1519.

Felt U and Wynne B (2007) *Science and Governance: Taking European Knowledge Society Seriously.* European Commission.
4. 在我们继续之前，我们要承认，很多关于变化的故事往往会简化科学的过去。科学是否曾经免于社会中政治、经济和文化力量的影响，这有很大的争议。然而，在本章中，我们并不关心过去，而是关注目前社会对科学传播的影响。尽管历史叙述可能被简化，但对知识生产不断变化的景观的描述还是指向了目前具有重要影响的关键特征。

Shapin S (2009) *The Scientific Life: A Moral History of a Late Modern Vocation*. University of Chicago Press.
5. Etzkowitz H (1983) Entrepreneurial scientists and entrepreneurial universities in American academic science. *Minerva* 21(2): 198–233.
6. Etzkowitz H and Leydesdorff L (1998) The endless transition: A 'triple helix'of university industry government relations. *Minerva* 36(3): 203–208.
7. p. 315, Etzkowitz H, Webster A, Gebhardt C, et al. (2000) The future of the university and the university of the future: Evolution of ivory tower to entrepreneurial paradigm. *Research Policy* 29: 313–330.
8. p. 316, 同上。
9. Larsen MT (2011) The implications of academic enterprise for public science: An overview of the empirical evidence. *Research Policy* 40(1): 66–19.

Tuunainen J (2005a) Contesting a hybrid firm at a traditional university. *Social Studies of Science* 35(2): 173–210.

Tuunainen J (2005b) Hybrid practices? Contributions to the debate on the mutation of science and university. *Higher Education* 50(2): 275–298.

Lam A (2010) From 'ivory tower traditionalists' to 'entrepreneurial scientists'? Academic scientists in fuzzy university-industry boundaries. *Social Studies of Science* 40(2): 307–340.
10. p. 161, Philpott K, Dooley L, O'Reilly C, et al. (2011) The entrepreneurial university: Examining the underlying academic tensions. *Technovation* 31(4): 161–170.
11. Slaughter S and Leslie L (1997) *Academic Capitalism—Politics, Policies and the Entrepreneurial University.* Baltimore: The John Hopkins University Press.
12. 在此背景下，斯旺和他的同事谈到了变革的辨证过程。Swan J, Bresnen M, Robertson M, et al. (2010) When policy meets practice: Colliding logics and the challenges of 'Mode 2' initiatives in the translation of academic knowledge. *Organization Studies* 31(9): 1311–1340.
13. Haeussler C and Colyvas JA (2011) Breaking the ivory tower: Academic entrepreneurship in the life sciences in UK and Germany. *Research Policy* 40(1): 41–54.

Kenney M and Richard Goe W (2004) The role of social embeddedness in professorial entrepreneurship: A comparison of electrical engineering and computer science at UC Berkeley and Stanford. *Research Policy* 33(5): 691–707.
14. Holden K (2015) Lamenting the golden age: Love, labour and loss in the collec-

tive memory of scientists. *Science as Culture* 24(1): 24–45.
15. p. 922, Jain S, George G, and Maltarich M (2009) Academics or entrepreneurs? Investigating role identity modification of university scientists involved in commercialization activity. *Research Policy* 38(6): 922–935.
16. p. 309, Lam A (2010) From 'ivory tower traditionalists' to 'entrepreneurial scientists'? Academic scientists in fuzzy university-industry boundaries. *Social Studies of Science* 40(2): 307–340.
17. Peters HP, Brossard D, De Cheveigne S, et al. (2008) Science-media interface It's time to reconsider. *Science Communication* 30(2): 266–276.
18. p. 61, Marcinkowski F, Kohring M, Fürst S, et al. (2014) Organizational influence on scientists' efforts to go public an empirical investigation. *Science Communication* 36(1): 56–80.
19. p. 75, 同上。
20. http://scienceisvital.org.uk.
21. http://www.slow-science.org. 他们的口号是："我们不写博客。我们不发推特。我们慢慢来。"也许不那么令人吃惊的是，他们的社交媒体账户几乎没有生活的印迹。
22. Gibbons M, Limoges C, Nowotny H, et al. (1994) *The New Production of Knowledge: The Dynamics of Science and Research in Contemporary Societies*. London: Sage.

    Nowotny H, Scott P, and Gibbons M (2001) *Re-thinking Science: Knowledge and the Public in an Age of Uncertainty*. Cambridge: Polity Press.
23. Townsend T, Pisapia J, and Razzaq J (2013) Fostering interdisciplinary research in universities: A case study of leadership, alignment and support. *Studies in Higher Education* 40(4): 658–673.
24. 见：Bracken LJ and Oughton EA (2006) 'What do you mean?' The importance of language in developing interdisciplinary research. *Transactions of the Institute of British Geographers* 31(3): 371–382.
25. Bercovitz J and Feldman M (2008) Academic entrepreneurs: Organizational change at the individual level. *Organization Science* 19(1): 69–89.

    Jain S, George G and Maltarich M (2009) Academics or entrepreneurs? Investigating role identity modification of university scientists involved in commercialization activity. *Research Policy* 38(6): 922–935.
26. Ipsos MORI (2011) Public Attitudes to Science 2011. Available from: http://www.ipsos-mori.com/researchpublications/researcharchive/2764/Public-attitudes-to-science-2011.aspx.
27. Bekelman JE, Li Y, and Gross CP (2003) Scope and impact of financial conflicts of interest in biomedical research: A systematic review. *JAMA* 289(4): 454–465.
28. Bekelman JE, Li Y, and Gross CP (2003) Scope and impact of financial conflicts of interest in biomedical research: A systematic review. *JAMA* 289(4): 454–465.
29. http://www.washingtonpost.com/business/economy/as-drug-industrys-

influence-over-research-grows-so-does-the-potential-for-bias/2012/11/24/bb64d596-1264-11e2-be82-c3411b7680a9_story.html.
30. 《新英格兰医学杂志》。
31. pp. 220–1, in Peters HP (2012) Scientific sources and the mass media: Forms and consequences of medialization. In: Rödder S, Franzen M, and Weingart P (eds), *The Sciences' Media Connection—Public Communication and Its Repercussions*, Sociology of the Sciences Yearbook, Springer, pp. 217–240.
32. 这是组织新制度理论的一个基本原则，例如，见：DiMaggio PJ and Powell WW (1983) The iron cage revisited: Institutional Isomorphism and collective rationality in organizational fields. *American Sociological Review* 48(2): 147–160.
33. Borchelt R and Nielsen KH (2014) Public relations in science. In: Bucchi M and Trench B (eds), *Handbook of Public Communication of Science and Technology, 2nd ed.* London and New York: Routledge, pp. 58–69.
34. Rödder S, Franzen M, and Weingart P (2012) *The Sciences' Media Connection—Public Communication and Its Repercussions*, Sociology of the Sciences Yearbook, Dordrecht: Springer Netherlands.
35. Rödder S and Schäfer MS (2010) Repercussion and resistance. An empirical study on the interrelation between science and mass media. *Communications: The European Journal of Communication Research* 35(3): 249–267.
36. https://www.uni-wuerzburg.de/en/ueber/university/persoenlichkeiten/ercgrants/.
37. http://en.uw.edu.pl/research/european-research-council-grants/.
38. Merton RK (1968) The Matthew effect in science. *Science* 159(3810): 56–63.
39. Latour B and Woolgar S (1979) *Laboratory Life. The Construction of Scientific Facts*. New Jersey: Princeton University Press.
40. Powell WW and Owen-Smith J (1998) Universities and the market for intellectual property in the life sciences. *Journal of Policy Analysis & Management* 17(2): 253–277.
41. p. 59, Borchelt R and Nielsen KH (2014) Public relations in science. In: Bucchi M and Trench B (eds), *Handbook of Public Communication of Science and Technology, 2nd ed.* London and New York: Routledge, pp. 58–69.
42. p 66, 同上。
43. Nelkin D (1995) *Selling Science—How the Press Covers Science and Technology*. New York: W. H. Freeman and Company.
44. 该报告可见：http://www.cipr.co.uk/sites/default/files/SCIENCEPR_KEYFINDINGS.pdf. 或见：http://www.cipr.co.uk/content/policy-resources/research/our-research-and-reports.
45. Brass K and Rowe D (2009) Knowledge Limited: Public communication, risk and university media policy. *Continuum: Journal of Media & Cultural Studies* 23(1): 53–76.
46. Rowe D and Brass K (2011) 'We take academic freedom quite seriously': How university media offices manage academic public communication. *International*

Journal of Media & Cultural Politics 7(1): 3–20.
47. p. 225, Peters HP (2012) Scientific sources and the mass media: Forms and consequences of medialization. In: Rödder S, Franzen M, and Weingart P (eds), *The Sciences' Media Connection—Public Communication and its Repercussions*, Sociology of the Sciences Yearbook, Springer, pp. 217–240.
48. http://www.webcitation.org/5gTKjWpww.
49. http://www.nzherald.co.nz/nz/news/article.cfm?c_id=1&objectid=10604168.
50. http://www.webcitation.org/5kdO8HNtT.
51. http://www.webcitation.org/5gTKjWpww.
52. 还比如哈佛大学校长拉里·萨默斯（Larry Summers）在一次演讲时声称“男女之间天生的差异可能是女性很少在科学和数学领域取得成功的原因之一”，这引发了学校的公关危机。Boston Globe 17 January 2005, http://www.boston.com/news/local/articles/2005/01/17/summers_remarks_on_women_draw_fire/.
53. p. 189, Kruvand M and Hwang S (2007) From revered to reviled: A Cross-Cultural Narrative Analysis of the South Korean Cloning Scandal. Science Communication 29(2): 177–197.
54. Kruvand M and Hwang S (2007) From revered to reviled: cross-cultural narrative analysis of the South Korean cloning scandal. *Science Communication* 29(2): 177–197.

Chekar CK and Kitzinger J (2007) Science, patriotism and discourses of nation and culture: Reflections on the South Korean stem cell breakthroughs and scandals. *New Genetics and Society* 26(3): 289–307.
55. Hedgecoe A (2014) A deviation from standard design? Clinical trials, research ethics committees, and the regulatory co-construction of organizational deviance. *Social Studies of Science* 44(1): 59–81.
56. Stobbart L, Murtagh MJ, Rapley T, et al. (2007) We saw human guinea pigs explode. *BMJ : British Medical Journal* 334(7593): 566–567.
57. Hedgecoe A (2014) A deviation from standard design? Clinical trials, research ethics committees, and the regulatory co-construction of organizational deviance. *Social Studies of Science* 44(1): 59–81.
58. 组织理论的一个重要观点是，组织成员自身的身份建构与组织的身份建构相关，因此他们更倾向于选择具有良好形象的组织。

Dutton JE, Dukerich JM, and Harquail CV (1994) Organizational images and member identification. *Administrative Science Quarterly* 39(2): 239–263.

Elsbach KD and Kramer RM (1996) Members' responses to organizational identity threats: Encountering and countering the Business Week rankings. *Administrative Science Quarterly* 41(3): 442–476.
59. 丹麦媒体 Weekendavisen 关于此事的全部报道可以在这里找到：http://www.week-endavisen.dk/side/penkowa-sagen.
60. 这也是为什么研究机构和大学的领导必须考虑他们的内部受众如何对他们的外部沟通做出反应的原因。有时他们甚至可能使用外部渠道来传递实际上主要是针对组织雇员的信息，请参阅第三章中有关自我传播的内容。
61. Lamont M (2010) *How Professors Think: Inside the Curious World of Academic Judgment*. Harvard University Press.
62. 本节中的所有引用均来自： p. 316, Etzkowitz H, Webster A,Gebhardt C, et al. (2000) The future of the university and the university of the future: Evolution of ivory tower to entrepreneurial paradigm. *Research Policy* 29: 313–330.
63. Meyer M (2010) The rise of the knowledge broker. *Science Communication* 32(1): 118–127.
64. Myers G (1995) From discovery to invention: The writing and rewriting of two patents. *Social Studies of Science* 25(1): 57–105.

第六章

未来：作为操演性、规范性与利益驱动的创新传播

2013 年 7 月，英国政府发布了一篇额外拨款 6000 万英镑专门用于合成生物学研究的新闻稿。新闻稿说这将有助于确保英国“保持处于合成生物学的前沿”，并引用了大学和科学国务部长的讲话。不仅对于英国，而且对于全世界来说，合成生物学也是一项重要的技术。“事实上，”部长说，“据说它将治愈我们，喂饱我们，并给我们加油。”[1]

大约两年以后，瑞典隆德正在建设中的中子加速器欧洲散裂源（European Spallation source，ESS）的新闻官员发布了一份关于该组织的新的法律地位公告：欧盟委员会已将其批准为欧洲研究基础设施联盟（European Research Infrastructure Consortium，ERIC）成员之一，除了法律和组织交接的细节之外，公告还明确了为什么这些发展很重要。欧洲散裂源是“世界下一代中子源”，使用“大功率线性质子加速器来产生中子束，探测材料的结构和动力学”。该技术将适用于从医学研究到超导的一切。最终，该公告指出，欧洲散裂源设施将成为“欧洲科学与产业创新的主要动力”。[2]

这些新闻稿并不罕见，我们可以选择任何关于科学资助或科学成果的类似公告，它们用的都是非常相似的语言：合成生物学会治愈我们，喂饱我们，并给我们加油；欧洲散裂源将驱动欧洲的创新；生物技术将创造新的经济增长形式；纳米技术将在 15 年内治愈癌症；干细胞研究可以带来从帕金森病到失明的治疗方法，这些声明构成了当代知识社会背景的一部分。它们是集体谈论科学技术未来的方式的一个方面。与此同时，许多科学家都非常了解研究是一项相当不确定的活动，我们永远不能确定结果。鉴于科学现在经常在高度竞争和承受经济压力的条件下才能获得资助与开展研究，任何特定研究方向的资助承诺都不一定能得到保障。

这里的要点不仅仅是科学家与政策制定者在谈论研究的未来影响和相关性时会做出一些夸大的承诺。品牌建设活动现在是确保科学获取支持的重要组成部分，被科学家、传播者和受众认为是理所当然的。[3]第六章我们要关注的是这样的愿景和承诺如何及为什么会成为公共科学话语的一部分。它们对科学和其他东西有什么影响？无论是通过新闻稿、媒体报道还是现场科学活动或科学节，科学传播在向不同的观众传递科学承诺时扮演了什么角色呢？

第六章反思了这些问题。[4]它考虑了科学传播制造未来愿景的方式——公众传播与我们对想要生活的未来社会的想象及科技自身的资金和发展密切相关。考虑到承诺、资助和公众传播的动力学，我们认为，科学传播不应该被视为是独立于科学资助和创新的。相反，制造期望和愿景，以及在公共场合分享这些，是从事科学的一部分。这种期望不仅是关于未来的声明，而且使得某些事情在当前能够被操演。在第六章中，我们将通过操演特定种类的未来场景来审视承诺和愿景所做的战略性工作（例如，获得资金或突出国家的卓越性）。

科学传播创造未来

人们很容易将革命性科学的夸张承诺视为“只是”公关。但是，正如我们在前几章中所论述的那样，并没有“纯粹”的公关这样的东西。当代研究机构科学宣传的繁荣是一个相当复杂的现象。当然，在某种程度上，像英国政府发表的关于合成生物学或欧洲散裂源关于其新状态的声明是为了确保获得资源或者庆祝已经获得的资源。每当听到政治家、决策者、科学家或研究经理在谈论科学资助时，我们很容易就可以发现未来承诺的影响。正如我们所看到的，研究人员为了确保稀缺的资金来源，其所承受的压力越来越大。在学术资本主义的时代，很容易令人相信，你的承诺越大，你就越有可能获得公共、财政和政治的支持。这种驱动力塑造了研究人员谈论他们工作的方式。同时，我们要强调的是，制造期望和愿景不是一项独立于科学日常实践的单独任务，而且这些承诺不仅被用于获取资金，还会产生其他效果。关于技术创新的传播不能和创新过程本身区分开来。它既是构成科学的一部分，也是构成科学之外的更广世界的一部分。

这是该效果的一个例子。1993年，迈克尔·穆尔凯（Michael Mulkay）分析了“胚胎大辩论”，即贯穿于英国20世纪80年代的关于人类胚胎是否应该被用于科学研究方面的讨论［由体外受精（in vitro fertilization，IVF）技术的出现引发，并导致了1990年《人类受精和胚胎学法案》的通过］。[5]尽管公众讨论具有多样性和复杂性，但穆尔凯认为，其中有两种关键修辞，二者都广泛涉及科学与社会的关系：第一种是希望修辞，描绘了胚胎科学研究未来的好处，这种研究被理解为“值得支持，因为它已经开始以实际的方式得到回报，并且如果允许，它将继续产生各种高价值的结果”[6]；相反，第二种修辞是恐惧修辞，其对研究结果是悲观的。它讲述了“科学界越来越失去控制，这将带来道德滑坡和社会上的破坏性变化”。[7]

穆尔凯描述的这两种修辞在今天的公开讨论中还可以发现：类似的有围绕着各种争议话题的乐观主义和悲观主义的科学未来，如合成生物学、地球工程学或水力压裂法。然而，重要的是，这两种修辞有关键的相似之处，它们都描述了技术的革命性潜力及新的科技领域可能改变我们生活的根本方式。技术的支持者和反对者可能就这些结果是更好还是更坏的意见不一致；然而，二者都为了未来的期望和需要而动员了特定的理念。通过庆祝或诋毁一个研究领域，他们引起了人们的注意，就其影响提出了主张，并尝试利用未来的潜力来改变现状。因此，这两种修辞在某种程度上都是将这一研究领域制造成一个此时此地就具有变革性影响的现实的、重要的事物。通过这些方式，公开讨论技术的未来可以让它现在就开始成为现实。

下面方框内关于合成生物学未来影响的摘录是一个例证。对于英国政府而言，合成生物学是“现代科学最有希望的领域之一”，将对各行各业产生影响，从而对经济增长产生影响。对于“地球之友”来说，它也可以产生重大的影响，但这些影响可能是负面的：破坏人类和环境健康、以牺牲当地社区利益为代价促进大企业的发展。英国皇家工程院的报告指出，这是一个可能会引起公众焦虑、需要研究人员切实关注社会和伦理问题的技术领域。

透视合成生物学的框架

合成生物学可以被定义为“对新的生物部件、装置和系统的设计和建造，以及出于有用的目的，对现有天然生物系统的重新设计”（来自该领域的重要科学家所创建的网站 syntheticbiology.org）。[8] 以下是 21 世纪第一个十年中公众谈论到它的一些方式：

超过 6000 万英镑被投入合成生物学

合成生物学是现代科学最有前途的领域之一，对它的投入将超过 6000 万英镑……它对一系列广泛的产业部门（包括化学、材料、生物传感器、生物燃料和医疗保健）具有潜在的好处。

（来自英国政府 2013 年发布的新闻稿[9]）

合成生物学

合成生物学是遗传工程的一种极端形式，是一种正在快速发展并进入市场的新兴技术。像传统的转基因生物一样，合成生物学的产品实际上是不受管制的，没有对我们的健康或环境的影响进行充分的评估，而且不需要加上标签……合成生物学可能会对人类和生态系统的健康及我们星球的生物多样性产生严重影响，对于社区来说，对企业部署新技术和新型生物体以获利的前线计划产生影响。

（来自“地球之友”关于合成生物学的网页[10]）

公众辩论和社会问题的敏感性

> 虽然合成生物学可以通过其复杂性和工程原理的真正基础与遗传工程分离，但它涉及生物体的创造和操纵的事实可能会引起许多与遗传工程相同的恐惧……合成生物学学界意识到他们的研究可能会引起高度争议。
>
> （来自英国皇家工程院的报告《合成生物学：范围、应用和影响》[11]）

因此，合成生物学以非常不同的方式被描绘。同时，所有这些叙述都同意，这是对我们生活潜在革命性的重要改变，是需要认真考虑的现实的科学研究领域。然而，合成生物学作为一个一致的研究领域，其真实情况实际上并不像这些讨论听起来那么现实。在该领域工作的科学家来自生物学、生物化学、工程和计算机等学科，我们不能理所当然地认为他们认同自己是“合成生物学家”（尽管对该领域的大笔投资可能推动了这一点）。这里对合成生物学会有什么影响以及它们是好还是坏可能没有达成一致意见——但如果这些叙述不在公开场合告诉人们关于这些东西，合成生物学将不会以同样的方式存在。

创 新 传 播

在一本 1962 年的著作中，埃弗雷特 · M. 罗杰斯（Everett M.Rogers）认为，技术的扩散现状比我们最初假设的更为复杂。技术不一定由于其优势（它们比过去的“更好”的事实）而被广泛接受。相反，罗杰斯认为，无论有多创新，技术的广泛传播和成功实际上都是难以实现的。实际上，如果它与现有技术相比具有明显的优势，与现有的价值观、经验和需求兼容，是简单而不是复杂的，以及容易试验并且引起未来采纳者的注意的，那么创新（不管是技术、观念还是新的科学研究领域）的扩散就会更加容易。[12] 重要的是，这些事情中的许多都是通过传播来解决的。成功的创新能让潜在用户了解技术并帮助他们理解它的支持者。

罗杰斯的著作一直受到批评。行动者网络理论（ANT）的传统的科学技术与社会学者认为，技术或创新不能被理解为独立于其周围的传播。例如，布鲁诺·拉图尔认为，技术不是具有一系列不变特征的稳定物体；相反，它是什么、可以被用来做什么，取决于其所在的情境。[13] 例如，早期采用者可能会因为各种原因购买电动汽车这样的新技术，并给它赋予各种意义：一个拯救地球的工具、一种便宜的出行方式、一种特定身份的象征。因此，技术的优势不一定是初始开发人员之前所想象的。不仅如此，这种技术的意义甚至是不稳定的，取决于具体情境——这些情境不可避免地会发生改变。通过传播，技术在不同情况下成为被赋予意义的对象。因此，传播，包括不同种类的科学传播，不仅仅是一种技术的额外附加，而且是在技术被开发出来之后应用于其中，解决其意义和目的的。相反，它是技术开发、分配和利用方式不可分割的组成部分。

因此，传播需要被视为创新过程中不可或缺的一部分。[14] 这种传播不仅仅关乎最终用户。任何研究和开发过程都包括不同行动者之间的谈判，并且涉及努力使尽可能多的行动者对新兴技术及其未来的可能性感兴趣。因此，创新传播的概念是承认创新的整个过程一直有传播活动发生，从最早的向实验室负责人、资助者或一个学科同行推销一个新的想法，到技术被用户采用和重新想象的方式。我们可以在合成生物学这样的案例中特别清楚地看到这一点，目前它处于发展的早期阶段，因此用预期效益和影响的承诺来兑换大量的资助。如果它发展成研究领域并随后提供具体技术，那么研究人员、政治家、公民、企业和用户将会把它视为一种利益。他们将会对它感兴趣，对它的未来抱有积极的期望，并选择支持它。

即使是物理研究的基础设施，也可以通过谈判和沟通，以及它们的实体发展过程，被看作是逐渐变得活跃和“真实”的东西[15]，第六章开头提到的欧洲散裂源就是一个例子。在撰写本书时，它是一个位于瑞典隆德郊外绿地上的非常大的建筑工地[16]，也是一个科学技术委员会的松散组织——也许最重要的是，作为一个重要的、新的研究基础设施，它承诺将有助于实现突破性的科学进展，并为厄勒海峡地区（跨越瑞典南部和丹麦的一部分）带来就业机会和经济增长。该计划是让其中子源——在一系列不同的科学仪器上撞击快速移动的中子，被认为是“世界最大的显微镜”[17]——在2019年投入使用。

虽然大多数人还没有听说过欧洲散裂源，但这已经是多年沟通和谈判的成果。欧洲需要一个新的中子源已经被讨论了20多年。欧洲散裂源网站解释说，它需要很多年的时间来处理“将多个欧洲国家政府组织成一个集体的挑战”。[18]一旦确定了技术设计和预算，就必须选定一个地址。风险很大：欧洲散裂源将是欧洲核子研究组织或欧洲南方天文台（另外两个大型跨国研究基础设施）级别规模的研究机构。这样的机构非常有名望，可以改变一个地理区域。厄勒海峡（包括瑞典经济萧条的斯科纳地区）的希望是该设施将会带来就业机会和经济增长，并有潜力发展新型技术产业。与当地决策者和国际决策者，以及欧盟官员的长时间沟通至关重要，现在的重点已经转移到提高资金支持、促成加速器的目标群体，包括相关学术和产业共同体的参与。2014年和2015年，欧洲散裂源官员前往科学会议，组织了一系列合作和产业研讨日活动，试图鼓励产业参与并使科学家对欧洲散裂源提供的可能性感到兴奋。建筑工程的奠基和基石铺设仪式展示了标志项目存在的象征性时刻。通过这种方式，思想得到了传播，行动者参与到新兴科学项目中，创新变成全球现实。

第六章的其余部分建立在这样的观点上，即创新传播是科学传播的一种方式。我们思考了面向公众的科学传播与未来科学愿景相融合的方式，从而参与了创新过程中的一些方式。我们特别审视了三个领域：传播如何表现特定的未来；它如何编码关于未来的特定规范性立场及它应该如何被编码；我们如何识别未来愿景的特定意图。

期望的操演性

我们从期望的操演性开始——这个概念不仅借鉴了创新传播的观点，也借鉴了在很多文献中被称为“社会期望”的理论。[19] 这些文献已经探讨和探索了对未来的期望、愿景和承诺在当下能做的工作。其核心原则之一是，我们不应该简单地将愿景和承诺理解为未来能否成为现实的事实描述，而是应将其作为动员注意力和指引方向的手段。在创新的背景下，期望具有操演的作用：它们可以作为当前特定行动的原因，因此能够积极地行动或实现特定的未来。

哈罗・范・伦特（Harro van Lente）已经详细地探究了这种动力。[20] 他认为，期望可以作为一种资源，因为它们使某些行动和论点合法化、合理化，这在科学和技术方面特别有用，他说，因为承诺和期望可以用来减少很多技术发展所固有的不确定性。我们可以在实践中看到这一点，例如，本章方框中英国政府发布的新闻稿。合成生物学是一个新的领域，很多人对此表示兴奋，但目前还没有出现具体的产品或创新，它到底可以带来什么是相当不确定的。但是，新闻稿承诺给予额外的 6000 万英镑资金作为支持，并解释这是因为合成生物学是“现代科学最有前途的领域之一”，这在证实合成生物学是一个真正的、重要的研究领域方面起了很大作用，至少政府相信它能“治愈我们，喂饱我们，并给我们加油”。[21] 这篇不长的文章通过大学和科学国务部长的演讲、永久存档的网页，以及媒体报道和博客，被传播给了不同的公众和科学受众，因此它在制定合成生物学的具体目标方面做了很多工作。我们不能肯定地知道，但我们可以推测，这个公告可能已经提高了合成生物学的地位，并鼓励研究人员、学生和企业将该研究领域看作是重要的、值得参与的——尤其是因为有明确的资金可以获取。

一些研究者区分了期望和愿景，认为期望是对未来的一般承诺或想象，而愿景则伴随着实现期望的战略性框架。[22] 因此，愿景更加实际。除了制造关于未来的声称——例如像合成生物学将“治愈我们，喂饱我们，并给我们加油”之类的——他们还需要做一些事来证实这些声称（例如，正在投入 6000 万英镑致力于这项任务，早期成果很有希望，年轻的研究人员正在接受合成生物学所需的跨学科技能的训练，等等）。再次说明一下，这些愿景是具有操演性的。愿景的说服力越强，越有可能将广泛的行动者纳入其中，并且将吸引更多的资源以实现它们。这和我们在第五章中遇到的马太效应相似：已经有的人，会被给予更多。分配的资源越多，发展将越有可能沿着愿景所描述的方向进行。但反过来也是如此，吸引不到资源的研究领域可能会越来越被边缘化，并且不太可能（所有其他方面都是一样的）履行它们做出的承诺。构建愿景有一定的艺术，一方面，它们必须足够具体和令人信服，可以作为在现在做出特定行动和决定的理由（如安排专项资金）；另一方面，它们必须有些模糊或脆弱，以便我们了解到这些技术机会在没有投资或专门资源的情况下是不会实现的。[23]

科学传播如何适应这一点呢？尽管科学内部传播、政策文件或政治声明中可能会产生许多期望和愿景，但很清楚的是，科学家和科学传播者也会在面向公众的传播中谈论他们对未来的希望。事实上，我们认为，科学传播对于聚集足够的支持、使新的科学领域和新兴的创新变成现实至关重要。毕竟，政府对舆论是敏感的。因此，新兴技术领域的公众期望可以被纳入政策决策。以下方框中丹麦胚胎干细胞研究合法化背后的故事就说明了这一点。

合成生物学是另一个很好的例子。当我们在 21 世纪第二个十年的中期写作这本书的时候，它仍然是一个新的领域，但它的公开呈现被精心策划了。有关于这个话题的流行图书、受其启发的艺术项目，以及一些谈论它的魅力的知名研究人员如美国科学家德鲁·恩迪（Drew Endy）、克雷格·

期望与干细胞

期望的操演性不仅在于确保资金方面，如果要使科技发展，其他资源也是至关重要的。例如，新兴的科学领域需要合法性、人力资本（准备投入这一领域的学生和研究人员）和政治支持。科学承诺和公众期望有助于产生这些资源，21 世纪初期的丹麦胚胎干细胞研究合法化的故事就是例证。[26]

在 2003 年之前，丹麦法律还禁止除了改良体外受精技术以外的人类胚胎研究。但是到了世纪之交，胚胎干细胞研究的科学和医学潜力激起了研究者极大的兴奋。1998 年首次来自新干细胞系的文章指出，它们“应该在人类发育生物学、药物发现和移植医学中发挥作用”[27]（之后被引用了约 12 000 次）；在英国，英国广播公司报道了该项研究，认为它是“可能带来可供移植的人体组织无限供应的重大突破。”[28] 因此，有一段时间，这种干细胞研究被突破和医学创新的高度期望所包围——在丹麦也是这样。然而，为了研究的目的而使用人类胚胎仍然是有争议的。2002 年，丹麦专家委员会（也被称为基因技术委员会）将干细胞研究视为一个非常有希望的科学领域，并建议取消对人类胚胎研究的禁令。在此之前，丹麦政府一直不愿意放宽限制，但是议会讨论了这个报告，并呼吁开展公开辩论。

最终举行了一个正式的听证会，参会的有许多不同的利益相关者。重要的是，这不是一个内部的政策过程。广泛的公众利益和公共支持的网络得到了实现，包括能够将研究领域构建为提供“治愈希望”的患者群体。最后，丹麦在 2003 年修改了立法，允许对“闲置”胚胎进行研究。

这个故事是一个很好的例子，说明了公众传播在使特定领域的科学研究和创新成为可能方面是多么重要。在这个案例中，动员公众的支持对丹麦法律的改变至关重要，这使干细胞研究在丹麦成为可能。丹麦的研究人员不得不把干细胞研究和创新疗法的潜力“出售”给公众，从而也出售给了政治家，在这个案例中，他们成功了。当然，值得注意的是，美国布什政府对这种胚胎干细胞研究的公共资助是禁止的。因此，科学承诺及集中资源开发新的科技领域，不一定能保证赢得胜利。

文特尔和乔治·丘奇（George Church）可以作为关键的例子。重要的是，大量的精力被用于构建理解它的框架，它不仅是一种承诺了巨大的公共利益的技术，而且结合了对其产生影响的社会和伦理反思。因此，它被认为是吸取了公众对基因修饰的不满的教训，致力于解决社会需求的科学。[24]还有专门的资金计划及新兴部门和中心。这些事情是如何相互联系的，我们现在知道得很少——换句话说，公众传播传递的愿景和期望如何强化或调整科学家或政策制定者在更“后台”的地点所制造的愿景和期望呢？[25]科学传播倾向于描绘什么样的未来愿景，以及这些可能与特定未来的实现有什么关系呢？

期望的规范性

科学传播可以表现特定的科学技术未来，承诺科学将带来从经济增长到医学疗法或改变我们对宇宙理解的知识。[29]这一节我们想指出的是，这些期望不是无意的——意思是，对于它们指向的未来，它们不是中立的。愿景和期望通常包含关于什么构成了社会问题及应该如何解决这些问题的不可见和未被承认的假设。

玛德琳·阿克里奇（Madeleine Akrich）认为，新技术总是与所谓的“脚本”或一系列关于如何使用它们的隐含指导一起被开发的。他们的用户以特定的方式被理解，并被给予关于如何行动的隐含指令；他们被认为，阿克里奇写道，具有特定的“口味、能力、动机、愿望、政治偏见及其他”。[30]更一般地，我们可以说，期望和愿景——对未来技术的想象和它们的用户所在的社会——也意味着一个脚本。他们对未来做出了特定的解释，技术和用户在这些未来场景中以特定的方式被组织。[31]

我们可以回到合成生物学这个具体的例子。一批在这一领域工作的丹麦科学家已经宣传了“绿色产品大厅”的理念，作为他们工作的最终成果。[32] 这样的大厅将由充满大量植物细胞的设施组成，这些植物细胞被设计成能产生大量高价值的化合物；以工业级的规模运作，大厅可以克服特定药用化合物的稀缺，包括治疗疟疾的药物。我们可能会注意到，这一愿景假设了一个有劳动分工的社会（有些人在绿色产品大厅种植，其他人会使用他们的产品），还假设了一个运作良好的货物交换系统，如市场（所有的产品在社会上都是可获得的，而不仅仅是这些化合物）。换句话说，这个愿景建立在一个高度集体化组织的社会观念基础之上。它是关于团体的，而不是个人的。

相比之下，在丹麦政府关于合成生物学的报告中有一种截然不同的愿景。该报告在谈到发展“个人制造商”的潜力时，是这样描述的：

> 制造我们人类需要的、一切可以想象的物体。我们可以把这样的“个人制造商”想象为我们个人电脑的扩展，配备了非常先进的生物3D打印机，还能控制生物制造（设想一台非常先进的面包烘焙机）。所有人都能够以简单和可持续的方式设计及生产复杂的物体。[33]

虽然个人制作商可能还需要一个运转的社会——例如，可能需要一个电网以获得电力——但它仍然是一个主要针对个人使用的愿景。它是一种个人工具，是“个人电脑的延伸”，可以使我们在设计和生产“复杂对象”方面自给自足。与绿色产品大厅的愿景相比，它针对的社会是个体化行动者的社会，其中，技术的作用是使他们彼此独立。这两个愿景并没有直接相互对抗，但是确实暗示了两种不同的关于个体和社会组织的角色的想象。换句话说，这两个愿景的“脚本”不同。它们隐含不同版本的社会和人民。

这样的脚本不是确定的。那些消费愿景的人或技术的最终用户总是可以拒绝或改变他们所暗示的内容。就像戏剧剧本一样，它们更多的是行动的计划，并且对诠释开放。关键是，在发展像合成生物学这样的新领域时，研究人员和技术人员就未来的创新如何应用及应该如何应用做出了很多选择。这些选择常常是无意识的：个人制造商的想法背后的人不一定会注意到个人主义的未来，那些鼓吹绿色产品大厅的人也不一定正在想象一个集体化的未来。但是，期望和愿景是强大的。一旦开始传播，人们就会对它们感兴趣，它们就可以收集支持者和资源，并且开始形成科学和政治的优先事项。它们也可以影响被认为与发展过程相关的人。合成生物学的利益相关者是那些想要为绿色产品大厅的药用产品开发新市场的制药公司呢，还是那些想要使用个人制造商的外行呢？抑或二者都是？

再次说明，许多愿景将通过公开的文字、讲话或其他形式的科学传播传达。例如，关于绿色产品大厅的内容刊登在报纸的特写文章里，是丹麦合成生物学家公开展现其工作及未来产出的重要组成部分。因此，科学传播学界的挑战不仅是要注意到愿景和期待所承诺的是什么，还要注意到它们所暗示的规范性。被想象的是什么样的社会呢？谁在场？谁被排除在外？短期内，这些动力也可能与如何安排研究的优先事项有关。不同的研究领域如何被描述为或多或少是令人兴奋的、有生产力的或有希望的，以及谁从中获利呢？

合成生物学承诺了什么

克雷格·文特尔研究所（JCVI）的网站说，克雷格·文特尔“由于对基因组研究的无数宝贵贡献，被认为是21世纪的领军科学家之一”。[34] 维基百科将文特尔描述为“美国生物化学家、遗传学家和企业家”。[35] 有一点是肯定的：文特尔是世界上最著名和最有争议的科学家之一。

最初，文特尔因为参与全球绘制人类基因组计划而成了新闻人物。

开始时他在这个公共资助的项目中工作，后来于1998年去了一家商业公司塞莱拉（他是共同创始人之一）。他的其他项目包括试图了解海洋生物遗传多样性的全球海洋取样考察，以及在克雷格·文特尔研究所的合成生物学研究。[36]文特尔和他的机构对合成生物学可以和应该为世界提供什么有明确的期望。以他们在“合成生物学与生物能源”方面的工作为例：

> 在克雷格·文特尔研究所，我们都相信自己有责任找到新的能源，并发现减轻我们对地球的负面影响的方法。我们正在利用我们开拓性的基因组科学探索新的生物驱动能源。……我们的科学家（由合成基因组学公司和美国能源部资助）专注于开发能够生产各种生物制品和可再生燃料的合成生物。在过去的几年中，团队一直在朝着合成有机体的目标稳步前进。[37]

克雷格·文特尔的工作被认为是对我们对化石燃料的依赖及其“对地球的负面影响”的重要反映。根据文特尔的说法，该解决方案是制造新的合成生物，这些新生物可以作为新的生物驱动能源。在其他地方，他还谈到设计细菌来“生产比我们从自然中获得的更好、更健康的蛋白质”[38]，从而带来新的食物来源。因此，他的合成生物学的工作重点是构建一个最小的基因组，可以添加不同的部件——制造食品、燃料、医药等的部件。

文特尔的愿景是科学解决社会问题，无论是气候变化、粮食短缺还是健康问题。他相信用技术的力量来改变事物，例如，他对人类安全和精确地操纵自然的能力很有信心。他还提出了一个新版本的合成生物学——将生物系统理解为可以分成几个部分和重新设计的东西，这个概念不是该领域的每个人都会同意的。[39]他所描述的未来，从而也是按照那样行动的，是依靠技术而不是系统变化或行为转变来解决社会问题的未来。这个未来不确定是好事还是坏事，只是一种可能性，但是还有其他没有被人注意到的轨迹。因此，名人科学家在宣传特定的愿景和期望方面起着重要的作用。他们的名声可以使他们那个版本的未来让更广泛的公众注意到。

我们之前提到，许多合成生物学方面的工作已经明确地将社会和道德考虑纳入了该领域的发展。然而，这种讨论可以有很多种形式。我们已经列出了关于克雷格·文特尔的案例研究，因为我们认为这是一个关于可持续发展的承诺和社会问题的解决方案被用于推广特定类型的研究的好例子。

期望与利益

谁受益于特定期望和愿景的问题是我们想要探讨的科学未来的最后一个方面。哪些利益与未来的愿景和承诺纠缠在一起呢?

我们已经论证，人们不应该将愿景理解为对科技进步的直接预测。它们可以被看作是修辞性的构想：他们讲述一个故事——未来可能是某种特定的方式，如果有足够的说服力，就意味着现在采取行动，例如，对某一技术领域的投资或对其的兴趣和支持。这并不意味着这种愿景在规范和认知上根据不足，也不是说不应该支持愿景并提供所需资源。把科学主张理解为修辞并不意味着它是空洞的或被操纵的——这只是意味着它是旨在说服某人某事的传播。[40] 在这种情况下，科学发现和产品的愿景通常旨在说服受众，特定领域值得投入更多的资源。

但这就提出了一个问题，对于科学家（和其他人）就研究未来制造的承诺和愿景，我们应该在多大的程度上持有怀疑态度呢？期望是研究人员和技术专家销售一个主意以进一步增加自己利益的另一种方式吗?

这个问题的答案当然会因人而异。肯定有一些科学家为了获得资金、声誉或尊重而炮制夸张的愿景，但还有很多科学家积极地尝试相反的做法，抑制他们所认为的“炒作”。考虑到利益并不一定与个人有关，我们还可以对该问题进行更细的分析。在一项1998年关于新膜技术发展的研究中，哈罗·范·伦特和阿利·里普（Arie Rip）把那些制造期望的人描述为“承诺竞标赛的冠军”。这样的冠军不是特意代表自己的个人利益发言的；相反，他们为了“支持技术”而发言。[41] 承诺冠军不一定是搜集尽可能多的资源来为自己所用。相反，这样的冠军可能全心全意地相信他们领域的潜力，只是希望尽可能多地更进一步。我们没有理由相信，承诺冠军和愿景推动者本身不会相信自己关于期望所说的话。

事实上，承诺冠军可能根本不是个体。[42] 我们已经在第三章和第五章中看到，组织和其他类型的集体在科学中越来越重要。随着战略性应用驱动研究的兴起，大学和研究机构——最重要的是他们的传播——已经变得更加公司化了。这些组织也有兴趣制造和推动特定的愿景与期望。因此，大学可能会宣传与他们的研究优势相一致的特定期望，也可能在他们希望扩大的领域发展愿景。同样地，类似学会或咨询公司这样的机构也会受他们自己的或代理人的利益驱动而制造期望[43]；更广泛地说，这些期望都可能被媒体所接受，并通过标准化的新闻框架和隐喻，发展成对“突破”“治愈”“风险”的具体期望。博物馆或科学中心负责运营科学节等活动的科学传播专业人士也可能专注于制造特定技术的愿景，并向公众传播，因为他们认为这些技术或愿景特别有趣或重要。

这里的要点是，我们可以不用诉诸炒作、资源匮乏或夸大其词的科学家这样的模式化定型来探讨利益问题。我们在第三章中看到，重要的是摆脱科学传播由个人生产的假设，这里我们需要将其应用于对期望和未来的研究。例如，重要的是，不仅要追踪期望对公众的权力和效果，也要注意它对科学的权力和影响。承诺冠军如何确信科学研究特定领域的价值，并开始基于这种信念而采取行动呢？期望如何在科学和公众之间传播呢？当不同类型的团体或个人接受期望时如何调整和改变它呢？他们如何进入政策，成为资金或战略决策的基础，或者从一个国家迁移到另一个国家呢？特定研究领域的愿景的国际化似乎特别有意思，诸如纳米技术或合成生物学等新兴技术很快成为多个国家感兴趣的东西。这是如何发生的，期望如何传播呢？

消费期望：销售干细胞疗法

随着《科学》发表了一篇关于获得稳定胚胎干细胞技术的文章，20世纪90年代后期，公众和科学界首次意识到了干细胞的兴奋点。[44]关于医疗突破（利用干细胞发育成其他细胞类型的能力，从而使受损组织再生）即将来临的预期几乎立刻就出现了："我们都听说过，"阅读国际干细胞研究学会仔细斟酌、认真制作的患者手册，"干细胞研究对于一系列广泛的疾病和症状的治疗具有非凡的前景。"[45]但科学研究和临床试验进展缓慢。哪些疾病可以和应该用干细胞治疗、使用它们会有什么影响，我们还不清楚。[46]

许多退行性疾病的患者都意识到了围绕干细胞治疗的愿景和期望，并且不满足于等待主流医学的追赶。2015年，澳大利亚的伊恩·卡拉翰（Ian Callaghan）对当地新闻媒体说，他被诊断为快速进展的多发性硬化症，他打算前往新加坡进行干细胞治疗，费用约为12.5万欧元，这种疗法在澳大利亚是禁用的。[47]"我可能死于治疗，"他告诉记者，"澳大利亚的医生认为这样做太冒险了……但是最终应该是患者掌握自己的健康。"[48]对于伊恩来说，和疾病共存不是一个选择：他宁愿采取高风险的治疗方法，而不是经历他所认为的"低质量的生活。你还活着，但你没有生活"。他的旅行资金是由朋友和家人通过众筹式捐款网站（helpourmate-fight-ms.net）筹集的。[49]

伊恩的故事符合干细胞旅游方面的研究：出国旅行是为了获得在本国未被批准的干细胞疗法——通常是因为它们被认为是未经证实的或不安全的。像伊恩一样，实验性疗法的用户将自己视为积极的消费者，能够并愿意自己权衡干细胞治疗的风险和收益，而不需要依靠医疗保健系统为他们做这些。[50]他们是现实的，不仅能够意识到自己所做事情的危险，也没有过度期望可能的改善。一项关于干细胞游客研究的作者写道："人们并不期望从他们的治疗中获得奇迹，而是微小的但对他们来说可能是显著的改善。"[51] 因此，能够和期望谈判，对他们的自我认同是很重要的。他们不是不加批判地信任所有关于干细胞疗法的事情的人，而是"通过目前的行动至少有一些潜力来控制自己未来的积极行动者"。[52] 正如科学传播的消费者一般不是被动的，这些承诺和希望的消费者在参与这种特殊形式的科学传播方面也同样微妙。

我们应该怎样研究与传播期望?

总的来说，第六章建议科学传播研究需要更多地关注面向公众的传播如何与创新纠缠在一起。上文论证道，开发人员和用户如何想象新兴技术和新科学领域，围绕这些技术和领域构建承诺与愿景的方式，都离不开传播。否则，创新就无法被理解。我们认为，科学传播研究应该更多地考虑公众传播如何与不同种类的科学未来的构建（和资源动态）相互作用。

最后，我们想进一步思考作为规范性手段的期望和愿景，特别是作为科学传播学者和从业者，我们自己在处理这些规范性问题时的角色。这方面的背景是——通常是科学家自己表达的——对公开发表的关于未来技术的乐观故事的担忧。在这方面，媒体被认为是特别有问题的，它们时常不加批判地向公众"贩卖科学"。[53] 其他人则认为，当期望不能（容易地或即时）被满足时，无限制的乐观主义可能会导致失望，最终将威胁新技术的投资者和潜在用户。[54] 从这个角度来看，夸大的技术炒作会有风险，会侵蚀公众对科学的信心；从长远来看，会损害科学与社会的关系。

首先，我们认为应该更加关注用户、公众、患者如何诠释和消费这些承诺与期望。如之前的消费干细胞疗法的简短例子所示，患者在消费带承诺的技术时可能是经过认真的考虑的，而不是对与之相关的许多不确定性漠不关心。选择接受实验性疗法的患者可能只是因为希望看到自己是积极的，即使只有很小的希望，也要接受治疗。在这种情况下，个人价值观，如选择、控制或机会赌注，对于他们想过怎样的生活来说可能是至关重要的。[55] 同时，我们认为，关于此事还有更多的东西有待于发现，并希望看到更多关于消费不同形式的期望的研究。

其次，我们认为责怪媒体或其他行动者过度销售科学是不公平的。正如我们所看到的，科学家和科学组织本身在制造科学媒体可能发布的愿景方面发挥了关键作用：当今，在竞争激烈和市场化的大学体系中，战略性承诺是研究的组成部分。承诺和愿景在许多情况下只是"从事科学"的一部分[56]，只是一个人试图定义和塑造研究计划的另一种资源。这也意味着愿景和期望——从突破性的干细胞疗法到个人制造商——是被普遍接受的。科学资金有压力，竞争是围绕着对社会的战略用途的，研究人员和决策者构建未来以帮助他们为自己的项目辩护。

再一次说明，我们不应该把期望视为必然是操纵的或危险的。重要的是要记住，公众讨论不能被特定的行动者所控制。期望是微妙而不稳定的，即使它们的制造者，也不可能控制它们被讲述的方式及它们的传播方式。某些行动者，如科学家、企业家或政策制定者，可以尝试通过讲述特定故事来获取支持和减少不确定性，但他们只是关于科学和技术的最终公共故事的共同作者。研究人员甚至难以评估其期望的可能性和合理性，有许多愿景和承诺被拒绝或忽视的例子。

作为科学传播的从业者和研究者，我们应该如何处理期望和操演效应呢？[57] 一方面，愿景对动员资源至关重要；另一方面，显然必须对这些愿景进行评估和衡量。期望是强大的，因为它们具有操演性，而且在当今世界有真正的效果——尽管有些人可能认为这点非常牵强。“技术未来，”哈罗·范·伦特写道：

> 是强大的。当某些东西被定义为承诺时，会要求采取行动……一开始的可能性可以变成一个技术承诺，此后可以作为必须满足的要求，技术人员必须就此开展工作，其他人必须支持。[58]

当考虑公众科学传播的期望和愿景时，我们认为有一些问题是科学传播者需要探究的。特别是随着科学传播职业化的兴起，新闻官、博物馆专业人士、科学写作者和其他人越来越多地成为科学家愿景和公众愿景之间的接口，这些问题显得尤其重要。从业人员在反思应该传播什么样的愿景及如何呈现这些愿景的过程中发挥了关键作用。建设性地利用愿景创造更好的未来，某些有问题的、无效的技术梦想陷阱，这两者之间的平衡点是什么？在用未来的其他想象来缓和愿景方面，科学传播应该扮演什么角色？我们应该如何识别彼此竞争的未来呢？这些问题特别重要，因为权衡愿景不应该只是科学家、政策制定者或科学传播者的任务。愿景和期望不仅是科学家和科学组织的事，而且是影响我们共同未来的事情。我们每个人都有权利和责任拷问它们。

注　　释

1. https://www.gov.uk/government/news/over-60-million-for-synthetic-biology.
2. https://europeanspallationsource.se/article/european-commission-establishes-ess-european-research-infrastructure-consortium.
3. 我们知道，科学传播的受众不会不加批判地接受他们被告知的内容。他们有自身的知识和经验，包括如何权衡科学机构，科学家和政策制定者的可信赖度。例如，见：Kerr A, Cunningham-Burley S, and Amos A (1998) The new genetics and health: Mobilizing lay expertise. *Public Understanding of Science* 7(1): 41–60.
4. 本章的一些内容基于以下文献：Horst M (2013) Bør vi forvente os en syntesebiologisk fremtid? In: Schiølin K and Riis S (eds), *Nye Spørgsmål Om Teknikken*, Aarhus Universitetsforlag, pp. 285–302.

5. Mulkay M (1993) Rhetorics of hope and fear in the great embryo debate. *Social Studies of Science* 23(4): 721–742.
6. p. 726, 同上。
7. p.728，同上。穆尔凯认为，无论多么强大，恐惧修辞实际上都从属于希望修辞。在讨论技术科学的未来时，后者往往是默认的。公共话语通常对科学的结果持乐观态度——只有特殊的案例，如胚胎研究，才能引发恐惧修辞。
8. 见：http://syntheticbiology.org.
9. https://www.gov.uk/government/news/over-60-million-for-synthetic-biology.
10. http://www.foe.org/projects/food-and-technology/synthetic-biology#sthash.Dy7yqEXk.OkZmKaJe.dpuf.
11. http://www.raeng.org.uk/publications/reports/synthetic-biology-report.
12. p. 16–17, Rogers EM (1995) *Diffusion of Innovation*. New York: Free Press.
13. Latour B (1987) *Science in Action*. Massachusetts: Harvard University Press.

    Latour B (1986) The powers of association. In: Law J (ed.), *Powers, Action and Belief*, London: Routledge, pp. 264–280.
14. Plesner U and Horst M (2013) Before stabilization. *Information, Communication & Society* 16(7): 1115–1138.

    Plesner U and Horst M (2012) Selling the selling point: How innovation communication creates users of Virtual Worlds Architecture. *Convergence: The International Journal of Research into New Media Technologies* 18(1): 49–70.
15. 拉图尔对努力开发个人快速交通系统 ARAMIS 的描述，可以作为这种大型基础设施逐步、流畅地经谈判后走向现实的例证。见：Latour B (1996) *Aramis or the Love of Technology*. Cambridge: Harvard University Press.
16. https://europeanspallationsource.se/article/european-spallation-source-celebrates-300-employees-representing-40-nationalities.
17. https://www.stfc.ac.uk/news/new-milestone-reached-for-world-s-biggest-microscope-the-european-spallation-source/.
18. http://europeanspallationsource.se/ess-story.
19. Van Lente H (1993) *Promising Technology: The Dynamics of Expectations in Technological Developments*. phd. dissertation, University of Twente.

    Brown N and Michael M (2003) A sociology of expectations: Retrospecting prospects and prospecting retrospects. *Technology Analysis & Strategic Management* 15(1): 3–18.

    Michael M (2000) Futures of the present: From performativity to prehension. In: Brown N, Rappert B, and Webster A (eds), *Contested Futures: A Sociology of Prospective Techno-Science*, Aldershot: Ashgate, pp. 21–39.
20. p. 87, Van Lente H (1993) *Promising Technology: The Dynamics of Expectations in Technological Developments*. phd. dissertation, University of Twente.
21. https://www.gov.uk/government/news/over-60-million-for-synthetic-biology.
22. Hedgecoe A and Martin P (2003) The drugs don't work: Expectations and the shaping of pharmacogenetics. *Social Studies of Science* 33(3): 327–364.

23. Van Lente H and Rip A (1998) The rise of membrane technology: From rhetorics to social reality. *Social Studies of Science* 28(2): 221–254.
24. Lentzos F (2009) Synthetic biology in the social context: The UK debate to date. *Biosocieties* 4(2–3): 303–315.
25. Hilgartner S (2000) *Science on Stage*. Stanford: Stanford University Press.
26. Horst M (2008) The laboratory of public debate: Understanding the acceptability of stem cell research. *Science & Public Policy* 35(3): 197–205.
27. Thomson JA, Itskovitz-Eldor J, Shapiro SS, et al. (1998) Embryonic stem cell lines derived from human blastocysts. *Science* 282(5391): 1145–1147.
28. http://news.bbc.co.uk/2/hi/science/nature/208497.stm.
29. 本书写作于 21 世纪第二个十年的中期，正处于十来年的巨大金融冲击之时，很明显，创新和经济发展是目前所传递的关键期望。我们被告知，科学将创新性地帮助我们摆脱经济危机。见：http://www.oecd.org/sti/sti-outlook-2012-chapter-1-innovation-in-the-crisis-and-beyond.pdf.
30. p. 208, Akrich M (1994) The de-scription of technical objects. In: Bijker WE and Law J (eds), *Shaping Technology/Building Society, Studies in Sociotechnical Change*, London: The MIT Press, pp. 205–224.
31. Van Lente H and Rip A (1998) The rise of membrane technology: From rhetorics to social reality. *Social Studies of Science* 28(2): 221–254.
32. Møller BL (2012) Green production halls, Weekendavisen 24. February 2012.
33. p. 22–23, Board of Technology and Council of Ethics (2011) *Syntesebiologi*. Copenhagen. http://www.tekno.dk/pdf/projekter/syntesebiologi/Syntesebiologi-debatoplaeg.pdf（由本书作者翻译）。
34. http://www.jcvi.org/cms/about/bios/jcventer/0#sthash.smCDb9Vd.dpuf.
35. https://en.wikipedia.org/wiki/Craig_Venter.
36. Delfanti A (2013) *Biohackers: The Politics of Open Science*. Pluto Press.
37. http://www.jcvi.org/cms/research/groups/synthetic-biology-bioenergy#sthash.HbpIl9VN.N8J0nCRj.dpuf.
38. http://www.nytimes.com/2012/06/03/magazine/craig-venters-bugs-might-save-the-world.html?_r=0.
39. Rabinow P and Bennett G (2009) Synthetic biology: Ethical ramifications 2009. *Systems and Synthetic Biology* 3(1–4): 99–108.
40. Perelman C and Olbrechts-Tyteca L (1969) *The New Rhetoric. A Treatise on Argumentation*. London: University of Notre Dame Press.
41. Van Lente H and Rip A (1998) The rise of membrane technology: From rhetorics to social reality. *Social Studies of Science* 28(2): 221–254, p. 231.
42. p. 232, Van Lente H and Rip A (1998) The rise of membrane technology: From rhetorics to social reality. *Social Studies of Science* 28(2): 221–254.
43. Pollock N and Williams R (2010) The business of expectations: How promissory organizations shape technology and innovation. *Social Studies of Science* (*Sage*) 40(4): 525–548.
44. Thomson JA, Itskovitz-Eldor J, Shapiro SS, et al. (1998) Embryonic stem cell lines derived from human blastocysts. *Science* 282(5391): 1145–1147.

45. http://www.closerlookatstemcells.org/docs/default-source/patient-resources/patient-handbook---english.pdf.
46. Lau D, Ogbogu U, Taylor B, et al. (2008) Stem cell clinics online: The direct-to-consumer portrayal of stem cell medicine. *Cell Stem Cell* 3(6): 591–594.
47. http://www.couriermail.com.au/news/queensland/stem-cell-tourism-continues-to-gain-popularity-despite-the-risks/story-fnn8dlfs-1227376236651.
48. 同上。
49. http://www.help-our-mate-fight-ms.net.
50. Chen H and Gottweis H (2013) Stem cell treatments in China: Rethinking the patient role in the global bio-economy. *Bioethics* 27(4): 194–207.
51. p. 680, Petersen A, Seear K, and Munsie M (2014) Therapeutic journeys: The hopeful travails of stem cell tourists. *Sociology of Health & Illness* 36(5): 670–685.
52. 同上。
53. Nelkin D (1995) *Selling Science—How the Press Covers Science and Technology.* New York: W. H. Freeman and Company.
54. Hjörleifsson S, Arnason V, and Schei E (2008) Decoding the genetics debate: Hype and hope in Icelandic news media in 2000 and 2004. *New Genetics and Society* 27(4): 377–394.
55. Horst M (2007) Public expectations of gene therapy: Scientific futures and their performative effects on scientific citizenship. *Science, Technology & Human Values* 32(2): 150–171.
56. p. 245, Van Lente H and Rip A (1998) The rise of membrane technology: From rhetorics to social reality. *Social Studies of Science* 28(2): 221–254.
57. Brown N (2003) Hope against hype—Accountability in biopasts, presents and futures. *Science Studies* 16(2): 3–21.
58. Van Lente H (2000) Forceful futures: From promise to requirement. In: Brown N, Rappert B, and Webster A (eds), *Contested Futures: A Sociology of Prospective Techno-Science*, Aldershot: Ashgate, pp. 43–63.

第七章

图像、空间与情感：科学传播的非话语方面

这是一个起始于2005年的故事，但是，对于某些形式的科学传播而言，这可能仍然是类似的情况。它可以追溯到英国公众参与科学的兴趣高点。科学咖啡馆、小组辩论和对话活动纷纷涌现。这个特别事件在伦敦市中心的酒吧举行；这是关于毒品的系列活动的一部分，它邀请了一群在精神病学研究和治疗的不同领域工作的演讲者。

接下来的晚上进行的是这种对话活动的典型模式。[1] 会议主持人介绍专家演讲者，并给他们分配5分钟的时间，以便他们就此主题提出想法：与其他种类的治疗方法相比，用于精神疾病治疗的药物有什么好处？然后，活动开始允许50多名观众提问和评论，通常，一系列基本的实际问题会被问到：人格障碍如何治疗？药物和谈话疗法可以结合使用吗？演讲者做出了很长的回应，偶尔涉及专业技术，有时还伴随着观众的点头、掌声或相关技术的插话。但是，活动的顺利进展被打破了，一名女性站起来，介绍了自己的名字，并犹豫地讲述了一个她自己的故事——抑郁症让她身体虚弱、失业和形成日常的药物依赖。房间中的气氛改变了，突然变得特别尴尬，氛围十分严肃：观众们注视着她或看着自己的双脚，演讲者放下了他们好斗的神态，房间中变得安静了。下一位演讲者把讨论拉回到更多的技术细节，这明显让大家松了一口气。忏悔不是错的，准确地说，是尴尬、奇怪、不合时宜的。这名女性坐了下来，不再说话。

为什么这个小插曲会引人注目呢？对于我们而言，这已成为过去几十年大多数公众参与和公众讨论所缺乏的事物的象征。“正常”活动的例行程序是被精心控制的知识性讨论，被这种情感化和个人化的叙述扰乱了。原始情感的表达和深刻的个人经验被认为是不合时宜的。至少在科学传播的这个例子里，绝大多数参与者都会自我审查是否过于私密和过于诚实——因此，主调是科学的而不是精神的，是客观的而不是激情的，是抽象的而不是有形的。在这个及其他类似的活动中，对对话的期望是平静、理性的辩论。

注意，这不一定是批评。很少有人主动享受大声嚷嚷的辩论、热烈的争吵或是泪流满面的解释，特别是在公共生活中。正如我们在第二章中看到的，审议理论（公众参与科学也起源于此）发展背景的一部分是理性和公平辩论的理想。虽然这个理想一直被批评，但是，审议在公共讨论中的应用有许多值得重视的东西。同时，我们想知道这名女性的故事和经历是否与精神病药物治疗的利弊讨论有关。暂停辩论抽象的技术可能性并反思这些可能性如何影响个人生活，会不会对那名女性有所帮助呢？偶尔从理性的辩论转向个人、私密和体验的表达方式，能否加强审议的本质呢？

第七章讨论了这些问题。更为普遍的是，第七章探讨了科学传播实践如何超越我们为它设置的框架，无论是理性讨论和审议还是教育或娱乐框架。在许多方面，这是整本书的主题：我们感兴趣的是，科学传播如何远远超越通常被视为相对简单的信息传递过程。但在第七章中，这些溢出是以非常可感知的方式表现出来的，通过凌乱的情绪、抵抗的空间或表现不佳的受众。它关注科学传播的非话语方面，以及注意到这些可以告诉我们什么。它也比其余某些章节更多地关心科学传播的受众和消费者。这些往往是破坏科学传播者喜欢使用的框架和结构的人——带来尴尬情绪的人（如上述活动中的那名女性），他们拒绝以服从、公民的方式行事，或者抵制展览的纪律、不友好的建筑或教育性的幻灯片。他们是颠覆科学传播形式和传播者意图的人。

在讨论物质性、情感、颠覆和不当行为如何构建科学传播经验的例子之前，第七章首先关注图像和视觉化。因此，接下来的内容是在举办和参加科学传播活动的过程中引起注意的一系列我们认为重要的非话语方面的反思。这些反思不全面，重点是突出框架，使我们能够注意到通常可能没有被充分研究的科学传播的一些方面，而这些方面会在科学传播的意义建构中发挥作用。

科学传播中的图像

2010年，科学博客作者马丁·罗宾斯（Martin Robbins）写了一篇题为“这是关于科学论文的新闻网站”的文章。[2]然而，他并没有发布科学新闻甚至评论当前的研究。相反，该文章对科学新闻的形式极尽讽刺之能事，从标题中双关语的使用到记者对科学家话语的常规引述（“基本上，这是一个原话片段”，科学家会说…… “现下的科学有一些毛病，而我的结论看起来切中要害”。）在这篇文章的正中间，有一张令人吃惊的图像。一只在太空中的恐龙，戴着海盗眼罩，眼罩上写着YAKAWOW!!![①]。“这时候，”马丁写道，“我将放一张照片，因为我们的搜索引擎优化专家已经确定如果没有照片的话，人类无法阅读超过400个字。”这张图片的配文是“这张图片已被搜索引擎优化专家优化，以吸引我们的关键目标人群”。搜索引擎优化（search engine optimisation，SEO），是指确保网站尽可能地被像谷歌（Google）、必应（Bing）这样的搜索引擎搜索到。

当前还不清楚太空恐龙被用来说明什么科学故事。但它出现在罗宾斯的文章（后来引发了关于在线科学新闻质量的讨论）[3]中说明了重要的一点：无论内容是什么，从新闻到公开演讲，图像、图形和视觉呈现几乎是任何一种科学传播的重要组成部分。传播者通常认为他们在工作中使用视觉元素是理所当然的，用图像或图形来帮助解释他们的研究，这是给科学家的标准建议。[4]这种无处不在意味着图像在科学传播中通常被认为是理所当然的。我们可能在自己的经验或对传播过程的分析中视而不见，将它们视为自然的东西——一种科学知识的简单再现，使知识比通过文字或单词更有效地传达，或者填充“段落”之间的空白。罗宾斯的太空恐龙之所

① 指酷酷的书呆子。——译者注

以吸引眼球，是因为它不是人们期望在科学博客中发现的图片，但是，如果这张图片是显微镜下拍摄的细胞、星系或某个自然栖息地，大多数读者可能会很乐意浏览一下。

这种理所当然忽略了视觉效果生产和消费的复杂性，并且赋予图像单纯的客观性——但它们实际上并不具有客观性。“科学图像，”瑞克·施密特·亚加德（Rikke Schmidt Kjærgaard）写道，“在流行语境中使用时很少是中立的。”[5] 显而易见性让图像具有很大的说服力——它们的放置方式似乎很简单。总是有不同的视觉方式来呈现特定的科学对象或造物，或者有不同形式的图表或图形，因此，所选择的形式只是许多事实中的一个（显然是不证自明的）。这可以产生强大的效果。施密特·亚加德认为，沃森和克里克确定的 DNA 双螺旋结构成为流行的文化图标，部分是因为它的简单性：它让人马上就能懂，使 DNA 的呈现容易理解。“DNA 的设计和观念在公众中取得成功，”她写道，“很大程度上是由于它如雕刻的一般理想结构在视觉上引人注目。”[6] 科学图像也是在特定的科学文化中产生的，并且其中一些意义可能会因为被传播到不同的情境而丢失。让·特朗博（Jean Trumbo）呼吁，科学传播除了要研究科学素养，还要研究“视觉素养”，他认为有必要更好地了解受众如何“阅读”科学图像。[7]

对科学传播中图像的关注开启了一系列主题和问题。其中一个已经探讨过的领域是新兴技术的形象，与第六章关于公众传播在制造特定科技未来中的作用的讨论重叠。接下来，下面方框的案例聚焦于纳米技术的可视化，表明图像不仅与理解信息有关，还在公众围绕新兴技术可能性的意义构建上发挥重要作用。这也是学者和从业者需要考虑的科学传播与虚构叙述（如电影、漫画、图画小说、GIF、在线视频、社交媒体图像）之间的相互交融。科技未来看起来像什么，很多人都有一大批溯源于这些虚构叙述的目录，这将影响他们解码、诠释和消费科学传播视觉资料的方式。

再现不可见

纳米技术涉及纳米级（10^{-9}米）材料的操作。与我们在第六章中描述的合成生物学一样，它被深远的期望和愿景所包围。美国政府2000年的一份报告显示，这项技术将导致“下一次工业革命”。[8]然而，由于尺度微小，纳米技术很难被看见。它的尺度低于可见光的波长，而且很多目前承诺的产品和技术还不存在，因此大部分纳米技术对于正常的“看”来说是不可见的。然而，尽管如此，纳米技术的图像一直是将其传播和呈现为大有前途的技术解决方案的重要组成部分。

布丽奇特·奈里其（Brigitte Nerlich）分析了科学图像库中描绘的所谓的“纳米机器人”的方式。[9]这个库里有128幅纳米机器人的图像，其中大部分是由艺术家创造的视觉元素。奈里其研究了这些机器人的呈现和描述方式，并发现——对于一种新技术来说——令人惊讶的是其强调了熟悉的和可识别的视觉隐喻。纳米机器人的“正常”，她写道，“通过赋予纳米机器人可识别的形状，如蜜蜂、黄蜂或蜘蛛，并让它们执行诸如钻井或杀戮等熟悉的功能来增强”。[10]在奈里其的观点中，这样的图像可以使新兴技术显得平凡，减轻人们对它们的忧虑。把“不熟悉的化为熟悉”，他们也给人这样的印象——这种技术已经存在。

其他学者研究了外行人士遇到纳米机器人和其他潜在纳米技术产品的图像时会发生什么。一组研究人员访问了一些非科学家，研究人员向他们展示了与纳米技术相关的两幅图像，其中一幅描绘了纳米机器人。[11]他们得到的回应相当矛盾：即使图像给出的是负面关联，但人们在判断纳米技术是好还是坏的问题上仍然是犹豫的。他们还发现——与其他关于新兴技术的舆论研究相一致——外行人士“通过回顾他们存储在记忆中的特定领域或类型的‘科学图像’来理解纳米技术的可视化”。[12]换句话说，他们对所见新图像的理解与人们过去看到的其他科学图像（可能来自学校或其他关于科学的公众传播）相关。正如我们在第二章中见到的，通过科学传播接收任何类型的信息，无论是图像还是其他方式，都不是直接的：人们已经知道的知识，关于该技术或更为一般的科学知识，总是会对它产生影响。

图像社会学

因此，科学传播研究人员值得花时间分析公众传播使用视觉元素的方式。这些视觉元素如何生产？它们从哪里来？怎么传播？如何被不同的受众阅读和解读？当然，其中一个挑战是“视觉元素”的多样性，包括从图表到3D可视化蛋白质以及显微镜照片的幻灯片等一切图像。雷古拉·布里（Regula Burri）在一个她呼吁“图像社会学”时概述的框架可能有助于跨越多种视觉形式来探索这些问题。[13] 布里很清楚，图像的意义只能在社会背景中被理解。它们由人们以特定的方式制造，并在社会环境中被消费和产生影响。虽然内容本身是可以掌控的，但它们的制作、分享和使用过程也是复杂的。布里引入了“视觉逻辑”的概念来描述图像与社会实践的交叉，认为视觉逻辑有三个关键的方面：

> 第一个维度——视觉价值——是指图像的非话语特征。在社会实践中，它的重要性在于能让人即时感知视觉信息。第二个维度——视觉呈现——是指视觉符号在图像中的组合方式，换言之，视觉是如何被呈现的。图像视觉的第三个维度——视觉说服力——强调视觉信息在传播中的重要性和图像的修辞能力。[14]

布里的视觉价值是指图像有能力让人瞬间领会，有时候是被多人领会。与阅读文本不同，（在许多书写系统中）人们必须以从左到右、从上到下的方式阅读，而图像则可以使人立即获得整体感觉。那么我们可以说，视觉的价值和图像对于话语传播的特殊性有关。图像这种即时性特征对社会实践有什么影响、如何影响，以及在科学传播中这些影响的使用方式是什么呢？

视觉呈现告诉我们图像是如何被建构的。即使似乎是“自然”的图像，如照片，也是被人构图、框架和诠释的。布里认为，我们需要注意生产和阅读图像的社会过程。什么样的选择和默认规范是生产公众消费的科学图像的一部分？在解读这些图像方面涉及哪些技能和价值观——无论是以“正确的”方式还是其他方式？最后，视觉说服力强调，图像总是被用来作为特定观点的论据，并且是说服观众特定的东西。这种说服力可能来自诸如美丽、优雅或简单的东西，就像施密特·亚加德写的双螺旋例子一样。但也可能来自图像“科学性”的外观。布里把医学图像的使用作为一个例子，如放射性照片：这样的图像是“科学图像，因此被视为具有权威力量的‘客观事实’”。[15]

我们认为，布里的框架是有价值的，因为它让我们注意到使用科学传播图像的社会情境，以及意义在其中形成的方式。它还可以帮助我们记住，这些图像将被传播到不同的地方。开始时，可视化分子可能是纯粹的科学图像，在实验室研究中被用来解释和辩论，然后发表在期刊上，最后成为刊登在报纸上的科学新闻。图像也可以在科学传播生态系统的不同生态位中被使用——例如，大众媒体报道和公开演讲。不同的规范和实践很可能适用于不同的地方：那么，科学传播研究的一个任务就是更好地了解这些实践。[16]

探究科学传播的物质性

我们对科学传播的讨论和分析有一个倾向，就是把它想象成相对脱离实体。正如我们在第二章中看到的，它经常被认为是关于信息传递的理论。本节开始思考当不再关注科学传播的信息传递方面时，我们可以注意到什么。当把所有形式的科学传播都视为由其物质形式所塑造的，我们能发现什么呢？

我们将从近的地方开始：两位作者工作的大学校园。哥本哈根大学南校区是由一系列壮观的淡金色混凝土立方体组成的，由桥梁和运河网络连接在一起。这个校区已经建设了多年，但仍然是一个建筑工地，让人感到校园冷漠、不友好的原因还有一个：坦白地说，它背对着街道。中央广场在中心，建筑物松散地围绕着它。所有建筑物的主要入口都面对着这个广场。在校园里繁忙的道路上，你看到的是一系列带着密密麻麻窗户的墙壁，一度看起来就像是非常高的栅栏。一方面，这种设计是试图让城市空间尽量摆脱对汽车的依赖；另一方面，有趣的是思考这个物理布局对于一个大学来说意味着什么，对于谁来说它是可使用的。对于步行或骑自行车的路人来说——即使是寻找特定部门或教室的人——这个空间给人的感觉是封闭的、不亲切的。建筑增强了这种效果，使得访客的体验往往是大学建筑难以接近。（例如）与附近的海港区域相反，它实在不是一个人们可以散步或闲逛的地方。它不是一个公共空间。即使在校园偶尔举办的开放日或公共活动中，其开放感也有点强迫和不自然。

这与科学传播有什么关系呢？当然，在一个层面上，这是一个研究机构——哥本哈根大学南校区——如何向周围公众呈现自己的具体例子。研究公众理解科学的学者已经描述了“机构身体语言”及其构建受众的方式[17]；在这里，这些建筑和道路，以及由它们组成的校园也是这样的“大写的身体语言”。不管是多么无意的，也不管使用该校区的研究人员和学生可能多么不同意，这种身体语言就是在说：我们是与世隔绝的。知识是你必须奋斗才能获得的东西，而不是你随便外出漫步就可以偶遇的。校园的身体语言可能不是一个有意的、有组织的科学传播，但组成大学和研究机构的物理结构，与他们的品牌和广告一样，都是向公众呈现科学的方法。

更一般地说，这个例子体现了实体场所、建筑物和房间在构建科学与公众之间的相遇方面的重要性。这些相遇发生的空间绝对不是中立的。他们总是会有特殊的内涵，并会鼓励或打击某些行为。格里·斯廷森（Gerry Stimson）研究了这一结构性效应，认为研究人员需要注意社会过程的空间和地点。[18] 他写道，太多的民族志一直坚持“逻各斯中心主义”，以文字为重点，将造物、图像或空间排除在外。他描述了自己在英国总医学委员会（General Medical Council，GMC）做实地调查的例子。他对医生因违纪而被这个机构处罚的过程感兴趣，并出席了关于职业不端行为的一系列听证会。他说，自己立即受到了“‘委员会会议厅’这个房间对参加者和访客的冲击”。[19] 他介绍了这个会议厅的橡木镶板、彩色玻璃窗、大理石塑像、皮革桌面。他写道，这是“一个讨论严肃问题的房间”：

> 这个房间，即使在空闲的时候，也给访客一种具有庄严风度和压抑谈话的印象。当被占用时，它保持了庄严，讲话是正式的、深思熟虑的，而且被公开记录下来。旁听席的观众只会安静低语，如果有的话，因为他们的发言不是程序的一部分。我们知道这是对我们的预期，门警的入场告诫——“不准说话、不准吃东西、不准发出纸张的‘沙沙’声或敲铅笔、不准照相、不准录音”——是多余的。[20]

斯廷森熟悉生产了总医学委员会及其镶木大厅的文化，能够阅读（解读）他所在的空间。这不仅是讨论“严肃问题”的房间，而且也不欢迎公开旁听席的访客成为积极的参与者。房间的宏伟气势能够很清楚地表明谁应该说话，以及如何说。它镇压了会议进程中支持或异议的表示，或有声的评论，至少违规的、嘈杂的公开辩论是不被允许的。斯廷森和其他在公共区域的人只是访客，他们并不是总医学委员会讨论计划的一部分。

总医学委员会会议厅是一个极端的例子——一个刚好设计用来强化某种权威的空间，不鼓励任何人发表意见——和大多数面向公众的科学传播可能的相关性不大（但是，另外，我们肯定也在中空大厅和橡木镶板的大学房间里参加过讲座、活动和工作坊。这些房间对他们的使用者说了些什么，他们在活动中的角色是什么）。关键是，当我们分析和设计不同的科学传播实例时，值得注意的是这些进程发生在什么地方，以及这可能有什么影响。在酒吧或大学咖啡馆里举办"科学咖啡馆"活动有什么不同呢？科学传播发生在城市和乡村的公共场所，还是在隔离的环境中呢？比如哥本哈根大学的南校区——必须努力才能进入其中。你需要付费才能使用它吗？它的主调是随意的、明亮的、时髦的、乏味的、正式的或是迷幻的吗？

注意科学传播的场所和空间并不意味着只考虑不同的环境如何限制公众参与科学。正如托马斯·吉伦（Thomas Gieryn）所指出的，总会有颠覆及再造建筑和布局的余地。[21]"社会学家可以更认真地对待建筑，"他写道，"但也许不能太认真了。布局和结构在建造的过程就计划好了：我们模塑建筑，他们模塑我们，我们再重新模塑他们。"[22]换句话说，我们不会被周围的结构所限制。在总医学委员会的公众旁听席，很难呼喊、尖叫以让你的观点被听到，但这种可能性肯定是存在的。市中心的酒吧、大学演讲室或科学节可能会鼓励某些行为（如学习或非正式交谈或专心聆听权威演讲者），劝阻另一些行为（如玩手机游戏或别人演讲时说话或滴酒不沾），但是，科学传播从业者知道，这是没有办法强制执行的。科学传播的用户总是主动的，因此，他们总是能够拒绝那些试图引领和指导他们的物质结构。

物体、结构、空间与场所的可供性

物质性不仅对建筑重要，它的重要性还体现在更小、更私密的尺度上。不同的布局、配置和材料会改变科学传播的体验，不仅影响知识的获取和学习的多少，也影响它的内容。某一特定的科学知识——例如，“重力”的存在，一个人是在一本书中读到它，还是在科学中心通过操纵互动式展品来了解它的作用，或者观看由它启发的戏剧作品［例如，丹麦实验剧团“旅社形态”剧团（Hotel Pro Forma）的演出《宇宙》，使用音乐、射光和口头语言激发“对美丽宇宙的许多奥秘的好奇心理”］，人们的体验是不同的。[23]

科学教育领域的研究人员已经在学习的背景下探讨了这种效应。当然，科学教育者感兴趣的是如何强化学习，以及不同种类的物理空间、学习方法和动手实践活动的好处是什么、怎样才能实现学习目标。例如，如果学生有机会做实际实验，作为学习的一部分，会有什么不同呢（根据一些研究，这可能会让他们对所涉及的科学原理更加困惑，尽管他们自己确实喜欢这些活动[24]）？科学博物馆的研究同样聚焦于参观者的学习，以及展览开发者所做的选择如何影响学习效果，例如，如何将文字与实物结合起来，或如何布置一个展览空间。所有这些研究不仅强调了物理情境对学习的影响，也强调了它的复杂性和不可预测性。对科学内容产生不同的经验和诠释不仅是因为它以不同的物质形式呈现，还因为访客的个人背景和兴趣以及他们所处的社会文化环境不同。[25] 正如约翰·福尔克（John Falk）和林恩·迪尔克（Lynn Dierking）所指出的，学习及一般意义的体验博物馆，将取决于你是否领着 80 岁的祖母或拖着孩子们游览博物馆、你对特定主题有多大的既有兴趣、那天博物馆的拥挤程度如何，以及博物馆是否展示了它最重要、最有名的物品。[26] 他们认为，学习必须被理解为“自由选择”，教育者需要“接受广泛的学习成果”。[27] 换句话说，学习如此复杂，人们几乎不可能预测其是否以及如何发生。

由于所有这些原因，我们认为不应该把重点放在特定物质形式的科学传播的潜在影响上，尤其是不要只关心特定的学习成果，而是应关注这些物质形式所能给予的东西。他们向用户提供了哪些可能性？他们鼓励什么行为或经验，以及他们的用途是什么？这里有趣的是，科学传播的设计师和从业者自己很可能没有注意到这些可能性。科学传播的用户通常很善于从传播活动和形式中获得自己想要的东西（不是从业者认为他们应该做的或体验的），以及善于了解特定物质的配置可以在特定时刻为他们提供什么。

让我们回顾第一章中提到的欧洲科学开放论坛大会的“科学在城市”科学节的例子。我们对“科学在城市”科学节感兴趣的原因之一是它汇集了许多不同种类的科学传播，涉及许多不同的材料配置。作为参与式观察者，我们注意到了一些有趣的事情，即这些不同的传播形式可以为访客提供什么。

以“海洋资源”摄影展为例。人们对这个项目常常感到有点儿抱歉。它由 8 幅大型的水下照片和附带的文字说明组成，位于一小片草地上，下边是连接着两个场地的小路。许多人因为从一个项目或活动赶到另一个而忽略了它，有些人则根本没有意识到这也是节日活动的一部分。因此，它从来没有像其他一些项目一样被包装起来。同时，当我们观察人们如何与“海洋资源”摄影展互动时，我们意识到，它确实提供了一些其他不同位置、不同材料配置的项目不能提供的东西。这是研究者 SRD 田野笔记的摘录，她坐在旁边一个潮湿的长凳上观察了这个展览：

> 当我坐在这里时，这些照片似乎阻碍了一些不急于走过去的人——一个正在吃三明治的人，以及看起来应该是情侣的一对（他们看了照片，聊天，停下来，注视对方，拥抱，亲吻，然后继续看照片）……当我坐在那里看的时候，还有很多沿街（步行）的行人，人们似乎确实转头瞄了一眼展览——也许只是走路余光的错觉。这些图片强化了一种印象或感觉，让人觉得“科学在城市”就应该是这样的整体效果或氛围。而且这个空间确实为那些需要休息的人提供了便利（我正坐在这里的长凳上享受，气氛宁静，又不会挡到别人的路），或者提供了一个驻足的空间。现在，再一次有三个人站着吃东西，交谈，看着其中一幅照片。这是一个多功能的空间。

这些照片被放在平行于街道的四个大展板上，这样就造就了一个比其他科学节活动空间更安静、更具有反思性的印象。如果你想在某个地方吃一顿快速午餐，这样的空间就很有用（或者如果你是一个想要坐一会儿的民族志学者）。它为一些更缓慢、更休闲的行为提供了可能，正如田野笔记所指出的，它也允许处理多种任务：与你的朋友聊天，同时看看照片；与伴侣谈笑风生；或吃个三明治。

将这种空间和布局与“科学舞动”工作坊比较一下，“科学舞动”工作坊被设计为更积极的体验：首先，这个工作坊每天会举行几次活动。参与它的活动有时间安排，所以你不能像参观“海洋资源”摄影展一样无意中路过。一旦人群集合起来，工作坊就会以一个热身活动开始，包括在空间内走动、跳跃和偶尔的跑步，然后介绍主要的科学话题。话题是多样的，因为它基于不同研究人员当前的工作，其中一个工作坊的重点是通过研究当代景观了解史前人类的运动。随后，通过身体活动探讨了这一话题，例如，在整个空间分发代表原料的球，参与者扮演部落居民围绕着球的搜集移动，并且合作建造村庄。其最基本的特点是你很少静止不动。传递的知识（景观、材料和史前文明的痕迹，用球和羊毛线的布局来象征）与接收者都一直是活跃的，以不同的方式在空间里走来走去。工作坊的组织者告诉我们，该活动旨在利用“动觉活动”[①]来强化参与科学传播的学习和社交体验。

“科学舞动”工作坊为访客提供了什么呢？一方面，它似乎被视为是适合儿童的东西——通过参与有趣的活动来让孩子们娱乐 1 小时左右的方法。但是，不间断的身体运动也给那些喜欢移动身体的人带来了很大的乐趣。除了以不同的方式参与学习知识的机会之外，人们还可以愉快地发现，参与者对身体的使用和科学节原本的期望是不同的。对于参加我们关于“科学在城市”科学节研究的一些学生来说，这是他们经验中最具有冲击性的一部分。对于“该活动让你感觉如何”这个问题，其中一个参与者这样回答道：

---

① 与肌肉运动知觉有关的活动。——译者注

兴奋，精力恢复了，大脑得到了一些额外的氧气，随后放松，并享受在舞蹈室的事实，而且活动空间有练习芭蕾舞一样的结构安排（工作室的一面墙上有扶手的把杆）。这提醒我很久没有跳舞或充分地运动，而且团队一起做事的体验很好。

“该活动，”学生后来评论道，“提醒我应该更经常地这样做”——指的是跳舞和运动。那么，“科学舞动”工作坊允许的行为和经验与“海洋资源”摄影展是非常不同的。它不是创造一个僻静的私人空间，而是鼓励社交，为参与者提供身体运动的特别乐趣。对于一些参与者来说，有趣的是以新的方式思考科学内容——像一个学生所说的那样，“用你的身体来理解某事”——但是对于另外一些人来说，这个活动几乎分散了注意力。最为关键的是，工作坊提供了以不寻常的方式跑步、跳跃、玩耍和扭动身体的机会。

科学传播的这些用途——可以闲逛的安静空间与可以跳舞和运动的机会——都没有错。这里我们对规范不感兴趣。相反，在我们看来，注意特定情形下科学传播的物质可供性（affordances）似乎是一个重要的分析策略，而且可以让我们更多地了解科学传播的用户如何体验它。它有助于我们思考科学传播在信息传递之余发生的事情。

消费科学传播

“科学在城市”科学节的参观者出于自己的目的而利用不同的材料进行布局，从找一个可以和伴侣待在一起的安静空间到在其周围跑步与跳跃，这只是外行公众如何以不同的方式和不同的目的消费科学传播的一个例子。人们利用科学传播物质和社交方面的可供性来满足他们的个人需求。这可能包括学习科学，但也可能包括其他需求和欲望。

人们参与科学传播的动机有很多种，从与活动中的演讲者建立个人关系，到由于遭受特殊的痛苦并希望获得相关信息。[28] 一项聚焦于公众参与活动参与者的研究发现了我们可以称之为参与的“文化”原因，有受访者指出，“它（参加的活动）是一个相当有趣的地方，我会在工作日去消遣几个小时”。[29] 莎伦·麦克唐纳（Sharon Macdonald）探究了科学博物馆的访客消费博物馆访问经验和他们在那里发现科学的方式。她观察了伦敦科学博物馆的某个展览馆，发现游客参与的原因往往与“科学”无关；相反，他们认为自己的访问是“文化行程”的一部分，例如，访问英国首都的重要景点，或者和家人一起访问自己童年时参观过的地方，创造家庭的共同怀旧记忆。[30] 同样，她发现游客对展览内容的解读受他们的既有态度和兴趣的形塑。“他们，”她写道，“重新排列了展览，有时候是意料之外的，甚至明确与制造者矛盾的。”这些研究表明，人们以多种方式消费科学传播，这些方式和个人、职业及公民生活相关。物质属性是科学传播能够提供一系列特定可供性的一种方式，情感是另外一种方式。我们推测，科学传播可以通过帮助构建身份认同、提供社交空间或提供好奇或兴奋的体验来满足特定的情感需求。

科学传播的情感

提到物质性往往也是提到情感。[31] 无论是作为分析人员还是传播者，一旦我们注意到身体、空间及物体，就难以忽视与这些因素有关的各种情感。[32] 情感似乎对思考科学传播极为重要。例如，对于公众理解科学的反思往往侧重于科学传播受众的情感维度。他们会是非理性的、过度情绪化的、反科学的，容易被非政府组织（Non-Governmental Organizations，NGOs）和媒体的操纵所支配的吗？他们会变得“歇斯底里”地反科学吗？[33]或者，一旦知道了“事实”，他们就是热心的科学进步支持者吗？正如强·特尼在公众理解科学最艰难的日子里所写的，其假设一般是“了解科学，就会热爱科学”。他指出，科学传播背后的动机之一是“增加公众对科学和科学家的支持”。[34]很多科学传播实践继续聚焦于如何营造积极的情绪，如好奇、喜悦、兴趣或兴奋。传播者的动机可能是“启迪”受众或是他们自己的个人快乐和享受。[35]最直接的一种看法是，如果没有得到积极的反馈，那么公众就不会使用科学传播。科学传播必须产生积极的情感，否则其不值得注意。

然而，正如我们在本章开始的趣闻中看到的那样，科学传播的经验可能会溢出对于得体情绪的期望。传播者和受众可能渴望促进快乐、好奇心或惊奇，但私密和个人情感的表达——绝望、悲伤、希望——在讨论科学时被认为是不合时宜的。另外，在科学传播的讨论和分析中，情感往往是不可见的，很少被研究，或者像话语一样被同等关注。即使是享受和有乐趣（或无聊和沮丧）的情绪，也是相当复杂和具体的。这些情绪在不同情境的科学传播中如何被体验、表达和调适呢？什么触发了它们？它们有什么影响呢？特别是近年来，以娱乐和喜剧为导向的科学传播形式的兴起为科学传播学术界提供了更多关注情感作用的重要机会。单人科学喜剧、科学脱口秀、科学节及科学和艺术协作节目都倾向于突出情感。[36]因此，情感经验应成为研究它们的重要组成部分。

因此，情绪的存在和确认是科学传播实践超越其期望与模式的另一种方式，在我们的分析中更多地注意到情绪的其他方面也是值得的。我们想提供两个简单的例子，以说明如何做到这一点。第一个例子来自大卫·柯比（David Kirby）的研究，他研究了科学与娱乐媒体的关系。柯比发现，名人科学越来越注重激发敬畏和惊叹。[37]他说，奇迹在科学的公开呈现中变得无处不在。这在布莱恩·考克斯的作品中表现得特别明显——如《宇宙的奇迹》和《太阳系的奇迹》所显示的——但是，柯比在尼尔·德葛拉司·泰森重新制作的20世纪80年代最初由卡尔·萨根出品的电视剧《宇宙》（*Cosmos*）中也发现了这一点。柯比说，《宇宙》中有很多场景，“德葛拉司·泰森提醒我们需要谦卑，要敬畏大自然”。[38] 它强调的是宇宙如何神奇，我们对此的反应应该是认为它是一个奇迹。

柯比解释说，这种对奇迹的诉求来自宗教传统。历史上，从神学上来说，奇迹和敬畏是基督教徒对自然的正确反应，这种宗教奇迹观和考克斯或德葛拉司·泰森所表达的奇迹有许多相似之处。例如，《宇宙》使用宗教隐喻来解释 DNA 或地质记录。柯比认为这是一种努力，试图“摆脱宗教社区的奇迹观念，用它来框架我们与自然世界的关系”[39]——换句话说，“我们的”奇迹应该是科学情感，而不是宗教情感。但他也表示，科学名流所表达的奇迹最终不是针对自然、宇宙或物质世界的；相反，它导向的是能够揭示这些奇迹的科学和科学家。柯比说，当这变成对科学的敬畏甚至崇拜时，危险就来了，因为它忽略了一个事实——科学是一项非常人性化又非常不确定的事业。“对奇迹的过分强调，”他写道，“可能会导致对科学的幻灭，当它不可避免地被证明会犯错时。”[40] 因此，柯比对惊叹情绪的注意突显了试图激发不加质疑的积极情感具有一种潜在的危险。惊叹似乎是对自然和科学的自然反应——但孤立地采取这种做法，可能会促进永远无法满足的科学期望的生成。

我们如何“遵循”特定情绪的第二个例子来自以下方框中所描述的对里斯本电力博物馆（位于一个前电站的旧址）的访问，以及这种展览诱发的怀旧体验。作为一种科学传播，该博物馆把整个电站作为“真实”空间展现出来，以供我们探索，怀旧的存在可能会让我们考虑这样做的重要性，并询问博物馆讲述了什么故事。怀旧让我们思考建筑的时间性——它保存和庆祝过去的方式，那时的电站雇用了数百人，为整个城市提供了光。访客开始漫步于涡轮机大厅时，可以感觉到怀旧，这是博物馆的独特性及其吸引力的一部分。遵循这种情绪——例如，思考时间性，可以让我们洞察博物馆作为一件科学传播作品，不仅仅把它放置于学习框架甚至娱乐框架，同时也应该在区域发展与技术进步本身这个更大变化中去考察它。至少，科学传播的这个例子可以告诉我们更广阔的背景和目的。

电力博物馆的怀旧

里斯本电力博物馆位于特茹河边一个废弃的电站。博物馆里的大部分空间只是陈列了20世纪70年代发电站的内部设施，这些设施被清理过，上面加了一些解释性的文字。访客可以穿过涡轮机大厅，绕行冷凝室，爬上锅炉。所有的原始机械仍然在那儿；访客可以触摸它，围着它走，并拉动控制面板上的杠杆。博物馆网站介绍说，其目的是向公众展示最初的燃煤电厂如何运作。参观者可以跟踪能源的转换过程，从煤炭的到来一直到发电机的运作。[41]

访客对这个空间的反应不同。事实上，博物馆的吸引力部分在于它对于不同的回应如此开放。不像传统的博物馆展览室，你没有被向导得特别清楚，可以随心所欲地漫步其中。孩子们有机会触摸一切，跑来跑去，爬上爬下。博物馆的结构巨大且富有戏剧性，访客也很容易被其美学特点所吸引。但另一种可能的反应就是强烈的怀旧意识，有一种不知怎么就走入过去时代的情绪。这个电站曾经多产、繁忙——游客被告知，它照亮了里斯本40年——这些机器曾经喧闹、活跃，现在却静止无声，被它们包围着的感觉有点儿奇怪。看到展示的庆祝活动、过去工人的黑白照片，以及纪念工人和介绍他们工作条件的文字，这种情绪化的反应更强烈了。怀旧的不仅仅是电站，而且是一个社区，一个失去的工业时代。

怀旧是一种矛盾的情绪。在关于情感的文献中，它通常被概念化为积极的——令人满意的或愉快的东西，有助于建立身份认同意识，并可以促进社交连接[42]——但是，怀旧体验并不一定是快乐的。事实上，在过去，它被归为一种病态，一种可能会导致患病和死亡的疾病。[43]因此，参观电力博物馆可能是一种矛盾的经历。能够看到和触摸你出生前就在工作的机械（电厂最早于1908年开张），并体验锅炉、冷凝器和冷却烟囱的规模，这是很有吸引力的。它是真实的物品和空间。但怀旧不一定是一种舒适的情感，博物馆可以让人感到相当悲伤。

然而，怀旧也可以及时为我们指出前进的方向。过去的电厂现在变成了博物馆和旅游景点。如果电厂还在运营，那么里斯本的游客会避免靠近电厂附近的江滨，然而他们现在却被“工业遗产”和怀旧的诱惑吸引了。[44] 博物馆的其中一个展览展示了江滨如何再生和发展，并再次成为独立发展的城市经济景观的一部分。对过去的庆祝和充满情感的回忆成了未来想象的一部分。从这些角度来看，电力博物馆不仅仅是甚至大部分不是在解释热电站如何工作。它和体验有关，其中，情感是至关重要的。

厌倦与不当行为

情感，无论是怀旧还是其他的，都可以为我们提供分析科学传播作用方式的工具。但跟踪怀旧这样的情感也可能是令人沮丧的难以触摸的，尤其是因为很难让科学传播的用户表达他们对传播的情感反应。[45] 情绪性行为（和不当行为）提供了另一种方式来检视超越信息流的科学传播经验。例如，通过观察科学传播的用户如何颠覆、不服从或简单地忽略其“正确”使用，可以识别厌倦或无聊的感觉。

各种科学传播的访客或消费者有许多方式让传播从业者和设计者感到震惊——而且也许有时候是恼怒。如果人们觉得讲座或活动无聊，他们可能会离开、起哄，或玩手机；如果书面的科学传播看起来没有意思，人们可以简单地停止阅读；在科学节上，你可以忽略科学，只待在啤酒屋里。设施和展览为不当行为提供了特殊的可能性：你可以不服从指示，忽略尝试引导你沿着特定路线的路标；或者破坏或改变物理装置。这种不当行为不一定被视为传播本身的失败，也不应被视为无趣的或令人沮丧的——尽管作为一个传播者，可能很难不这样觉得。相反，过失、错误和滥用可以帮助人们洞察特定科学传播用户的情感世界。

一个例子是，我们与一群同事一起为第三章中提到的“科学在城市”欧洲科学开放论坛展会制作了一个展览设施。这个设施被称为“打破和进入：探讨科学与社会如何相关”，试图创造一个互动的物理空间，访问者可以通过这个空间研究关于科学如何与社会有关的问题。[46]它的宗旨是对话。我们想激发人们对科学与社会关系的反思，也为用户和我们、出席欧洲科学开放论坛的决策者及他们自己彼此之间分享观点创造一个空间。为此，该设施不仅展示了关于核心问题不同视角的信息，而且还提供了反馈意见的机会，这种意见既可以是数字化的意见，也可以直接在设施本身的内部设置反馈。作为访问者，你可以投票决定你认为谁应该担负使用科学的责任，拉伸松紧带以表明你认为风险和利益应该如何平衡，并对诸如“你对未来的希望和恐惧是什么”这样的问题撰写评论。

写下个人对科学结果的希望和恐惧，为访客提供了一个特别好的机会，来颠覆设施要求他做的事。将对科学结果的恐惧写在红色的卡片上，将对科学结果的希望写在绿色的卡片上，二者都被固定在一个竹竿组成的网格上公开展示。看到这些回答，很明显有些人忽略了原有的框架，或将其应用于个人领域而不是科学和社会领域。绿色卡片上的文字包括“我爱我的好朋友（BFF）希尔格莱姆·温特、玛雅·艾娃·戴那利和玛塔莎·巴戈斯歌德”“希望能遇见贾斯汀·比伯并和他结婚”“我饿了”；红色卡片上的文字则包括“我怕阿曼达”“我爱比萨”。[47]

必须承认，我们对这样的回应有一定的偏好。当然，我们希望人们有机会考虑科学与社会之间的关系，也许这会让他们质疑自己对它们的假设。但是，在我们看来，在许多情况下，也完全可以理解，实际上深思熟虑后我们认为，这个设施并不是用来让公民做贡献或接受教育的，而是作为消遣时间、与朋友开玩笑，甚至是表达个人重要之物（例如，BFF 的意思是永远的好朋友）的空间。同样重要的是要注意，这种不当行为和对设施宗旨的改造不仅仅是来自与学校团队一起参加科学节的无聊青少年。虽然我们对其他类型的使用是开放的，但设施最终会试图将用户配置为积极、投入、参与的公民。它提出问题，希望访客能够回答这些问题，并且投身于数字与物理空间进行的关于科学、新兴技术及社会的讨论和辩论。最重要的是，它期望用户关心这些问题——然而最后，很多游客，甚至那些表面上比学童更“顺从”的游客，没有做到这一点。如果青少年的反叛表现在写“我爱比萨”或把拼图隐藏起来，那么许多其他游客的反叛则表现在直接退出设施的互动元素，或者拒绝发表评论或建议。许多人不想被要求参加或参与讨论。这些对设施初始计划的拒绝至少和比萨评论一样有趣，一样能说明问题。

那么，看起来不当的行为，可以告诉我们很多关于科学传播的事情，包括让我们有机会接触访问者可能体验的情感（厌倦、愚蠢、乐趣、中立、拒绝参与）。对失败和不当行为感兴趣也是科学技术与社会学者麦克·迈克尔（Mike Michael）的研究主题，他认为，这些“溢出”可以告诉我们很多关于框架的东西，作为公众参与科学的分析者，我们以前用这个框架来思考自己的实践。[48] 迈克尔介绍了科学技术与社会研究在公共参与方面遇到的一些不当行为，包括学童参与的焦点小组讨论、开玩笑地相互竞争（而不是像研究人员那样认真对待讨论），以及“分散注意力”——将注意力转移到其他问题上，而不聚焦于参与活动的关键问题。[49] 有一个例子比较有趣，值得全文引述：

> 20 世纪 80 年代后期，在一个关于本地电离辐射风险的访谈中，参与者只会谈到她最近在汉堡王的工作。同时，她的斗牛犬坐在我的

脚边，放在我们之间地板上的录音机被她的猫拖到了录音范围之外。因此，这次访谈没有收集到数据，更不用说相关数据……公众成员无法提出有关当地电离辐射风险的问题，但我们可以不把这次访谈框架为失败的公众参与活动，而是开始认为这是一个成功实施的活动，除了别的之外，其中包括人、狗和猫的联合体，把自己与另一种联合体，访谈者、他的录音机和访谈计划，区分开来。[50]

在最初的框架下，这次研究访谈被定义为“一个参与式活动，公众成员在其中无法提出有关当地电离辐射风险的问题”，这绝对是一个失败。正如迈克尔所说的，访谈没有收集到任何数据，受访者不能就科学和社会的特定问题提供反思意见。他说，后来他才开始质疑这个框架，这个框架是被他自己作为访谈者，以及他也是其中一部分的更大的研究项目强加给受访者的。也许正是因为这个框架被受访者（含蓄地）拒绝了，她才一直谈论她的工作，并且允许宠物扰乱录音，而不是像迈克尔当时被告知的那样，因为“坏运气”和“缺乏经验”而导致访谈失败。事实上，他推测，也许这一幕不应该被解读为一个“失败的”公民意识的例子——一个公民拒绝承担责任，在思考科学和社会的关系问题上做出贡献——而是不同类型公民意识的示例，这里自动纳入了与非人类行动者（宠物和录音机）的关系，并且这些组合可以共同合作，来突出对他们而言重要的问题。这样一来，访谈的“失败”就促使他反思特定参与实践背后所隐含的假设。它瓦解了关于公众参与科学理所当然应该是什么样的观念——因此，迈克尔认为，一般意义上的错误、挫折和中断可以被看作是富有成效的，突出了我们使用却经常忘记了审视的框架。

还有许多其他情感和情绪性行为的例子，这些情感和情绪性行为在不同种类的科学传播中发挥作用。同样，我们只提供了一些快照和例子，科学传播研究中注意和分析物质文化或视觉及图像的不同方面可能意味着什么。第七章的出发点并不是要全面论述，而是要强调公众传播的这些方面对受众和其他人围绕着它建构意义很重要。因此，他们为研究科学传播的过程和形式提供了一条有趣的分析途径。他们也开始让我们指向一个更广泛的问题，通过有物质和情感参与的科学传播来履行科学公民义务。迈克尔认为，与公开辩论或审议一样，在上述趣闻中，公民意识也可以在对讨论科学问题的拒绝中体现出来。我们将在第八章中讨论这些问题。

注　释

1. Davies SR (2009) Doing dialogue: Genre and flexibility in public engagement with science. *Science as Culture* 18(4): 397–416.
2. http://www.theguardian.com/science/the-lay-scientist/2010/sep/24/1.
3. http://www.theguardian.com/science/the-lay-scientist/2010/sep/28/science-journalism-spoof.
4. 见：Bennett DJ and Jennings RC (2011) *Successful Science Communication: Telling It Like It Is*. Cambridge University Press.
5. p. 343, Schmidt Kjærgaard R (2011) Things to see and do: How scientific images work. In: Bennett DJ and Jennings RC (eds), *Successful Science Communication : Telling It Like It Is*, Cambridge: Cambridge University Press, pp. 332–354.
6. 同上，还可以见：Nelkin D and Lindee MS (1995) *The DNA Mystique. The Gene as a Cultural Icon*. New York: W.H. Freeman and Company.
7. Trumbo J (1999) Visual literacy and science communication. *Science Communication* 20(4): 409–425.
8. https://www.whitehouse.gov/files/documents/ostp/NSTC%20Reports/NNI2000.pdf.
9. Nerlich B (2008) Powered by imagination: Nanobots at the Science Photo Library. *Science as Culture* 17(3): 269–292.
10. p. 289, 同上。
11. Landau J, Groscurth CR, Wright L, et al. (2009) Visualizing nanotechnology: The impact of visual images on lay American audience associations with nanotechnology. *Public Understanding of Science* 18(3): 325–337.
12. p. 333, 同上。
13. Burri RV (2012) Visual rationalities: Towards a sociology of images. *Current Sociology* 60(1): 45–60.
14. p. 49, 同上。
15. p. 52, 同上。
16. 回到太空恐龙，这个形象之所以具有修辞能力，正是因为它如此滑稽无意义且不合适。它与“真正的”科学图像相反，罗宾斯选择它可能是用来说明科学新闻经常使用视觉上引人注目但是与科学无关的图像。（当然，你需要有一定的文化知识才能以这种方式阅读——例如，了解“真正的”科学图像是什么样的。）

17. Irwin A and Wynne B (1996) *Misunderstanding Science? The Public Reconstruction of Science and Technology*. Cambridge: Cambridge University Press.
18. Stimson GV (1986) Place and space in sociological fieldwork. *Sociological Review* 34(3): 641–656.
19. p. 642, 同上。
20. p. 642–3, 同上。斯廷森写于 20 世纪 80 年代中期；如果是现在，这些告诫肯定会包含手机的使用。
21. Gieryn TF (2002) What buildings do. *Theory and Society* 31(1): 35–74.
22. p. 65, 同上。
23. http://www.hotelproforma.dk/projects/cosmos/.
24. Abrahams I and Millar R (2008) Does practical work really work? A study of the effectiveness of practical work as a teaching and learning method in school science. *International Journal of Science Education* 30(14): 1945–1969.
25. Falk JH and Dierking LD (2012) *The Museum Experience Revisited*. Walnut Creek, CA, USA: Left Coast Press.

    Macdonald S (ed.) (2006) *A Companion to Museum Studies. Blackwell Companions in Cultural Studies*. Malden, MA: Blackwell Pub.
26. Falk JH and Dierking LD (2012) *The Museum Experience Revisited*. Walnut Creek, CA, USA: Left Coast Press.
27. p.329, Falk JH, Dierking LD and Adams M (2011) Living in a Learning Society: Museums and Free-choice learning. In: Macdonald S (ed.), *A Companion to Museum Studies*, Oxford: Wiley-Blackwell, pp. 323–339.
28. Rennie LJ and Williams GF (2006) Adults' learning about science in free-choice settings. *International Journal of Science Education* 28(8): 871–893.
29. Wilkinson C, Dawson E, and Bultitude K (2011) 'Younger people have like more of an imagination, no offence': Participant perspectives on public engagement. *International Journal of Science Education, Part B* 2(1): 43–61.
30. Macdonald S (1995) Consuming science: Public knowledge and the dispersed politics of reception among museum visitors. *Media, Culture and Society* 17(1): 13–29.
31. 社会研究中存在更广泛的“情感转向”，为思考这一问题提供了资源。从最基本的角度来看，这涉及呼吁对话语之外的社会生活特征的关注，从而关注物质和情感的作用。这些讨论还涉及“情感”和“情绪”之间的区别，我们在这里忽略了这些区别。见：Davies SR (2014) Knowing and loving: Public engagement beyond discourse. *Science & Technology Studies* 27(3): 90–110.

    Gregg M and Seigworth GJ (2010) *The Affect Theory Reader*. Duke University

Press.

Leys R (2011) The turn to affect: A critique. *Critical Inquiry* 37(3): 434–472.

Wetherell M (2012) *Affect and Emotion: A New Social Science Understanding*. SAGE.

32. 我们再次看到了这一点。我们认为，哥本哈根大学南校区是“冷漠的”和“不友好的”；像英国总医学委员会会议厅这样的场所是令人生畏的；物体的存在具有引起特定情绪的效果。将物质与情感区分开来非常困难。
33. 如同合成生物学 / 纳米恐惧 - 恐惧症（synbio/nanophobia-phobia）所发现的——科学家和政策制定者关于“恐惧”公众的担忧，这本身就是一种恐惧症。

Marris C (2014) The construction of imaginaries of the public as a threat to synthetic biology. *Science as Culture* 0(0): 1–16.

Rip A (2006) Folk theories of nanotechnologists. *Science as Culture* 15(4): 349–365.

34. p. 1, Turney J (1998) *To Know Science Is to Love It? Observations from Public Understanding of Science Research*. COPUS.
35. Martin-Sempere MJ, Garzon-Garcia B, and Rey-Rocha J (2008) Scientists' motivation to communicate science and technology to the public: Surveying participants at the Madrid Science Fair. *Public Understanding of Science* 17(3): 349–367.

    Davies SR (2013) Constituting public engagement meanings and genealogies of PEST in two U.K. Studies. *Science Communication* 35(6): 687–707.
36. Kaiser D, Durant J, Levenson T, et al. (2014) Report of Findings: September 2013 Workshop. MIT and Culture Kettle. Available from: www.cultureofscienceengagement.net.
37. h ttp://thescienceandentertainmentlab.com/evangelizing-the-cosmos/.
38. 同上。
39. 同上。
40. 同上。
41. http://www.edp.pt/en/sustentabilidade/fundacoes/fundacaoedp/museudaelectricidade/Pages/MuseuElectricidade.aspx.
42. Sedikides C, Wildschut T, Arndt J, et al. (2008) Nostalgia past, present, and future. *Current Directions in Psychological Science* 17(5): 304–307.
43. 同上。
44. Gregory K and Witcomb A (2007) Beyond nostalgia: the role of affect in generating historical understanding at heritage sites. In: Watson S, MacLeod S and Knell S (eds), *Museum revolutions: how museums change and are changed*, London: Routledge, pp. 263–275.
45. 例如，参见以下研究，作者试图探索博物馆中的情绪反应：Alelis G, Bobrowicz A, and Ang CS (2013) Exhibiting emotion: Capturing visitors' emotional responses to museum artefacts. In: Marcus A (ed.), *Design, User Experience, and Usability. User Experience in Novel Technological Environments*, Springer

Berlin Heidelberg, pp. 429–438.
46. 更多信息请访问：www.breaking-entering.dk.
47. 作者玛雅·霍斯特已经在论文中讨论了参观者在上述设施的这些不当行为，见：Horst M (2011) Taking our own medicine: On an experiment in science communication. *Science and Engineering Ethics* 17(4): 801–815.
48. Michael M (2012) 'What are we busy doing?' Engaging the idiot. *Science, Technology & Human Values* 37(5): 528–554.
49. 也可见：Horst M and Michael M (2011) On the shoulders of idiots: Re-thinking science communication as 'event'. *Science as Culture*, 20(3): 283–306.
50. p. 533, Michael M (2012) 'What are we busy doing?' Engaging the idiot. *Science, Technology & Human Values* 37(5): 528–554.

第八章

科学公民：科学传播在民主中的角色

我们已经论证了科学传播不仅和科学知识如何在个体及群体之间传播（科学和社会、科学家和外行公众、专家和受众）有关，它也和组织、身份、空间、情感、职业、未来，以及我们所处文化的许多其他方面有关。因此，科学传播不应该主要作为个人或个体过程来被研究，而是涉及集体的。第八章我们将从这个观点出发，得出逻辑上的结论，并在国家和公民的语境下思考科学传播。面向公众的科学知识传播和科学公民有什么关系呢?

科 学 公 民

什么是科学公民？一方面，这似乎是一个常识性的概念：我们生活在科技社会，因此我们作为公民的权利和义务现在与科技有关。这个概念是公众理解科学思想背后的核心。约翰·杜兰特在 1989 年问道："为什么每个人都应该关心公众对科学的理解？" 然后他自己回答了这个问题，因为"科学影响到每个人的生活，人们需要了解"，而且 "许多公共政策决策与科学有关，只有经过知情公众的辩论，才能算真正的民主"。[1]另外，这种科学公民的含义可能涉及哪些方面，并不是很明显。甚至"公民"这一术语也不容易被界定。里奇（Leach）和斯库恩斯（Scoones）介绍了一些围绕它的关键性讨论[2]：自由主义的公民观念强调了在或多或少是仁慈的国家管辖下，个人参与政治生活的权利；社群主义理想强调公民的社会融入，使"共同利益优先于追求个人利益"；公民共和主义的视角"承认社会的多元利益，并假定公民将围绕这些利益形成派别团体"。考虑到这些差异，里奇和斯库恩斯总结，公民权利围绕着国家与其成员之间的关系，特别是这种关系应该以聚焦于包容性和政治参与的方式进行配置。将“科学”一词加入组合中表明，不仅科学知识对行使公民权具有重要意义，而且公民也可以期望科学研究的民主责任。[3]

科学公民研究往往侧重于科学公民的不同构成方式，以及不同的行动者或组织如何看待它。在本书的分析中，科学公民不是固定的；相反，我们很有兴趣了解科学家、决策者和外行公众本身如何（隐含地）构建及使用公民这个概念。因此，公民不是静态的，在不同的时刻和不同的背景下，运作也是不同的。例如，下面方框里的案例可以说明这一点，它描述了与基因技术医学实验相关的不同形式的公民建构。

基因疗法中的科学公民

1999 年 7 月，媒体报道了丹麦一项基因疗法临床试验的暂停。[4] 该试验违反了安全程序，没有遵守临床协议，把患者送往伦敦进行治疗，以获得大额财务捐赠。因为这个，实验被暂停，负责的医生斯蒂恩·林凯·延森（Steen Lindkaer Jensen）辞职了。这导致了当局面对一个问题：医生及其团队曾承诺对一群患者进行基因治疗，但由于试验被暂停，现在患者不能接受治疗了。

媒体在对该案例的报道中清楚地阐述了三种形式截然不同的科学公民。

第一种表述是，科学公民是科学的消费者，拥有消费者权利。其中的关系是供需关系之一，用供给满足需求是道德义务。生病的丹麦公民有权利消费基于研究的健康治疗，即使它是试验性的。

第二种表述是，患者被描绘为极易受伤害。他们愿意做任何事情来换取治愈的希望，但这会破坏科学的进步，只有系统的、无偏见的临床试验才能提供真正的知识。科学公民被认为是社群主义者：患者必须服从医疗系统更广泛的需求。

第三种表述是，科学公民不承认主管医生做错了事情。林凯·延森是患者的朋友，愿意采取行动帮忙，其他医生、政客和官僚则让患者去面对死亡。患者被认为有权利采取任何措施使病情好转，并且作为积极的行动者寻求所能找到的一切疗法。个体患者被描绘为孤立的（只有“英雄医生”的帮助），无法依靠国家或更广泛的社会制度。

哲学家维拉默·安森（Vilhjálmur Árnason）认为，科学公民研究中有两个关键主题。[5]其中之一就是，现代科学公民如何被科学的市场化所形塑。在新兴生物技术和生物公民的研究中，这是一个特别的主题，新兴技术如生物银行被认为是用“健康与财富”的承诺拉拢国民。[6]这里的公民是被动的：一个人捐献生物资源（如遗传信息），以换取市场驱动、提高国民收入的生物经济的承诺。除了提供DNA之外，科学公民并没有被期待做任何事情，而是成为科学研究带来的新技术的消费者。类似地，科学技术与社会学者乔安娜·戈文（Joanna Goven）描述了一个共识会议实验所提出的、最终在新自由主义框架之内的科学公民版本。公民不被允许对这种意识形态的基本原则进行辩论，而意识形态所依据的则是对争议性技术发展的想象。因此，她写道，公众参与科学的学者至关重要的是“检视新自由主义的语境是否阻止了公众对重大政治选择的争论”。[7]

相比之下，安森认为另一个关键的主题是强调一个受审议理想（我们在第二章中讨论过）启发的更积极版本的科学公民。这个版本呼吁更多的公众参与科学，并且视公众为，他写道，“积极主动、见多识广、能够批判性地反省自己的社会，并愿意参与公众审议的过程。”[8]它对公众参与和审议创造新型知识及帮助管理科学的潜力持乐观态度。因此，在这里，促进科学公民意识就是提高公民积极参与管理科学的能力，并确保国家机构和管理进程对这种参与做出反应。虽然人们对这些参与的实践方式有很多批评，但是该研究路径仍然把科学公民看作本质上是积极的。在这种路径中，科学公民的身份不是被动给予的，而是其主动选择承担、审视和积极参与科学的实践。

对积极科学公民的强调部分源于公众对特定技术的抵抗历史，其中很明显的是，公民正在积极地谈判和争论科学应该如何发展。我们在第二章中讨论了公众科学争议，作为当代科学传播背景的一部分，我们已经介绍了一些这方面的历史。在2002年出版的论文集《生物技术：制造全球争议》的序言中，马丁·鲍尔和乔治·加斯克尔写道，

> 在它25年的发展过程中：首先，生物技术经常向公共领域的观察者挑战；其次，这些观察者时常反挑战或抵制生物技术，这有助于形塑生物技术本身的下一步发展。[9]

该书试图研究公众的反挑战——对新兴生物技术的“抵制”——如何影响生命科学。它提请大家注意，抵制是公众理解科学的一个重要方面。正如有研究一再表明，公众对技术的不满不仅在于理解不足；相反，它具有重要的政治功能，表明了这一点——在抵制的人看来，技术发展出问题了。对于马丁·鲍尔来说，公众对科学或技术的抵制因此具有功能性。像疼痛一样，它表明“有什么不对劲”，政治当局必须“紧急关注、阐述和回应”问题。[10] 通过这种方式，抵制被认为有益于整个社会制度，因为它有助于改善技术发展。它提供机构、组织和社会学习的可能性，以创造更好和更可持续的未来。[11]

公众的怀疑或抵制可以在科学公民责任中发挥积极作用的观点在其他地方也可以被发现。斯蒂尔格（Stilgoe）及其同事在一个关于外行参与专家咨询委员会的报告中，开头就用引语总结了他们的想法：“拥抱不同形式的专业知识，将其视为资源而不是负担，这是一个挑战。”[12] 这种观点强调，科学知识不是全能的或自给自足的。它不能涵盖对技术发展很重要的所有知识，因此，其他视角，即使是（特别是）那些抵制科技的价值观、诠释或预测也应该被补充进来。因此，让公民参与科技发展讨论的一个重要论据就是，这种参与最终有利于科技的发展［即丹尼尔·菲奥里诺（Daniel Fiorino）所称的公众参与的实质性论据］。[13] 公众的抵制和怀疑可

以提供关于公民、用户和消费者的价值观及偏好的重要信息。因此，将这些观点纳入社会技术的发展中，在合法性和效率两方面都有重要性，公众的批评和辩论是资源，而不是问题。抵制只是科学公民参与科学治理的途径之一。正式的公众参与则是另一种途径。

科学公民与公民科学

因此，科学公民的权利表达包括公众行动主义和抵制、正式的公众参与科学决策，或者更为被动地作为科技产品的消费者一员。最近，“公民科学”的概念崭露头角，其中，外行公众能够直接参与科学研究。虽然“公民科学”一词已经存在一段时间了——并且是 1995 年艾伦·欧文（Alan Irwin）的著作《公民科学》的关注重点——其意义在这一时期已经发生了变化。最初在欧文的书中，它是一种用于唤起“帮助公民需要和关切的科学”，公民科学可以通过借鉴外行人士的知识和关切来实施[14]，今天的公民科学采取了一系列不同的形式。有些人用这个术语来表示行动者驱动的草根研究。例如，格温·奥廷格（Gwen Ottinger）把社会运动和民间社会团体进行的研究——例如，空气质量“桶监测”项目——描述为公民科学，将其视作公民为自己所关心但是却可能被体制科学所忽视的问题吸引注意力的一种方式。[15]

然而，许多公民科学项目更重视科学和科学家的需求，而不是公民的关切。对于生态学家乔纳森·席佛顿（Jonathan Silvertown）来说，公民科学家“是一位志愿者，作为科学探究的一部分收集和 / 或处理数据”[16]。这些行动可能包括通过查看哈勃望远镜的图像来分类星系、监测你花园中的野生动物，或者在流感季节报告你的健康状况。[17] 在这些情况下，公民科学就是利用感兴趣的非科学家的积极性、时间和精力。虽然业余博物学家和天文学家存在的历史与他们的职业同行一样悠久，但公民科学项目为他们提供了一个机会，为发展加盖了科学权威“正品”印章的科学知识做出贡献。公民科学也可以指基于公众参与的项目，利用来自审议或对话的技术，使外行人士能够设置科学议程的优先事项，直接参与科学实践。

因此，公民科学是高度多样化的。[18] 特蕾莎·沙费尔（Teresa Schäfer）和芭芭拉·基林格（Barbara Kieslinger）建议，使用这个标签的项目和活动可以根据两条轴线进行分类。第一条轴线是项目的关键知识生产者：是专业科学家（公民作为数据收集者或助手）还是公民，定义和回答研究问题呢？第二条轴线的重点不是回答科学问题，而是干预特定的现实世界体系（例如，试图改善空气质量或保护特定的自然环境）。那么，从密切指导下简单地收集数据到开发旨在满足特定需求的原始科学研究，一个特定的公民科学项目所动员的科学公民是不同的。因此，“科学公民”的意义视情况而定，公民科学为这个事实提供了一个例子。另一个例子是，当外行人士被要求讨论他们在管理新技术方面的作用时，他们经常说这取决于所涉及技术的性质。参与设置科学的优先事项和发展方向的积极程度，与他们对技术的政治、个人和经济特性的看法有关。[19] 任何情况下，科学与社会的相互作用都有可能涉及科学应该如何管理、国家的角色，以及非科学家应该如何参与的隐含假设，而且这些假设会因情况不同而不同。

在理论和经验上，科学公民都不是稳定的或固定的，它可以是被动的或主动的、抗拒的或合作的、无情的或热情的。正如我们在第七章中所看到的，它的产生也与特定的情感和物质配置有关。公民可以是情感性的，也可以是话语性的，因此我们认为，用更广阔的视角理解科学公民的概念是最有成效的。对于我们来说，这个术语是指通过政治参与或集体决策，公民和集体（如国家或科学共同体）之间构建一种有意义的包容性关系。因此，行使科学公民的权利不仅仅是审议参与。相反，当集体遇到科学并争论它的治理和发展方向时，科学公民就产生了，开始谈判了。它更多的是包容性和民主决策的总体方向，而不是一套固定的参与式实践。简言之，科学公民与我们如何在当代世界中共同存在和共同行动有关。[20]

科学传播为建立公民与科学之间的关系提供了许多途径，可以成为这种包容性和政治参与的基础。我们相信它提供了发展公民实践的机会，这些实践可以是积极的，也可以是被动的；可以是批判的，也可以是赞赏的；可以是外向型的，也可以是侧重于个人化的经验的。这比较重要，因为参与科学传播的人士数量众多。以英国为例，2014 年，有 2/3 的人口观看了包含科学内容的电视节目，而超过 300 万的人访问了伦敦科学博物馆。[21] 很多人通过科学传播接触了科学知识，科学公民的表现形式将受到这些接触的形塑。科学传播研究的一个挑战是探究科学传播如何有助于积极形式的科学公民，以及个人娱乐或教育项目。接下来，我们将提供科学传播如何实现这一点的三个想法。我们借鉴了引起我们兴趣的政治和社会理论的某些方面，并提出了将其作为资源思考科学传播的方法。

科学传播作为能力建设

科学传播的消费通常是一种非正式的和个人的活动。如果我们考虑现代知识社会科学传播生态系统中存在的形式和活动，似乎其中许多都涉及公众以私人、个性化的方式消费科学知识：阅读科学杂志、参加科学节、参观科学艺术展、浏览大学网站网页。一般来说，不像成为公民陪审团或共识会议的成员，这些活动很少和正式的政府或科学决策有联系。虽然国家机构可能会选择为科学咖啡馆或博物馆等科学传播活动提供资金，但这些活动的参与者只是偶尔才有机会质疑、评论或影响这些国家机构。[22]参与者（特别是外行参与者）即使在参与可能由政府资助或支持的活动时，与管理机构也是有效分离的。因此，科学传播活动很容易被认为是一种形式相当消极的公民活动。[23]

但是，对公民概念的这种理解相当有限——一个好的公民需要直接参与治理（例如，通过审议过程或游说他们信仰的理想）。相比之下，运用“公民能力”的概念，许多民主理论家认为，其他许多活动——包括参与义工组织（如在慈善店帮忙）、社会团体（成为保龄球队的一员）或本地管理机构（担任所住公寓的居民委员会委员）——在民主社会中是有价值的。公共政策学者凯利·坎贝尔·罗林斯（Kelly Campbell Rawlings）说，公民能力涉及“发展特定的技能、知识和效能……使（公民）更乐意参与，也更有能力继续参与”。[24]通过参与公民生活，公民可能体验到对自己个体的影响——例如更清晰地定义自己的身份或目的——或者更好地理解政治和公共生活。他们可能会更有动力采取他们认为有利于公共利益的特定行动，为更直接地参与政治活动做好能力准备，或者发展诸如辩论或管理等技能，使他们有能力在所处的环境中发出声音，不再沉默。他们也可能与志同道合的人建立联系，或找到网络，使他们的关切可以引起更广泛的关注。

我们可以把公民素质理解为一种需要通过各种不同活动来培养的能力，而不是以直接影响科学政策为目标，认为科学公民需要积极参与民主决策。这里，我们同意里奇和斯库恩斯的观点，他们认为，公民实践是“创造和提高公民能力的学习过程”，并以此结束了对科学和公民的讨论。[25]因此，在科学传播研究中，我们可能要考虑如何参与科学传播，才能增强特定的公民能力。例如，举办科学咖啡馆活动可能有助于发展使人们成为更有效率的政治行动者的技能和网络；阅读科学新闻可能会提醒人们想要抗议或辩论的问题；参加科学博物馆的辩论可以训练人们成为审议者，并为自身赋权，让其意见被别人听到。[26]科学传播有一定的余地，可以被理解为发展科学公民的实践。至少（公众理解科学的原始论据就是这样），公民可以变得知情，而且也许可以被赋权，将其声音带到其他更正式的辩论和讨论中。

将科学传播理解为有助于发展公民能力的因素，为分析和实践提供了新的框架。它鼓励我们更加关切参与科学传播的更广泛的影响。虽然对科学传播影响的研究往往侧重于诸如学习、对科学的态度或者了解更多特定领域信息的兴趣，但是，将科学传播重新定义在能力建设的框架内意味着我们可能还要调查受众在公民和政治生活中的变化。[27]那些组织和参与科学传播的人认为它是公共生活的资源吗？如果是，这些关于科学的公民能力如何发展呢？这进一步涉及文化理论（在第一章和第七章讨论过）强调的观点，消费总是一个主动的意义建构过程，从来不是被动的或简单化的。阅读一本科普图书、出席公开讲座或参与科技问题相关的行动主义，都可能有助于科学的集体审视和讨论，我们认为这些是科学公民的一部分。因此，科学传播学术界的一个挑战就是解析这种情况的发生方式。

城市未来景观游

城市未来景观游（futurescape city tours，FCT）项目是科学传播旨在建设科学公民能力的案例。城市未来景观游由亚利桑那州立大学纳米技术社会研究中心（由美国国家科学基金会资助）领导，2013 年首次实施时，它激起了关于在城市环境中使用新兴技术的大规模的全国性讨论。该项目旨在开发新方法来审议技术的未来。它借鉴了审议理论的思想，力图纠正许多公众参与科学活动时所固有的一些问题。例如，城市未来景观游审议进程开始于公民参与者可以表达自己的兴趣和关切的定向会议，这些兴趣和关切用来指导剩余的过程，而不是无视公民的兴趣，预先选择一些特定问题，并把它们强加在讨论上。它还使用了话语之外的方法，要求参与者绕着他们的城市走动，并用摄影记录他们注意到的东西。最初在美国的六个城市实施，该项目制定了一本指南，以便该方法可被用于其他地方和环境：可能的用户（指南建议）可以是地方议会、城市规划者或科学博物馆。[28]

一项城市未来景观游有三个阶段。首先，感兴趣的公民被邀请到一起，并分享他们对所居住城市的一些想法和担忧（方针）。其次，第二个阶段是旅游，根据讨论好的方针，参与者被引导着绕着参观一些关键地点（可能是从运河到农贸市场或大学实验室的任何地方），并会见相关专家和利益相关者。当这样做时，他们被要求通过拍照来记录他们的印象：其宗旨是鼓励以不同的方式观察城市，并用摄影来反映其过去、现在和未来。最后，审议阶段包括对参与者拍摄的照片进行审视和讨论，这些照片被用来激发关于城市发展方向的辩论以及参与者对此的感受。然后，鼓励他们继续参与调查和辩论之前提出的问题。

因此，城市未来景观游项目是有兴趣开展科学传播或公众审议活动的人的有趣资源，它为如何做这些事情提供了一些新的想法。但是，在第八章的语境下，特别令人震惊的是，项目组织者对其与相关政策的使用是双方面的。当然，它可以被用于告知决策，如城市规划。但是，辛西娅·塞林（城市未来景观游项目的领导者）和她的同事也将其视为建设科学公民能力的手段。换句话说，只要它们有助于提高参与者参加更一般意义上的公共生活的能力——不仅仅是对政治过程有独立的和可识别的影响，城市未来景观游，以及其他形式的类似参与，就是有价值的。[29]

一种系统的审议方法

将科学传播作为科学公民的能力建设手段，也与最近的审议理论相吻合。正如我们在第二章中所讨论的，审议理论家已经提出了模型，并将其投入了治理机制的实践，作为代议制民主的一个补充，直接让公民参与有关政策问题和决策的讨论。在这些活动中——形式从科学问题的共识会议到大型公民集会或小型审议工作坊——关键的目标是使审议成为一种互动的模式，这里的审议是自由、理性和公正的讨论。[30] 另一个关切是确保审议过程的合法性和责任制，例如，组织更广泛人口的“代表性”样本作为审议者。

审议理论最近的一个发展和将科学传播理解为建设科学公民能力密切相关。这项工作探讨了“审议社会”的概念，这个概念表明，审议不应该被概念化为孤立的“小型公众”的形式——例如上述共识会议或审议工作坊——而是应该在整个社会层面。这种方法由政治理论家简·曼斯布里奇（Jane Mansbridge）和约翰·帕金森（John Parkinson）提出[31]，它需要视角的改变。不是设计一个一次性的审议活动，或者审视某个具体的审议程序是否达到了公平性、合法性和影响政策的目标，而是聚焦于如何在整个社会层面实现审议——在不同的背景下，有多少审议时刻整合在了一起、其连接的方式是什么。审议经常被认为是解决社会和政治冲突的灵丹妙药，现在越来越少地被认为是一个单独的、完美的互动时刻，更多的是一个有许多缺陷和不完整的生态系统。

曼斯布里奇、帕金森及其他写作了关于这种系统性审议方法的人仍然致力于构建一个民主模式，其中，审议是关键。他们仍然认为公民应该审议，而且公民参与审议辩论会导致更好的政治结果。但是，他们的工作没有把这一重任推到个别的审议过程中，因为这些过程很少能达到制定的标准。没有一个审议时刻，无论发生在何处，是完全有代表性的、完全公正的或完全有效的。相反，这些能力应该被扩散到整个审议系统，这种系统在形式和空间上是多样化的，但统一围绕着某一特定问题（例如，医疗改革或纳米技术的研究重点）。重要的是，在这种模式中，审议时刻可能发生在整个社会的各种不同场所中，而不仅仅是在正式的审议过程或议会辩论中。“审议系统中的节点地图，”曼斯布里奇和她的合作者写道，“将揭示许多节点，其中有多种形式的沟通。”[32] 他们接下来还列出了其中的一些节点——名单很长，但是值得在这里全文引用，因为它让人品味到了这样一个审议网络是多么复杂：

> 这些节点将包括：各级政府的国家机构和他们的立法机关、行政机关、军队，以及所有这些机构的工作人员；各级国际机构及其工作人员；跨国公司和当地企业；知识社群；基金；政党及其派别；党派运动和其他党派论坛；宗教机构；学校；大学及其系部、领域和学科协会；临时或长期的工会、利益集团、志愿者组织和非政府组织；社会运动及其圈子或更广泛的参与；包含互联网、博客、社交媒体、互动媒体、书籍、杂志、报纸、电影和电视在内的媒体；政治活跃或不那么活跃的人士之间的非正式谈话，无论是有权力的还是边缘化的人士；以及在审议系统没有接口的情况下，别人很少接触的各种被压制的知识和地方知识。[33]

将审议视为生态系统而不是单一过程或论坛的产物为政治理论家提供了一个更为广阔的视野，其中可能发生富有成效的审议性谈话。如同对公民能力的思考一样，这种视野使我们能够将公民权利看作是可以在许多不同类型的情境中行使的东西。所有“审议时刻”（帕金森的话）都是有价值的、作为公民的有效手段的，无论它们是发生在厨房桌子上的讨论，还是非政府组织游说政府或是议会辩论。

在科学和科学传播的背景下，系统的审议方法再次使我们思考分散在各种各样的空间和情境中的积极科学公民，既发生在正式的也发生在非正式的参与过程或政策决策之中。曼斯布里奇和帕金森在界定什么是审议时刻方面相当宽容：那些“涉及共同关心的问题，有实际方向”（后者他们指的是这个问题及其变种：应该怎么做）的讨论应该都算。[34] 这种互动在科学传播的许多情况下都会发生：我们可以想象，访客在博物馆展览室参观时，进行对话活动时，在线文章下面的评论时，或当一个家庭讨论他们信箱所收到的健康信息传单时，这种讨论就发生了。审议作为一个生态系统的概念，开辟了新的途径，注意和重视在科学传播的生产及消费过程中履行科学公民的时刻。

这种审议的系统方法再次为我们提供了一个想象和分析科学传播的新框架。消费和生产的时刻可以作为更广泛的生态系统的一部分被研究，它们不仅是各种科学传播活动的形式，而且是关于特定科技问题的政治辩论整体的一部分。如果我们关心科学传播如何和何时培养科学公民的问题，那么曼斯布里奇和帕金森的工作为我们提供了分析这一点的工具。例如，我们可以拿某单一问题作为例子——纳米技术，或压液裂开采技术，或新的基因技术——来跟踪人们什么时候审议了该问题，并以何种方式审议。哪些科学传播活动正在支持这种审议、各个审议时刻之间如何相互关联，以及这个辩论生态系统中缺少什么呢？反思这些问题可以鼓舞有兴趣支持科学公民的从业者开展各种形式的活动和辩论，而这将有助于社会的审议。同样，这个框架也为学者研究科学传播提供了新的路径，把科学传播作为民主社会的一部分，考察科学传播实践如何联结有“实际导向”的“共同关心的问题”[35]。科学传播活动是否关切科学话题的“应该怎么做”呢？或者他们是否关闭而不是开启审议时刻呢？[36]

作为公民的科学家

科学家也是公民，科学公民的观念也被应用于他们的活动中。科学家作为当代知识社会的公民，责任是什么呢？这个问题的一个答案是强调人们需要通过“负责任的创新”过程来开展科学研究。杰克·斯蒂尔戈（Jack Stilgoe）写道，“运用技术预见、公众参与和跨学科合作的程序”“负责任的创新要求科学家、资助者和监管机构反思”“研究的产品、过程和目的”。[37]

我们的一些研究涉及与科学家交谈，以试图了解他们是否认为自己应该（及如何）对提供资助的社会负责。[38]例如，我们问，他们认为“负责任地”行事的含义是什么，以及这如何影响他们的日常工作。我们特别感兴趣的是，他们是否听到了要求科学家参与对话的呼吁（比如上述“负责任的创新”要求），他们的科学优先事项是否会受公众价值观的影响，以及他们如何诠释和实践这样的呼吁。

我们访问的大多数科学家没有听说过这些政策讨论。[39]但这并不意味着他们没有很强烈的个人责任感来实践他们所认为的“正确的”科学，并在研究中负责任地行事。在某些方面，他们与认为需要科学责任的决策者和社会科学家有着相似的关切——但是他们认为，所需承担责任的范围有所不同。负责任的创新或公众审议的要求往往侧重于整个社会，或是特定的学科或技术：科学应该对社会做出反应；有争议的技术应公开辩论；科学政策制定应由公众参与协助。但这些政策驱动的辩论对于我们所访问的科学家来说似乎比较抽象。相反，他们将责任重点放在自己所管理的研究团队上（我们访谈的是“首席研究员”这一级别的成名科学家，他们拥有自己的实验室或团队，由学生、博士后和其他科技员工组成）。大多数科学家认为，他们的主要职责是看顾团队和团队工作人员。通过照顾这些人——例如，帮助他们的事业、支持他们的研究起起伏伏，并确保他们得到需要的培训和经验——他们将确保履行其他重要责任：团队将创造好的科学。潜在地，这种科学会对社会产生有益的影响，带来新技术或特别重要的知识。

同时，许多科学家也谈到有责任向公众传播他们的研究。“这是他们的知识，不是吗？”一位科学家告诉我们，他的研究由纳税人资助，因此他认为需要让公众对其有可及性。我们访问的科学家大多数都曾参与不同的科学传播和普及活动，并认为这至少在理论上是重要的。因此，科学家确实觉得自己对社会是有责任的，特别是作为公共资金的接受者——只是他们对这些责任的体验是模糊的、外围化的，而不是像看顾他们直接负责的人和科学那样的紧迫任务。

权力的动力学

我们想要建议的思考科学传播与公民意识的最后一个思路是科学技术与社会研究的核心主题：权力及其协商方式。我们对权力的理解不是静态的。相反，我们认为，科学公民需要被理解为动态的能力，一种不断进展、时刻协商的过程。权力是其中的一个方面：科学传播的用户被告知“行为”的方式，以及他们如何抵抗或“不当行为”，行动者如何在传播结构和内容中发声，以及如何给角色分配或不分配权威和信誉。但是，配置和制度是不断变化的。权力是一项暂时的成就，总是不断地处于协商之中。[40]

对科学公民的这种理解可能不那么像一个研究议程，更像是一种思维方式。它承认任何科学传播事件的复杂性和偶然性。同时，它也是所有关于科学公民的思想的重要补充。在科学、技术与社会的互动中，权力是焦点问题。因此，我们需要确保权力问题不会在分析科学传播的努力中消失。

权力一直是科学技术与社会科学和社会研究隐含的一个主题。对民主化的担忧来自这种感觉，科学在许多社会中拥有太多的权力、太少的责任。不仅如此，许多学者指出，在宣传或贬斥特定形式和观点的科学知识方面存在着各种利益关系。我们从大企业资助科学传播引发的争议就可以非常具体地看到这一点。一直以来，存在对石油工业赞助的科学博物馆[41]和与武器制造商有联系的科学博览会的抗议和干预。[42]当科学传播与企业品牌联系在一起时，你可以相信其内容吗？因此，考虑到科学是处在社会中的，需要承认不同的行动者可能利用科学来强化自己的权威或促进自己的利益——而科学传播可能是其中的一部分。科学政策学者安迪·斯特林

（Andy Stirling）特别关心这些权力和控制的问题。他认为，即使在公众参与的时代，力量也正在不断地远离公众，并固定在已经是强大的行动者（如公司）中，或者更糟的是，通过技术决定论的隐含模型简单地归因于技术本身（技术呈现了“自己的本来面貌”，本质上是不可控的）。[43]参与和审议过程中总是有权力的驱动。公众参与科学的“既有利益”，斯特林写道，“根据定义，享有经济、文化和体制的特权地位……通常很难排除参与式评估的设计、实施或解释屈服于隐含但潜在权力的条件性压力的可能性”。[44]

权力在科学传播和科学公民的表达中处于关键位置，它是如何被表达和协商的，还要提出几个重要的问题。这是一个复杂的问题。根据斯特林，权力“通常可以简单地通过对强大行动者可能行动的无意识预期来运作”[45]，因此可能不会强制或胁迫，而是隐隐约约让我们渴望去取悦那些我们认为有权力的对象。科学传播研究人员应该问的一个问题是：在科学传播的不同情境中，哪些利益受到了威胁或支持？在实践中，如科学写作、面对面活动或博物馆等活动，权力如何被表达和抵制？但是，看到权力及围绕它的动力不是直接被强加和抵制的问题，而是一个动态的过程也很重要。权力不是简单地存在，而是不断生产的，其作用和影响不一定受个别行动者的控制。正是权力的这个方面，再次使我们将科学公民理解为动态的而不是固定的。

这也建立在麦克·迈克尔和其他人的工作基础上，他们强调科学传播的生成性。正如迈克尔所论证的，在科学传播中，“科学”和“公众”不是离散的，而应该被视为在本质上是相互关联的，其互动的形式不同、根系交错[46]（见第二章），他还认为这种复杂性是时间性的和空间性的。参与科学传播的行动者不是固定的，而是在过程中生成的；他们对传播的参与会将其改变成稍有差异的东西。因此，科学技术与社会理论强调，科学和公众是通过科学传播共同制造的。它们不是固定的，而是从相互参与中形成自己的本质。迈克尔用“事件”的概念来表达这一点。事件的特点是“它的构成要素的相互作用改变了这些要素”。[47] 这些要素——科学传播的消费者、生产者、组织者、对象和材料——并不是已经固定的实体，这些实体在科学传播中的特定配置碰巧在一起；实际上，他们是“变得在一起”，由于互相的纠缠而具有稍微不同的特征（也许从一开始就产生了）。

这给了我们什么启发？关键并不在于需要解构我们所研究的科学传播的每一刻，也不是说我们永远都不会重点讨论特定行动者或场所的权力。相反，它鼓励我们留心这样一个版本的科学传播，其中，权力贯穿于整个过程，是动态的。诸如“事件”这样的概念有助于我们注意到未预见的事情，而不是让自己受到方法论或理论假设的限制。无论是参加对话活动、举行科学咖啡馆活动，还是在午餐时间谈论科学话题，科学公民都是不固定的，情况不同，表现也不同。因此，作为一种分析工具，这种情况鼓励我们认知科学传播实践某个时刻的偶然性，以及积极科学公民的变化形式。

回顾“科学在城市”科学节的欧洲科学开放论坛，我们可以想象一位大学的科学家参与了这个活动。有一段时间，她可能会在自己部门所负责的展亭里演示展品：当她解释自己的研究、指导志愿者的时候，她看起来似乎掌控了受众，但是，她也意识到，学校的公关官员正在察看，她希望给他留下一个好印象。另一个时刻，她参观了另一个展亭，看看不同学科的研究，并思考这些研究和她的关切之间的联系，她关切的是政府对环境污染的立场。而在其他时刻，她参加了一个由行动主义者组织的研讨会，他们用了她自己也在研究中使用的实验室设备的大幅低配版本，但是遵循着自己的兴趣和宗旨，而不是体制内的科学。因此，她如何行使科学公民的权利，以及她所抵制和拥有的权力是不断变化的。将权力问题纳入对科学传播的分析中，可以帮助我们注意到这些动态，并理解科学公民在不同时刻如何被述说和表达。

赞助、公关和“大爆炸”展览会

考察权力可以引导我们研究科学传播中的金钱和特殊利益。英国的“大爆炸”展览会是一年一度的盛事，首次举办是在2009年。它的网站称，这是“英国最大的为年轻人而设的科学、技术、工程和数学（science，technology，engineering and math，STEM）庆典”。2015年，有7万名访客参加该活动，其中，许多是学校组织的团队。展览会在一个巨大的会议中心举行，主要内容包括从现场科学节目——爆炸、爆炸、更多的爆炸——到女性导向的“编程马拉松”。大部分内容类似于传统展会：访客可以浏览各种机构（大学、学会和英国军方）、企业主办的展亭和摊位，以及更多一般的科学传播团队和项目（街头数学艺人，罗兰·埃米特协会，埃米特设计了电影《万能飞天车》里的汽车，该协会旨在保护埃米特设计的作品）。该网站谈到，展览会展示了“工程和科学是多么令人兴奋，以及强调有科学、技术、工程和数学背景的年轻人的职业可能性”。[48]

世界各地都有类似的科学博览会和节日鼓励青年人参与科技活动。但近年来，“大爆炸”展览会已经变得越来越有争议性，至少在英国科学传播从业者的社区内是这样的。原因有几个。有些团队评论说，参加这个活动太贵了——展会对游客来说是免费的，但是如果想要运营一个摊位，就需要交费，如果你是大学或非营利组织，没有专门用于公关的资金，这笔费用就成了参展的障碍。[49]2014年，研究者和活动家哈姆扎·哈姆基（Hamza Hamouchene）还发起了一个请愿[50]，要求展会减少与武器制造商的联系。像英国BAE系统公司、劳斯莱斯和斗山这样的公司是“大爆炸”展览会的主要赞助商，并且也是参会者。哈姆基等认为，展会为这些公司提供了一个平台来宣传他们的活动，却没有任何空间来讨论他们使用科技的方式（包括在活动中违反道德和人权）。[51]最后，还有人认为，随着展会规模越来越大和专业化，它越来越成为一种公关和品牌宣传活动，而不是科学传播或教育。“公关主导的科学传播不总是无私的”，科学传播研究人员爱丽丝·贝尔参观了2014年的展览会后，在《卫报》撰文说[52]，“无论是与大学、学会、研究委员会、工程公司还是武装部队交流，我都觉得他们有杜撰的嫌疑。”

这些争议令人着迷，原因有很多。展会展示了科学传播正在职业化的程度：展览会本身及其所举办的活动通常由一批专业的全职传播者及外围具有科学、技术、工程和数学背景的精心组织的志愿者运营，以及其与企业、大学、学科或专业公关交织纠缠的方式。它也使这个问题浮出了水面，权力在什么程度上已经是科学和科学传播的关键问题。“大爆炸”展览会的批评者指出，它似乎受制于精英的观点和利益。接受大企业这么多的资金投入，他们对科学的视角有分裂的风险，呈现的是“主要由最大的工业企业和军队等狭隘的强大利益集团决定”的对科学、技术、工程和数学目标和可能性的想象，正如“科学家全球责任”的主任斯图尔特·帕金森所写的那样。[53]另外，如科学技术与社会学者贝弗利·吉布斯（Beverley Gibbs）指出的那样，这些集团是科技研究的最大资助者之一：科学一直是由工业和军事利益驱动的，所以也许展览会只是给学校学生一个现实的感觉，如果他们接受科学、技术、工程和数学科目的训练，可能将会为谁工作。[54]换句话说，不仅大爆炸展览会受制于大企业和政府的权力，整个科学都是这样。

通过科学传播履行科学公民的义务

在科学的背景下，我们已经用科学公民来命名国家与公民之间的关系了，并建议这种关系应该是包容的、开放的和互动的。公民不仅要做好参与的准备，还要影响所在国家的科技发展进程。但我们认为，这种参与和影响的过程可以以多种方式进行。科学公民并不一定要涉及正式的治理机制，例如投票选举或参与审议决策过程，尽管这些事情仍然很重要。它不必看起来特别“政治化”。相反，我们认为，科学公民分布在社会各个层面，可以通过各种形式的科学传播来履行义务。即使是看起来以休闲或娱乐为导向的科学传播形式——阅读科学杂志、举办科学咖啡馆活动、参观博物馆——也可以成为参与公民生活时使用的经验。

我们也通过关注权力问题得出了结论。这很重要：它是讨论公民概念本质的一个关键原因。我们认为，科学传播应该旨在赋权公民。它可以而且应该使他们履行公民义务——不管是否涉及审议新技术、抗议和抵制，还是理解国家对科学的资助。无论我们有多想让人们参与科技活动，但他们往往都有很好的理由不这样做。他们可能觉得这与他们无关，他们有更紧迫的关切，或者他们就是认为试图影响科学政策或议程设置是毫无意义的。这就是为什么公众争议和对科学的抵制仍然如此重要：这些是外行人士积极参与的情况，旨在影响国家对特定科学问题的立场。我们认为，科学传播研究只能从关注公众传播的这些情况及其他公民意识被表达和培育，或者没有被表达和培育的方式中获取营养。

注　释

1. p. 11, Durant J, Evans G, and Thomas GP (1989) The public understanding of science. *Nature* 340: 11–14.
2. pp. 21–26, Leach M and Scoones I (2005) Science and citizenship in a global context. In: Leach M, Scoones I, and Wynne B (eds), *Science and Citizens*, Zed Books, pp. 15–38.
3. Irwin A (2001) Constructing the scientific citizen: Science and democracy in the biosciences. *Public Understanding of Science* 10(1): 1–18.
4. Horst M (2007) Public expectations of gene therapy: Scientific futures and their performative effects on scientific citizenship. *Science, Technology & Human Values* 32(2): 150–171.
5. Árnason V (2013) Scientific citizenship in a democratic society. *Public Understanding of Science* 22(8): 927–940.
6. 例如，见：Rose N and Novas C (2004) Biological citizenship. In: Ong A and

Collier S (eds), *Global Assemblages: Technology, Politics, and Ethics as Anthropological Problems*, Oxford: Blackwell Publishing, pp. 439–463.

7. p. 589, Goven J (2006) Processes of inclusion, cultures of calculation, structures of power: Scientific citizenship and the Royal Commission on Genetic Modification. *Science, Technology & Human Values* 31(5): 565–598.
8. p. 930, Árnason V (2013) Scientific citizenship in a democratic society. *Public Understanding of Science* 22(8): 927–940.
9. p. 5, Bauer M and Gaskell G (2002) *Biotechnology. The Making of a Global Controversy*. Cambridge: Cambridge University Press.
10. p. 2, Bauer MW (2015) *Atoms, Bytes and Genes: Public Resistance and Techno-Scientific Responses*. Routledge.
11. pp. 101–111, 同上。
12. Frontpage of Stilgoe J, Irwin A, and Jones K (2006) *The Received Wisdom—Opening Up Expert Advice*. London: Demos.
13. Fiorino DJ (1990) Citizen participation and environmental risk: A survey of institutional mechanisms. *Science Technology Human Values* 15(2): 226–243.
14. p. xi, Irwin A (1995) *Citizen Science: A Study of People, Expertise and Sustainable Development*. London: Routledge.
15. Ottinger G (2010) Buckets of resistance: Standards and the effectiveness of citizen science. *Science, Technology & Human Values* 35(2): 244–270.
16. p. 467, Silvertown J (2009) A new dawn for citizen science. *Trends in Ecology & Evolution* 24(9): 467–471.
17. http://programme.exordo.com/cs2015/delegates/presentation/83/.
18. Schäfer T and Kieslinger B (2016) Supporting emerging forms of citizen science: A plea for diversity, creativity and social innovation. *Journal of Science Communication* 15(02): Y02.
19. Felt U, Fochler M, Mager A, et al. (2008) Visions and versions of governing biomedicine: Narratives on power structures, decision-making and public participation in the field of biomedical technology in the Austrian context. *Social Studies of Science* 38(2): 233–257.
20. 我们不是第一个提出该论点的人，例如，见：Irwin A (1995) *Citizen science. A study of people, expertise and sustainable development*. London: Routledge.
21. Castell S, Charlton A, Clemence M, et al. (2014) *Public Attitudes to Science 2014*. London: Department for Business, Innovation and Skills.
    http://www.sciencemuseum.org.uk/about_us/history/facts_and_figures.aspx.
22. 见：Bandelli A, Konijn EA, and Willems JW (2009) The need for public participation in the governance of science centers. *Museum Management and Curatorship* 24: 89–104.
23. 将公众参与科学分类的一种方法是看对话是“政策商议取向”（policy-informing）还是“非政策商议取向”（nonpolicy-informing）。这意思是区分寻求直接影响科学政策的参与形式，如有助于确定医学研究中资金优先级的共识会议，以及不寻求产生直接影响的参与形式，如科学咖啡馆或博物馆对话活动。见：Davies S, McCallie E, Simonsson E, et al. (2009) Discussing dialogue: Perspectives on the value of science dialogue events that do not inform policy. *Public Understanding of Science* 18(3): 338–353.
24. p. 323, Rawlings KC (2012) Attending Tocqueville's school: Examining the intrapersonal, political, and civic effects of nonprofit-board participation. *Administrative Theory & Praxis* 34(3): 320–356.
25. p. 31, Leach M and Scoones I (2005) Science and citizenship in a global context. In: Leach M, Scoones I, and Wynne B (eds), *Science and Citizens*, Zed Books, pp. 15–38.
26. Selin C, Rawlings KC, Ridder-Vignone K de, et al. (2016 Online First) Experiments in engagement: Designing public engagement with science and technology for capacity building. *Public Understanding of Science*.
Powell MC and Colin M (2009) Participatory paradoxes: Facilitating citizen engagement in science and technology from the top-down? *Bulletin of Science, Technology & Society* 29(4): 325–342.
27. Neresini F, Dimopoulos K, Kallfass M, et al. (2009) Exploring a black box cross-national study of visit effects on visitors to large physics research centers in Europe. *Science Communication* 30(4): 506–533.
28. 可见: http://www.futurescapecitytours.org.
29. 见：Selin C, Rawlings KC, Ridder-Vignone K de, et al. (2016 Online First) Experiments in engagement: Designing public engagement with science and technology for capacity building. *Public Understanding of Science*; Selin et al forthcoming.
30. Cohen J (1989) Deliberation and democratic legitimacy. In: Hamlin A and Petit P (eds), *The Good Polity*, London: Blackwell.
31. Parkinson J (2006) *Deliberating in the Real World: Problems of Legitimacy in Deliberative Democracy*. Oxford; New York: Oxford University Press.
Parkinson J and Mansbridge J (eds) (2012) *Deliberative Systems: Deliberative Democracy at the Large Scale*. Cambridge University Press.
32. p. 10, Mansbridge J, Bohman J, Chambers S, et al. (2012) A systemic approach to deliberative democracy. In: Parkinson J and Mansbridge J (eds), *Deliberative Systems: Deliberative Democracy at the Large Scale*, Cambridge University Press, pp. 1–26.
33. 同上。
34. p. 9, 同上。
35. 同上。
36. Stirling A (2008) 'Opening up' and 'closing down': Power, participation, and pluralism in the social appraisal of technology. *Science, Technology & Human Values* 33(2): 262–294.
37. Stilgoe J (2012) Taking care of the future—The imperative of responsible innovation. *People and Science* June 2012: 22.

38. 更多的细节讨论可见： Davies SR and Horst M (2015) Crafting the group: Care in research management. *Social Studies of Science* 45(3): 371–393.
39. 还可见：Kjølberg KL and Strand R (2011) Conversations about responsible nanoresearch. *NanoEthics* 5(1): 99–113.
40. 我们受到福柯权力思想的广泛启发。Foucault M (1972) *Power/Knowledge*. New York: Pantheon Books.

Foucault M (2000) Governmentality. In: Faubion JD (ed.), *Michel Foucault: Power*, London: Penguin, pp. 201–222.

Latour B (1986) The powers of association. In: Law J (ed.), *Powers, Action and Belief*, London: Routledge, pp. 264–280.
41. http://www.artnotoil.org.uk/blog/carols-not-barrels-performed-inside-and-outside-shell-sponsored-institutions-11213.
42. http://www.theguardian.com/science/political-science/2014/mar/26/the-big-bang-fair-puts-pr-above-education.
43. Stirling A (2008) 'Opening up' and 'closing down': Power, participation, and pluralism in the social appraisal of technology. *Science, Technology & Human Values* 33(2): 262–294.
44. pp. 276–7, 同上。
45. 同上。
46. Michael M (2002) Comprehension, apprehension, prehension: Heterogeneity and the public understanding of science. *Science, Technology & Human Values* 27(3): 357–378.
47. Horst M and Michael M (2011) On the shoulders of idiots: Re-thinking science communication as 'event'. *Science as Culture*.
48. https://www.thebigbangfair.co.uk/About_Us/.
49. http://www.theguardian.com/science/political-science/2014/mar/26/the-big-bang-fair-puts-pr-above-education.
50. https://you.38degrees.org.uk/petitions/big-bang-fair-stop-promoting-the-arms-trade.
51. http://www.theguardian.com/science/political-science/2014/mar/14/the-big-bang-fair-why-it-must-cut-ties-with-the-arms-industry.

http://www.newleftproject.org/index.php/site/article_comments/the_big_bang_fair_a_distorted_view_of_the_value_of_science.
52. http://www.theguardian.com/science/political-science/2014/mar/26/the-big-bang-fair-puts-pr-above-education.
53. http://www.newleftproject.org/index.php/site/article_comments/the_big_bang_fair_a_distorted_view_of_the_value_of_science.
54. http://www.bevgibbs.com/big-bang-fair-in-the-mirror-without-distortion/.

第九章

缺失与对话：重新框架科学传播研究和实践

科学传播可以有多种形式。它可能涉及试图宣传品牌的大学、带家人参加科学活动的忙碌父母、使外行人士参与科学决策的努力、在学术机构中进行公开演讲的研究人员，或者围绕科学家行为不端引发的社会媒体风暴。科学传播存在于我们社会中的很多地方，它的频率和多样性意味着其丰富多彩的程度。总而言之，它是色彩、策略、情感、场所、愿景、对象和意义构建的多元混合。

科学传播的丰富性——它有许多不同的形式，其中许多值得学界未来更多地关注——一直是我们整本书的关键主题之一。另一个主题是它的复杂性。我们认为，科学传播不仅仅是把困难的事物变得简单，也不仅仅是把科学知识传递给非科学家的受众。围绕科学传播发生的事情，总是比某人是否理解科学信息更为丰富：身份认同和更广泛的意义总是容易被忽略。科学传播可能涉及诸如兴趣和惊叹这样的情感，或学习新事物的经验，但它也可能有助于建构作为科学专家的身份认同，发展传播专业人士的事业，召唤学生从事科学，或者融合一群决定退出积极受众身份的朋友间的社会关系。科学传播肯定和科学有关，但是也和“我们是谁”相关，不管“我们”是指科学家、大学、整个社会还是其他类型的群体。

我们希望读者从本书中得到的启示之一是我们所说的科学传播的多面性。我们希望这种丰富性影响我们对科学传播形式和安排、生产者和消费者的认知，以及影响我们研究科学传播的方式。科学传播不是一种线性的叙述，也不能仅仅用一些箭头就可以在模式图中被模拟出来：它是一片丛林，充满了色彩和气味，阴影中隐藏着各种“野兽”和奇怪的东西。或者，正如我们所提议的，它是一个生态系统，其中有各种各样的生命，它们通过多种手段相互作用。我们也认为，没有一种分析或理论方法可以单独应对这种多样性，没有一种方法论视角可以被用来研究所有的、从大学公关到科学剧场或科学博客的各种科学传播。相反，科学传播学术界需要借鉴不同的学科、概念传统和资源。在本书中，我们更多地倾向于从科学技术与社会、组织理论和政治科学中获得借鉴，但这只是反映了我们自己的背景和倾向，不应被视为确定性的。正如我们需要确保我们的科学传播图景包括所有不同的形式及所有不同的参与者一样，我们还需要扩大研究的工具资源包。

关键主题与理念

第九章的其余部分对科学传播学界及我们希望参加的未来讨论类型进行了更具有反思性的讨论。在此之前，我们想回顾一下前面几章中特别重要的理念。

第一个关键理念是在第一章和第二章中提出来的，我们已经在第九章开始的段落中总结了。从本质上讲，科学传播的内涵比我们可能想象的要丰富得多。它的当代实践是由不同的历史和情境所塑造的。传播总是比简单的信息传递更为复杂。

第二个理念是我们需要摆脱这样的思考方式，在科学传播生产中，科学家是代表自己个体的关键角色。第三章提出，科学家在参与科学传播时，一直是特定集体的代表。他们的传播很少只和知识传递有关，而是关于他们作为学科或整个科学界的代表身份、他们与大学和其他研究机构的关系，以及他们可能效忠的多种科学文化。在第四章中，我们探讨了科学传播的职业化，指出职业传播者在研究机构内外都在兴起。这种职业化本身就应该是一个研究的课题：摒弃科学家作为科学传播主要生产者的模式，我们将能注意到科学传播产业的兴起、更广泛科学传播社区的规范和价值观，以及大学和大学科学家以外的许多行动者现在参与了科学传播。

第三个关键理念是知识生产不断变化的性质正在重塑科学传播，同时也被科学传播所重塑。当然，这是科学传播职业化背后的一个驱动力：大学越来越多地将传播工作委托给专业人才，我们现在生活在“知识社会”的意识已经导致政府增加了对有科学素养的公众的需求和训练有素的科学家的稳定供应。第五章与第六章考虑了公共研究的市场化和“学术资本主义”的发展对科学传播讲述的各种故事及传播组织方式的影响。研究机构现在需要建立强大的品牌形象和清晰的信息传递方式，并越来越多地使用来自企业传播的战略和专业人士来做到这一点。另外，第六章中讨论了关于科学的故事就是为未来社会创造愿景和期望，并通过这样做来形塑现实。科学传播往往是创新的传播：它描述新技术、新兴研究领域，以及对未来产品和使用它们的人的想象，并且因此成为制造真实的一部分。正如我们在整本书中所看到的，科学传播不是中立的，而是有助于构建我们的社会及我们作为公民的角色。

第四个理念首先出现在第二章，又在第七章中进一步被发展，即我们需要更加重视科学传播中的非话语。我们认为，传播是持续的、解释性的意义生产。这种意义生产依赖于物质基础设施和互动网络，就像依赖于语言一样。在科学传播的背景下，这意味着我们需要更多地思考图像、空间、对象和情感在构建传播经验中的作用。只关注谈话和文本，我们会有这样的风险，即错失许多科学传播情境中发生的意义，包括厌倦、不当行为和未经授权的传播产品使用等。这些行为可能被诠释为“失败”，但他们提供了对生产者和消费者使用科学传播的复杂方式的重要洞察。注意到非话语可以帮助我们识别传播在不同情况下所涉及的关键问题，例如，提请我们注意社会过程（如身份建构或科学传播）来满足特定情感需求的方式。

我们的最后一个主题是民主。在论证将科学传播理解为丰富多样的生态系统的过程中，我们也通过多种方式主张应该扩展科学传播的视野，承认特定的传播情境可能拥有不同的多元目的和使用方式。但这并不意味着我们想完全放弃规范性，或者只对分析科学传播作为审美经验或组织问题感兴趣。在第九章中，我们认为，科学传播在科学公民方面发挥着重要作用。如果说货物和财富的分配是工业社会政治斗争的关键焦点[1]，那么，科技知识的分配、控制和使用能力可以被看作是知识社会的核心政治斗争。因此，科学传播是包容性的关键工具，能够确保理解、评估、控制和利用科技知识的能力在社会中共享。尽管科学公民可能以许多不同的方式表达，但重要的是，将科学传播视为其中的一部分，可以在更广的公众对科学知识的关切、抵制和利用的驱动中发挥作用。

从缺失到对话

至少在一种方式上，我们试图以非传统的方式写作本书：在第一章开始的时候，我们就提出了我们的结论，即科学传播应该作为一种文化现象来分析。第二章到第八章试图弄清楚这种做法在实践中应该怎么做，试图探索不同的概念资源，这些资源可能有助于我们注意消费、管制、再现、生产和身份建构的瞬间。同样，这个结论性的章节并没有试图将之前所有的章节整合在一起。相反，我们将提供的是一些想法，关于科学传播作为一个领域向前发展的方式。在这样做的时候，我们的出发点是第二章中介绍的“从缺失到对话”叙事，将其作为科学传播近期历史的一个方面。

正如布莱恩·特伦奇所说的，这一叙事是一个基础性的故事，以多种方式被这个领域的人们用来描述这个领域。它被用来制造科学传播学者和从业者的身份认同，同时也被用来描述科学传播的生产和规制的规范性基础。这是一个凯旋的故事，一个进步的、开明的发展。关于科学传播，特伦奇写道：

> 近十年来，几乎反复地讲述同一个关于自己的发展的故事。这个故事很简单：以前的科学传播是根据“缺失模式”开展的，它是一种从富有知识的专家到没有知识的公众之间的单向传播；现在它是“对话模式”，能让公众参与双向传播，并利用他们自己的信息和经验。[2]

科学传播从缺失转向对话的故事已经被科学传播学界、教学及该领域更广义的传播者（例如对于政策制定者来说）用来作为一种有影响力、便捷地思考公众科学传播的简写。然而，在写作本书的时候，我们在大部分时间已经努力把这个叙事推到了背后。在第九章中，我们想提供一些关于为什么这样做的反思。这个讨论的目的是开辟学术思维，指出学界需要新鲜的分析，以及新的概念和其他形式的建模与理论构建。作为历史描述和规范框架，虽然“从缺失到对话”可能成为科学传播作为学术领域专业化和一致性的有用工具，但我们认为，它现在对这一领域的发展施加了限制。在这个问题上，我们的论点基于其他许多人的工作，他们注意到了“从缺失到对话”的叙事作为科学传播研究解释性手段的问题，这些人包括麦克·迈克尔、布莱恩·特伦奇、艾伦·欧文、马西米安诺·布奇（Massimiano Bucchi）及乌里克·费尔特。那么，我们就利用这些人及其他学者的工作来继续提出谈论我们领域的替代方法。

接下来我们会试图阐述清楚这些限制，并指出我们认为更有成效的思考方式。需要明确的是，我们的批判性反思并不是针对特定的主题、作者或学派的，而是开启我们这个领域新的故事叙事的方式。我们同样也反思了自己对“缺失和对话”的使用，与反思其他人的一样。我们对这个故事思考得越多，就越发现它并非那么有用。因此，我们想提请注意超越这个叙事的方法，以便邀请读者考虑科学传播实践和学术研究的新途径。

承认科学传播的多元历史

将“从缺失到对话”作为历史性描述，20世纪80年代是这个叙事的“开始”，它排除了之前发生的一切，大大地简化了科学传播的历史。换句话说，这种叙事倾向于排除1985年（英国皇家学会关于公众理解科学的博德默报告于1985年出版）之前发生的不同形式科学传播的广泛的史前史，因此消除了该领域的历史遗产。不管是科学传播多元形式的历史，还是对科学与社会之间关系的旧有想象方式，这种做法都错失了重要的背景。

科学传播历史悠久。正如我们在第二章中所讲的，科学进程中一直隐含着某些“公众”概念。与公众对话者的关系一直是科学家建立稳定专业身份的关键手段[3]：即使在英国皇家学会成立的过程中，早期的科学家也认为，他们的工作对公众开放也是很重要的。公开努力提高公众对科学知识的认知和理解同样拥有悠久的历史，从维多利亚机械学院和教育小册子到“明星科学家”的活动，如理查德·费曼（Richard Feynman）、罗伯特·奥本海默（J. Robert Oppenheimer）或今天的苏珊·格林菲尔德。[4]这个史前史并不局限于会被理解为公众理解科学的活动。对话或参与的实例也很丰富，例如，从工人阶级政治激进分子对早期进化理论的运用[5]到20世纪70年代欧洲科学商店（外行人士可以委托研究机构，如大学开展某项研究或查询他们现有的研究）的出现。[6]

那么，当我们考虑科学传播的时候，我们需要记住，数百年以来，它一直受到关于科学、社会和民主的思考的影响（正如我们在第二章中强调的）。我们应该抵制将其视为新事物或与更广泛的历史发展隔离的诱惑。例如，公民科学正受到褒奖，因为它能通过让公民参与研究而使科学民主化，同时也是一个“免费”的分析或经验劳力来源，或者迄今尚未开发的创造力来源。但这种热情常常忽略了业余研究或自下而上的研究形式具有悠久的历史。公民长期以来一直作为志愿者参与研究（如作为观鸟者）或投入自己的科学研究（例如最前沿的植物育种）。[7] 忽视科学传播的历史意味着我们会有错过长期模式、趋势和周期的风险，或者在分析“新的”形式或趋势时“重新发明轮胎”。

科学传播的历史同样也是基于文化的。理解它们将有助于我们掌握科学传播实践的细微差别，并审视科学传播的形式和理念如何扩散（或不扩散）。其中一个例子是 20 世纪 80 年代丹麦技术理事会（Danish Board of Technology，DBT；丹麦语为 Teknologi-Rådet）发展的参与式共识会议模式[8]。2000 年以后，其他欧洲及北美国家开始对参与和审议方法感兴趣，丹麦技术理事会的活动常常被用来作为科学对话的可能模式。然而，这些活动基于丹麦特有的根深蒂固的文化传统，其中包括重视平等主义、同质性、共识和反精英主义。当时，很少有人考虑如何将这些方法移植到其他文化背景下，而这些文化可能对平等主义和共识的历史重视程度较低[9]，在实践中，把共识会议的方法简单移植到另一种文化背景并不容易。这里的关键点在于文化是多元的、复杂的。虽然一种文化的某些方面有助于科学传播的特定目标和形式，但该文化的其他方面对于科学传播来说可能充满挑战性。如果我们想用科学传播的过去来理解它的未来，就需要全面了解它的历史和它所代表的各种文化。

承认科学传播（研究）的生态系统

“从缺失到对话”叙事所描述的科学传播的历史是高度片面的。它倾向于用二分法划分这个领域——将其分为两个极端的对立面，即缺失和对话传播——而不是将科学传播理解为具有许多不同节点的生态系统，每个节点可能适合不同的目的。作为一种分析工具，这种叙事对于某种讨论非常有用。它可以挑战这种理念，即在公众传播中，科学家应该永远说话，非科学家应该永远倾听和学习。然而，通过强调“缺失”与“对话”之间的二分法，这种历史将科学传播视为要么是“公众理解科学”的形式（公开演讲或类似的形式），要么是“对话”的形式（特别是共识会议等参与过程）。它在很大程度上忽视了这两种类别之外的科学传播的作用，包括可能最重要的大众媒体。报纸、电视、科普杂志和书籍中的科学都有自己的历史和传统；重要的是，当前我们在考虑科学传播的生态系统及其勾连的时候，要涵盖这些历史和传统。同样，“从缺失到对话”的故事中的科学传播者往往只聚焦于在职科学家。毕竟，科学家是博德默报告和其他提升公众理解呼吁的目标。这使得其他相关行动者不那么受人注意，如博物馆专业人士、大学公关人员或科学记者。如果我们继续使用基于这一叙事的分析工具，这将会导致我们只关注特定的科学传播形式和行动者，从而错过这个生态系统中的很大一部分。

一个相关的问题是，缺失叙事和对话叙事都倾向于将这个领域分成两个阵营。其中，一个阵营的人努力发起审议活动，并试图让公众参与对话。所有其他人在另一个阵营：想教高中生学习科学，以吸引他们接触科学的科学家；想要解释量子物理学的最新启示，以维持其所在媒体科学报道声誉的科学记者；希望他们关于宇宙奇迹的展览能教育和娱乐访客的博物馆策展人；研究公众对科学的认知和态度的学者。将这些志向和做法全部合并到缺失和对话的框架中显然无所助益。相反，我们需要研究这些做法本身。同样，该领域也有一种趋势，即把研究实践和抱负相当明确地划分为定量与定性。虽然这不仅仅是“从缺失到对话”叙事的结果，但这样的叙事肯定没有帮助。我们认为，未来的学术界应该纳入更多不同传统之间的合作。正如马丁·鲍尔和他的同事所写的那样，“用调查研究本身定型公众的缺失模式，用定性方案定型批判性研究，这是谬误的无用的，只是当代的一种修辞而已”。[10] 我们的工作很大程度上是在定性传统下进行的，但是，我们通常也使用这个领域的同行所开展的定量研究来进行教学、研究和向公众传播自己的研究。

承认科学传播的多样文化

我们还需要意识到，“从缺失到对话”叙事说的是在一个特定的国家，即英国的背景。在这里，科学参与式治理的发展最为明显（尽管绝不是完全的或完全被接受的），对话和参与的话语对科学传播实践的影响最大。其他国家和地区可能在不同程度上受到类似趋势的影响，但如上所述，他们也有自己的科学传播历史和想象。

科学传播是一个全球现象。政府对面向公众的科学传播的支持程度似乎在世界各地都有所上升，另有证据表明，该领域的研究正在增加。据传，“2013 年年底正在进行的博士项目比过去 20 多年完成的还要多”。[11] 但科学传播在各地的兴起并不相同。在不同的地区或国家，正如科学实践本身就看起来有些不同一样 [12]，科学传播的开展总是会被文化所影响。因此，特别重要的是，我们不应将在一个国家背景下发展的描述性和规范性叙述应用于整个领域。

科学传播在世界各地看起来是怎么样的呢？在丹麦，与英国中心叙事恰好相反的事情发生了，20 世纪 80 年代和 90 年代是公众参与科学政策的顶峰，后来却逐渐衰落了。直到最近，规范已经变成了这样的期望，即科学应该回应产业的需求，促进经济增长以协助社会，以及强调公众理解科学来培养具有科学素养的公民。[13] 奥地利的研究表明，与其他欧洲国家相比，该国是促进公众参与的相对后来者，决策者和外行人士对这些参与方法也是相当冷淡的。[14] 在美国，虽然对公众参与感兴趣 [15]，但这个概念从来没有像在欧洲一些国家一样成为主流。

2014 年版的《公众科技传播手册》（*Handbook of Public Communication of Science and Technology*）囊括了 5 个来自“新兴科学传播中心”的报告，有助于进一步扩展这个图景。[16] 手册的编辑布莱恩・特伦奇和马西米安诺・布奇清楚地表明，以英国和北欧为中心的科学传播历史并没有被其他国家简单地复制 ——当然，“从缺失到对话”的历史中的一些理念被其他地方采用了。例如，在土耳其，特伦奇和布奇［与土耳其学者古尔特金・卡克马基（Gultekin Cakmakci）合作］注意到，政治领导人的快速更替导致了挑战的出现：教育部长在 10 年内换了 5 次，每个人都主张不同的科学普及政策。有些人热衷于对话和参与；其他人则更倾向于“缺失”模式。在阿根廷，科学新闻越来越专业化和职业化，媒体组织任命了更多的专业科学记者——这与美国的情况有很大的不同，例如，传播学者沙龙・邓伍德（Sharon Dunwoody）将那里的科学作家描述为“濒危物种”。[17] 科学传播往往与国家的经济转型以及对新技术产业的渴望挂钩。特伦奇和布奇，以及雅高・奥莱斯科（Arko Olesk）和班科莱・法拉德（Bankole Falade），描述了爱沙尼亚自千禧年以来信息技术的繁荣和尼日利亚通过“科技的快速传播”促进经济增长的愿望 [18]；在这两种情况下，都有必要提高公众对科学的兴趣，并招募学生进入科技领域。

参考欧洲一项大型的科学和社会地位调查，特伦奇和布奇总结了他们的思考。[19] 按照科学传播的现状，他们把国家分为三类——稳固国家、发展中国家和脆弱国家——划分的依据是科学传播制度化或公众对科学感兴趣的程度等因素（第一类国家包括意大利和比利时；奥地利、瑞士和拉脱维亚属于第二类；最后一类包括以色列、克罗地亚和捷克）。他们写道，有一件事是“不可避免的”：

> 从缺失模式到对话的转向假定——无论有效与否，这可以是对具有较长制度化科学传播传统的地区的观察——不适用于那些科学传播文化处于“发展中”或“脆弱”的上述欧洲国家。[20]

换句话说，所有国家都有自己的科学传播文化。虽然这些可能包括“缺失”和“对话”模式的部分元素，但它们似乎不太可能与英国原型看起来一样。我们希望看到的是，未来的研究更多地关注不同国家和地区的故事与文化，以及他们与科学传播的具体形式、抱负和经验相互关联的方式。

承认科学传播的多样性

即使在英国，将最近的科学传播历史视作从一种形式（单向扩散）到另一种形式（互动对话）的平滑线性进程，也是错误的。实际上，这两种形式还有许多既不完全属于缺失也不完全属于对话的形式，一直是共存的，并且现在还是这样。艾伦·欧文在讨论思考科学和社会的不同“次序”时提出了这一点。[21] 欧文认为，缺失模式和对话模式传播的都是更广泛的科学治理应该是什么样的表现。例如，“一阶”思维，欧文把它与科学传播缺失模式的应用联系起来，这可以追溯到我们在第二章中讨论的启蒙思想所塑造的“现代性文化”。这些文化非常重视科学技术知识，国家也很关心如何根据这些专业知识做出合理的选择。科学治理是自上而下的，公众的角色就是赞赏地接受科学所提供的东西。相比之下，“二阶”思维涉及治理模式，不管是科学议题还是其他，强调尽可能多的不同种类行动者的审议和参与。但是，这些思维的阶次似乎是同时存在的，而不是一个接着一个。欧文写道：

> ……在大多数国家和地区，这些阶次是混合的（或搅在一起的）。缺失模式与对话和参与话语并存。虽然一些组织和个人寻求解决传播问题的快捷之道，但其他组织及个人已经开始反思缺失和对话的固有局限、背景、条件。重要的是，并非所有各方都会对某一特定分类达成一致：一方视为“参与”的传播很可能被另一方视为自上而下的传播（特别是在对结果感到失望时）。[22]

那么，在实践中，科学传播景观一直比“从缺失到对话”话语所显示的更为多样化。在公众理解科学的日子里有对话和参与，同样地，今天仍然也有大量缺失模式的科学传播。另外，正如欧文所注意到的，这两种形式之间的界限并不总是清楚的。一个人的参与可能是另一个人的公众理解科学。这也再次告诉了我们当前科学传播实践的异质性。我们应该期待不同的方法、不同的内隐科学治理观念、不同的科学与社会关系，将其“混合在一起”，因为它们并不总是那么容易区分。

其中一个例子是丹麦技术理事会发展的审议形式在世界各地扩散的方式。虽然形式看起来似乎一样，但实际上，不同地方实施共识会议的方式是不同的。它们不仅能够产生审议和对话，而且还能带来更多的缺失模式的传播或新兴的合作网络。[23]2009 年，一项由丹麦技术理事会牵头的项目——“全球变暖的全球视野（world wide views，WWV）”，在世界各地实施了。一些澳大利亚学者——澳大利亚项目团队的部分成员，反思了他们试图在全球范围内进行相同审议过程的经验。[24]“全球变暖的全球视野”方法的挑战包括每个国家（不管大小）选择100位公民（例如，中国有13亿人口，丹麦只有600万，但参与者的数量都是一样的），或者具有多种民族语言的国家必须选择一种语言进行这一过程，这不可避免地将部分公民排除在外。他们还指出了文化因素在建构审议经验中的重要性，而这是经常被忽视的。因此，即使采用标准化的问题或结构，在国家之间移植审议活动也不像看起来那么简单。他们写道：

> 在权力根基不平衡的社会，公开讨论是一种挑战，例如，拥有不平等的性别关系、政治辩论不宽容的国家，以及质疑现状的参与者可能会有危险的地方。

因此，审议性的公众参与活动并不总是能带来审议，而是以许多方式溢出的，可能会强化或实施与原本打算与之斗争的权力平衡、排斥行为和缺失模式的传播。这些溢出在微观层面上表明了不同科学治理模式相互纠缠的方式。同一个过程，在某个时刻可能是一个行动者的审议事件；但是对于另一个行动者来说，其可能就是自上而下传播的窒息体验。在这种情况下，简单地得出结论，认为努力是失败的，因为他们没有完全符合审议的理想，这是无所助益的。更有趣的是，我们建议探索不同形式的科学传播之间的纠缠及他们所暗示的治理模式，而不是将重点聚焦于科学传播应该是什么样的某个特定理想。摆脱对我们领域的线性理解——从缺失到对话——将使我们能够更好地研究科学传播生产的身份认同、社会和管制结构、文化价值观和消费体系。这将有助于我们认识到，传播过程不一定是非此即彼的。

承认更广泛的社会、政治与经济动力

科学传播从缺失到对话的叙事也把自己表现为孤立的历史——被描绘为科学及其普及者的内部事务。这几乎没有意识到更广泛的政治动力。然而，对于我们如何理解科学传播被想象、资助和实施的方式来说，这些更广泛的背景又是至关重要的。例如，在英国，新工党政府的治理有助于参与观念进入政府议程，一旦进入，还可以塑造政府议程。正如西莉亚·戴维斯（Celia Davies）和她的同事在撰写关于公众参与英国国家医疗服务体系政策时所记述的，科学和医学参与的兴起与英国的新工党政府（于1997年上台）以及他们对国家的看法密不可分。[25] 同样地，20世纪80年代对公众理解科学的关切至少部分来源于政治对科学的敌视和公众对科学的看法（如撒切尔时代削减科学资金所表示的那样）。[26] 诸如生物技术或核能等方面的公众科学争议历来都会引起对科学与社会关系的政治和科学担忧，并导致更多（或不同种类的）的科学传播需求。[27]

更为重要的是，世界各地公众参与科学的实践本身就受到新自由主义思想潜在的形塑，即“公民”变成了“消费者”，参与被理解为市场研究的一种形式，或者实际上被视为创造市场的一种方式。参与可能被视为提高技术认知度的一种手段，以确保人们使用它们。[28] 乔安娜·戈文对新西兰共识会议的分析显示，政治经济背景是关键。虽然会议进程从来没有明确规定，但是它所提供的内容、所提供的选择和所开展的讨论都受到了影响。[29] 我们在欧洲科学开放论坛或“大爆炸”展览会等场所的科学传播内容中看到了类似的东西，它可能假设科学最终主要是为了经济增长或提高国家生产力。科学传播可能力图激发年轻人学习科学，假定这将使他们追求科学或技术职业，而这样的职业将有利于国家竞争力提升。在这里，科学传播是由强调市场竞争的价值和科学技术对增长的有用性的政治制度所塑造的。同样，我们认为（在第五章中），对全面理解当代科学传播至关重要的更广泛动力之一是知识生产图景的变化。随着研究机构将自己视为激烈竞争市场的参与者，他们采用了企业传播策略，通常侧重于控制沟通流程，以保护和提升品牌价值。因此，科学和科学传播都会受当时盛行的“经济风云”所塑造，这将反映出他们所处的政治环境和假设。

这里的要点是，科学传播并不是处于真空之中。它不只是根据自己的领地范围发展——例如认识到需要从“缺失”转向“对话”。它是为了回应特定的政治和经济关切或动力而出现的，并受其形塑。正如我们在本书中所强调的，科学传播不是，而且从来不是只告诉人们科学；相反，这种告诉之中（无论以什么形式）隐含着政治、经济与社会世界。在这个意义上，科学传播永远不是简单的。它总是比表面的科学带来更多的东西。

结　　语

现在到了最后。我们希望，本书能够提供给读者思想的粮食。即使不同意我们的观点，我们也会对回应感到非常高兴：我们的目标一直是开启围绕科学传播研究的对话，并引发对其研究和实践的持续反思。因为——也许我们应该在整本书中更清楚地、更频繁地说出来——我们热爱科学传播。我们喜欢看到人们对科学感到兴奋，喜欢观察科学家高兴地解释自己的研究。我们喜欢审视大学政治的复杂性及其建构公众传播的方式。我们喜欢看到热衷于参与科学问题的人们对科学的使用方式、资金来源或推动方式感到气愤，我们也喜欢受众通过拒绝传播或清楚地表示自己的厌倦来展示力量。我们喜欢科学播客、对话活动、图书俱乐部、电视采访及大学开放日。因为科学是有趣的，围绕它的公开意义建构（对于我们来说）更是有趣。最后，除了应该继续以许多不同的方式思考科学传播的许多不同方面以外，我们还有什么建议呢？

注　释

1. 我们在这里解释一下，乌尔里希·贝克（Ulrich Beck）提出了工业社会向风险社会转变的论点。我们的重点与贝克略有不同，尽管风险无疑是我们所谈论的科学知识的重要组成部分。Beck U (1992) *Risk Society*. London: Sage Publications.
2. Trench, Brian (2008) Towards an analytical framework of science communication models. In: Cheng D, Claessens M, Gascoigne T, Metcalfe J, Schiele B and Shi S, (eds.) *Communicating science in social contexts: new models, new practices*. Springer Netherlands, pp. 119–135.
3. Shapin S (1990) Science and the public. In: Olby RC, Cantor GN, Christie JRR, et al. (eds), *Companion to the History of Modern Science*, London: Routledge, pp. 990–1007.
4. Cooter R and Pumfrey S (1994) Seperate spheres and public places: Reflections on the history of science popularization and science in popular culture. *History of Science* 32(3): 237–267.

   Goodell R (1977) *The visible scientist*. Boston: Little Brown.

   Keene M (2014) Familiar science in nineteenth-century Britain. *History of Science* 52(1): 53–71.
5. Desmond A (1987) Artisan resistance and evolution in Britain, 1819–1848. *Osiris* (Second Series) 3: 77–110.
6. Leydesdorff L and Ward J (2005) Science shops: A kaleidoscope of science-society collaborations in Europe. *Public Understanding of Science* 14(4): 353–372.
7. Curry HA (2014) From garden biotech to garage biotech: Amateur experimental biology in historical perspective. *The British Journal for the History of Science* 47(03): 539–565.
8. Andersen IE and Jaeger B (1999) Danish participatory models. Scenario workshops and consensus conferences: Towards more democratic decision-making. *Science and Public Policy* 26(5): 331–340.
9. Horst M and Irwin A (2010) Nations at ease with radical knowledge. *Social Studies of Science* 40(1): 105–126.
10. p. 90, Bauer MW, Allum N, and Miller S (2007) What can we learn from 25 years of PUS survey research? Liberating and expanding the agenda. *Public Understanding of Science* 16(1): 79–95.
11. p. 220, Trench B, Bucchi M, Amin L, et al. (2014) The global spread of

science communication—Institutions and practices across continents. In: Bucchi M and Trench B (eds) *Handbook of Public Communication of Science and Technology*, 2nd Edition. New York: Routledge, pp. 214–230.

Mejlgaard N and Bloch C (2012) Science in society in Europe. *Science and Public Policy* 39(6): 695–700.

12. Nunes JA (1996) The Transcultural Lab: Articulating Cultural Difference in/although Scientific Work. In: Bielefeld: Centro de Estudos Sociais, Available from: https://estudogeral.sib.uc.pt/jspui/handle/10316/10983.
13. Mejlgaard N (2009) The trajectory of scientific citizenship in Denmark: Changing balances between public competence and public participation. *Science and Public Policy* 36(6): 483–496.
14. Degelsegger A and Torgersen H (2011) Participatory paternalism: Citizens' conferences in Austrian technology governance. *Science & Public Policy* 38(5): 391–402.

    Felt U, Fochler M, Mager A, et al. (2008) Visions and versions of governing biomedicine: Narratives on power structures, decision-making and public participation in the field of biomedical technology in the Austrian context. *Social Studies of Science* 38(2): 233–257.
15. McCallie E, Bell L, Lohwater T, et al. (2009) *Many Experts, Many Audiences: Public Engagement with Science and Informal Science Education*. A CAISE Inquiry Group Report. Washington DC: Center for Advancement of Informal Science Education (CAISE).
16. p. 221, Trench B, Bucchi M, Amin L, et al. (2014) The global spread of science communication—Institutions and practices across continents. In: Bucchi M and Trench B (eds) *Handbook of Public Communication of Science and Technology*, 2nd Edition. New York: Routledge, pp. 214–230.
17. 邓伍德发表在《公众科技传播手册》上的文章。Prospects in the digital age. In: Bucchi M and Trench B (eds), *Handbook of Public Communication of Science and Technology, 2nd ed.* New York: Routledge, pp. 27–39
18. p. 224, Trench B, Bucchi M, Amin L, et al. (2014) The global spread of science communication—Institutions and practices across continents. In: Bucchi M and Trench B (eds) *Handbook of Public Communication of Science and Technology*, 2nd Edition. New York: Routledge, pp. 214–230.
19. Mejlgaard N, Bloch C, Degn L, et al. (2012) Locating science in society across Europe: Clusters and consequences. *Science and Public Policy* 39(6): 741–750.
20. p. 226, 同上。
21. Irwin A (2008) Risk, science and public communication: Third order thinking about scientific culture. In: Bucchi M and Trench B (eds), *Handbook of Public Communication of Science and Technology*, London and New York: Routledge, pp. 199–212.
22. p. 199,同上。
23. Horst M (2008) In search of dialogue: Staging science communication in con-

sensus conferences. In: Cheng D, Claessens M, Gascoigne T, et al. (eds), *Communicating Science in Social Contexts*, Springer, pp. 259–274.
24. Herriman J, Atherton A, and Vecellio L (2011) The Australian experience of world wide views on global warming: The first global deliberation process. *Journal of Public Deliberation* 7(1) artick 3.
25. Davies C, Wetherall M, and Barnett E (2006) *Citizens at the Centre: Deliberative Participation in Healthcare Decisions*. Bristol: Policy Press.
26. Bennett DJ and Jennings RC (2011) *Successful Science Communication: Telling It Like It Is*. Cambridge University Press.
27. Mulkay M (1993) Rhetorics of hope and fear in the great embryo debate. *Social Studies of Science* 23(4): 721–742.
28. Thorpe C (2010) Participation as post-Fordist politics: Demos, new labour, and science policy. *Minerva* 48(4): 389–411.
29. Goven J (2003) Deploying the consensus conference in New Zealand: Democracy and de-problematization. *Public Understanding of Science* 12(4): 423–440.

参 考 文 献

Abrahams I and Millar R (2008) Does practical work really work? A study of the effectiveness of practical work as a teaching and learning method in school science. *International Journal of Science Education* 30(14): 1945–1969.

Akrich M (1994) The de-scription of technical objects. In: Bijker WE and Law J (eds), *Shaping Technology/Building Society, Studies in Sociotechnical Change*, London: The MIT Press, pp. 205–224.

Alelis G, Bobrowicz A and Ang CS (2013) Exhibiting emotion: Capturing visitors' emotional responses to museum artefacts. In: Marcus A (ed.), *Design, User Experience, and Usability. User Experience in Novel Technological Environments*. Springer: Berlin Heidelberg, pp. 429–438.

Allan S (2002) *Media, Risk and Science*. Buckingham: Open University Press.

Andersen IE and Jaeger B (1999) Danish participatory models. Scenario workshops and consensus conferences: Towards more democratic decision-making. *Science and Public Policy* 26(5): 331–340.

Anderson RM, Perucci R, Schendel DE, et al. (1980) *Divided Loyalties: Whistle-Blowing at BART*. Purdue University Press.

Arata M (2007) PR for the physics of matter. In: Bauer MW and Bucchi M (eds), *Journalism, Science and Society: Science Communication between News and Public Relations*, Routledge.

Árnason V (2013) Scientific citizenship in a democratic society. *Public Understanding of Science* 22(8): 927–940.
Bächtiger A, Niemeyer S, Neblo M, et al. (2010) Disentangling diversity in deliberative democracy: Competing theories, their blind spots and complementarities. *Journal of Political Philosophy* 18(1): 32–63.
Bauer M and Gaskell G (2002) *Biotechnology. The making of a global controversy.* Cambridge: Cambridge University Press.
Bauer MW (2015) *Atoms, bytes and genes: Public resistance and techno-scientific responses.* Routledge.
Bauer MW and Gregory J (2007) From journalism to corporate communication in post-war Britain. In: Bauer MW and Bucchi M (eds), *Journalism, Science and Society: Science Communication between News and Public Relations*, Routledge, pp. 33–52.
Bauer MW and Howard S (2012) Public understanding of science—A peer-review journal for turbulent times. *Public Understanding of Science* 21(3): 258–267.
Bauer MW and Jensen P (2011) The mobilization of scientists for public engagement. *Public Understanding of Science* 20(1): 3–11.
Bauer MW, Petkova K, Boyadjieva P, et al. (2006) Long-term trends in the public representation of science across the 'iron curtain': 1946–1995. *Social Studies of Science* 36(1): 99–131.
Beck U (1992) *Risk Society*. London: Sage Publications.
Beder S (1999) Public participation or public relations? In: Martin B (ed.), *Technology and Public Participation*, Wollongong, Australia: University of Wollongong, pp. 169–192.
Beesley LGA (2003) Science policy in changing times: Are governments poised to take full advantage of an institution in transition? *Research Policy* 32(8): 1519.
Bekelman JE, Li Y and Gross CP (2003) Scope and impact of financial conflicts of interest in biomedical research: A systematic review. *JAMA* 289(4): 454–465.
Bell A (2009) Doing it by the book: Introductory guides for twenty-first century science communication. *Science as Culture* 18(4): 511.
Bennett DJ and Jennings RC (2011) *Successful Science Communication: Telling It Like It Is.* Cambridge University Press.
Bercovitz J and Feldman M (2008) Academic entrepreneurs: Organizational change at the individual level. *Organization Science* 19(1): 69–89.
Berg P (2008) Meetings that changed the world: Asilomar 1975: DNA modification secured. *Nature* 455(7211): 290–291.

Besley JC (2013) The state of public opinion research on attitudes and understanding of science and technology. *Bulletin of Science, Technology & Society* 33(1–2): 12–20.

Besley JC and Tanner AH (2011) What science communication scholars think about training scientists to communicate. *Science Communication* 33(2): 239–263.

Besley JC, Oh SH and Nisbet M (2013) Predicting scientists' participation in public life. *Public Understanding of Science* 22(8): 971–987.

Besley JC, Dudo A and Storksdieck M (2015) Scientists' views about communication training. *Journal of Research in Science Teaching* 52(2): 199–220.

Bickerstaff K, Pidgeon N, Lorenzoni I, et al. (2010) Locating scientific citizenship: The institutional contexts and cultures of public engagement. *Science, Technology & Human Values* 35(4): 474–500.

Bielak AT, Campbell A, Pope S, et al. (2008) From science communication to knowledge brokering: The shift from 'science push' to 'policy pull'. In: Cheng D, Claessens M, Gascoigne T, et al. (eds), *Communicating Science in Social Contexts*, Springer Netherlands, pp. 201–226.

Bodmer W (2010) Public understanding of science: The BA, the Royal Society and COPUS. *Notes and Records of the Royal Society*: rsnr20100035.

Bok D (2005) *Universities in the Marketplace*. Princeton: Princeton University Press.

Borchelt R and Nielsen KH (2014) Public relations in science. In: Bucchi M and Trench B (eds), *Handbook of Public Communication of Science and Technology, 2nd ed*. London and New York: Routledge, pp. 58–69.

Boykoff M (2010) Indian media representations of climate change in a threatened journalistic ecosystem. *Climatic Change* 2010(99): 17–25.

Bracken LJ and Oughton EA (2006) 'What do you mean?' The importance of language in developing interdisciplinary research. *Transactions of the Institute of British Geographers* 31(3): 371–382.

Brass K and Rowe D (2009) Knowledge limited: Public communication, risk and university media policy. *Continuum* 23(1): 53–76.

Braun K and Schultz S (2010) '... a certain amount of engineering involved': Constructing the public in participatory governance arrangements. *Public Understanding of Science* 19(4): 403–419.

Bray B, France B and Gilbert JK (2012) Identifying the essential elements of effective science communication: What do the experts say? *International Journal of Science Education, Part B* 2(1): 23–41.

Broks P (2006) *Understanding Popular Science*. McGraw-Hill Education (UK).

Brosnan C and Michael M (2014) Enacting the 'neuro' in practice: Translational research, adhesion and the promise of porosity. *Social Studies of Science* 44(5): 680–700.
Brossard D (2013) New media landscapes and the science information consumer. *Proceedings of the National Academy of Sciences* 110(Supplement 3): 14096–14101.
Brossard D and Lewenstein BV (2009) A critical appraisal of models of public understanding of science. In: Kahlor L and Stout PA (eds), *Communicating Science: New Agendas in Communication*, New York: Taylor and Francis, pp. 11–39.
Brossard D and Scheufele DA (2013) Science, new media, and the public. *Science* 339(6115): 40–41.
Brown N (2003) Hope against hype—Accountability in biopasts, presents and futures. *Science Studies* 16(2): 3–21.
Brown N and Michael M (2003) A sociology of expectations: Retrospecting prospects and prospecting retrospects. *Technology Analysis & Strategic Management* 15(1): 3–18.
Bucchi M and Trench B (2014) *Handbook of Public Communication of Science and Technology: Second Edition*. Routledge.
Bultitude K (2014a) Science festivals: Do they succeed in reaching beyond the 'already engaged'? *JCOM* 13(04).
Bultitude K (2014b) Web-based channels for science communication. In: Hin LTW and Subramaniam R (eds), *Communicating Science to the Public*, Springer Netherlands, pp. 225–245.
Burchell K (2007) Empiricist selves and contingent 'others': The performative function of the discourse of scientists working in conditions of controversy. *Public Understanding of Science* 16(2): 145–162.
Burgess J (1990) The production and consumption of environmental meanings in the mass media: A research agenda for the 1990s. *Transactions of the Institute of British Geographers* 15(2): 139–161.
Burri RV (2012) Visual rationalities: Towards a sociology of images. *Current Sociology* 60(1): 45–60.
Burri RV, Schubert C and Strübing J (2011) Introduction: The five senses of science. *Science, Technology & Innovation Studies* 7(1): PP–3.
Carvalho A and Burgess J (2005) Cultural circuits of climate change in U.K. broadsheet newspapers, 1985–2003. *Risk Analysis* 25(6): 1457–1469.
Casini S and Neresini F (2013) Behind closed doors scientists' and science communicators' discourses on science in society. A study across European Research Institutions. *TECNOSCIENZA: Italian Journal of Science & Technology Studies* 3(2): 37–62.

Cassidy A (2006) Evolutionary psychology as public science and boundary work. *Public Understanding of Science* 15(2): 175–205.

Cassidy A (2014) Communicating the Social Sciences: A Specific Challenge? In: Bucchi M and Trench B (eds), *Handbook of Public Communication of Science and Technology,2nd edition*. London and New York: Routledge, pp. 186–197.

Castell S, Charlton A, Clemence M, et al. (2014) *Public Attitudes to Science 2014*. London: Department for Business, Innovation and Skills.

Centellas KM, Smardon RE and Fifield S (2014) Calibrating Translational Cancer Research Collaboration without Consensus in Interdisciplinary Laboratory Meetings. *Science, Technology & Human Values* 39(3): 311–335.

Chambers S (2003) Deliberative democratic theory. *Annual Review of Political Science* 6(1): 307–326.

Chekar CK and Kitzinger J (2007) Science, patriotism and discourses of nation and culture: Reflections on the South Korean stem cell breakthroughs and scandals. *New Genetics and Society* 26(3): 289–307.

Cheney G and Lee Ashcraft K (2007) Considering 'the professional' in communication studies: Implications for theory and research within and beyond the boundaries of organizational communication. *Communication Theory* 17(2): 146–175.

Cheney G, Christensen LT, Zorn TE, et al. (2011) *Organizational communication in an age of globalization issues, reflections, practices*. Prospect Heights: Waveland.

Cheng D, Claessens M, Gascoigne T, et al. (2008) *Communicating Science in Social Contexts New Models, New Practices*. Dordrecht/London: Springer.

Chen H and Gottweis H (2013) Stem cell treatments in China: Rethinking the patient role in the global bio-economy. *Bioethics* 27(4): 194–207.

Chilvers J (2008) Deliberating competence: Theoretical and practitioner perspectives on effective participatory appraisal practice. *Science, Technology & Human Values* 33(2): 155–185.

Chimba M and Kitzinger J (2010) Bimbo or boffin? Women in science: An analysis of media representations and how female scientists negotiate cultural contradictions. *Public Understanding of Science* 19(5): 609–624.

Christensen LT (1997) Marketing as auto-communication. *Consumption Markets & Culture* 1(3): 197–227.

Claessens M (2008) European trends in science communication. In: Cheng D, Claessens M, Gascoigne T, et al. (eds) *Communicating Science in Social Contexts*, Springer, pp. 27–38.

Cobb MD (2005) Framing effects on public opinion about nanotechnology. *Science Communication* 27(2): 221–239.

Cohen J (1989) Deliberation and democratic legitimacy. In: Hamlin A and Petit P (eds), *The Good Polity*, London: Blackwell.
Cole SA and Dioso-Villa R (2009) Investigating the 'CSI effect' effect: Media and litigation crisis in criminal law. *Stanford Law Review* 61(6).
Cooke M (2000) Five arguments for deliberative democracy. *Political Studies* 48(5): 947–969.
Cooter R and Pumfrey S (1994) Seperate spheres and public places: Reflections on the history of science popularization and science in popular culture. *History of Science* 32(3): 237–267.
Curry HA (2014) From garden biotech to garage biotech: Amateur experimental biology in historical perspective. *The British Journal for the History of Science* 47(03): 539–565.
Curtin PA and Gaither TK (2005) Privileging identity, difference, and power: The circuit of culture as a basis for public relations theory. *Journal of Public Relations Research* 17(2): 91–115.
Davies C, Wetherall M and Barnett E (2006) *Citizens at the Centre: Deliberative Participation in Healthcare Decisions*. Bristol: Policy Press.
Davies S, McCallie E, Simonsson E, et al. (2009) Discussing dialogue: Perspectives on the value of science dialogue events that do not inform policy. *Public Understanding of Science* 18(3): 338–353.
Davies SR (2008) Constructing communication: Talking to scientists about talking to the public. *Science Communication* 29(4): 413–434.
Davies SR (2009) Doing dialogue: Genre and flexibility in public engagement with science. *Science as Culture* 18(4): 397–416.
Davies SR (2013a) Constituting public engagement meanings and genealogies of PEST in two UK studies. *Science Communication* 35(6): 687–707.
Davies SR (2013b) Research staff and public engagement: A UK study. *Higher Education*: 66(6):725–739.
Davies SR (2013c) The rules of engagement: Power and interaction in dialogue events. *Public Understanding of Science* 22(1): 65–79.
Davies SR (2014) Knowing and loving: Public engagement beyond discourse. *Science & Technology Studies* 27(3): 90–110.
Davies SR and Horst M (2015) Crafting the group: Care in research management. *Social Studies of Science* 45(3): 371–393.
Degelsegger A and Torgersen H (2011) Participatory paternalism: Citizens' conferences in Austrian technology governance. *Science & Public Policy* 38(5): 391–402.
Delfanti A (2013) *Biohackers: The Politics of Open Science*. Pluto Press.
Delgado A, Lein Kjolberg K and Wickson F (2011) Public engagement coming of age: From theory to practice in sts encounters with nanotechnology. *Public Understanding of Science* 20(6): 826–845.

Desmond A (1987) Artisan resistance and evolution in Britain, 1819–1848. *Osiris (Second Series)* 3: 77–110.

Desnoyers L (2011) Toward a taxonomy of visuals in science communication. *Technical Communication* 58(2): 119–134.

DiMaggio PJ and Powell WW (2001) The iron cage revisited:Institutional Isomorphism and collective rationality in organizational fields. American Sociological Review 48(2): 147–160.

Drake N (2012) *The Farewell Glacier*. Bloodaxe Books.

Dryzek JS (2000) *Deliberative Democracy and Beyond.* Oxford: Oxford University Press.

Dryzek JS, Goodin RE, Tucker A, et al. (2009) Promethean elites encounter precautionary publics: The case of GM foods. *Science, Technology & Human Values* 34(3): 263–288.

Duffy ME (2000) There's no two-way symmetric about it: A postmodern examination of public relations textbooks. *Critical Studies in Media Communication* 17(3): 294–315.

Dunwoody S (2014) Science journalism: Prospects in the digital age. In: Bucchi M and Trench B (eds) *Routledge Handbook of Public Communication of Science and Technology, 2nd Edition*, New York: Routledge, pp. 27–39.

Dunwoody S, Brossard D and Dudo A (2009) Socialization or rewards? Predicting US scientist-media interactions. *Journalism & Mass Communication Quarterly* 86(2): 299–314.

Durant J, Evans G and Thomas GP (1989) The public understanding of science. *Nature* 340: 11–14.

Durant J, Buckley N, Comerford D, et al. (2016) *Surveying the landscape of live public science events.* Science Live. Available from: http://livescienceevents.org.

Dutton JE, Dukerich JM and Harquail CV (1994) Organizational images and member identification. *Administrative Science Quarterly* 39(2): 239–263.

Elam M and Bertilsson M (2003) Consuming, engaging and confronting science. *European Journal of Social Theory* 6(2): 233–251.

Elmer C, Badenschier F and Wormer H (2008) Science for everybody? How the coverage of research issues in German newspapers has increased dramatically. *Journalism & Mass Communication Quarterly* 85(4): 878–893.

Elsbach KD and Kramer RM (1996) Members' responses to organizational identity threats: Encountering and countering the Business Week rankings. *Administrative Science Quarterly* 41(3): 442–476.

Epstein S (1995) The construction of lay expertise: AIDS activism and the forging of credibility in the reform of clinical trials. *Science, Technology & Human Values* 20(4): 408–437.

Etzkowitz H (1983) Entrepreneurial scientists and entrepreneurial universities in American academic science. *Minerva* 21(2): 198–233.
Etzkowitz H and Leydesdorff L (1998) The endless transition: A 'triple helix'of university industry government relations. *Minerva* 36(3): 203–208.
Etzkowitz H, Webster A, Gebhardt C, et al. (2000) The future of the university and the university of the future: Evolution of ivory tower to entrepreneurial paradigm. *Research Policy* 29: 313–330.
Fahy D (2015) *The New Celebrity Scientists: Out of the Lab and into the Limelight*. Rowman & Littlefield.
Fahy D and Nisbet MC (2011) The science journalist online: Shifting roles and emerging practices. *Journalism* 12(7): 778–793.
Falk JH and Dierking LD (2012) *The Museum Experience Revisited*. Walnut Creek, CA, USA: Left Coast Press.
Felt U and Fochler M (2008) The bottom-up meanings of the concept of public participation in science and technology. *Science and Public Policy* 35(7): 489–499.
Felt U and Fochler M (2010) Machineries for making publics: Inscribing and de-scribing publics in public engagement. *Minerva* 48(3): 219–238.
Felt U and Fochler M (2012) Re-ordering epistemic living spaces: On the tacit governance effects of the public communication of science. In: Rödder S, Franzen M and Weingart P (eds), *The Sciences' Media Connection—Public Communication and Its Repercussions*, Sociology of the Sciences Yearbook, Springer Netherlands, pp. 133–154.
Felt U and Wynne B (2007) *Science and Governance: Taking European Knowledge Society Seriously*. European Commission.
Felt U, Fochler M, Mager A, et al. (2008) Visions and versions of governing biomedicine: Narratives on power structures, decision-making and public participation in the field of biomedical technology in the Austrian context. *Social Studies of Science* 38(2): 233–257.
Felt U, Barben D, Irwin A, et al. (2013) Science in society: Caring for our futures in turbulent times. *European Science Foundation* 50: 1–36.
Felt U, Schumann S, Schwarz CG, et al. (2014) Technology of imagination: A card-based public engagement method for debating emerging technologies. *Qualitative Research* 14(2): 233–251.
Fiorino DJ (1990) Citizen participation and environmental risk: A survey of institutional mechanisms. *Science Technology Human Values* 15(2): 226–243.
Foucault M (1972) *Power/Knowledge*. New York: Pantheon Books.
Foucault M (2000) Governmentality. In: Faubion JD (ed.), *Michel Foucault: Power*, London: Penguin, pp. 201–222.

Frickel S, Gibbon S, Howard J, et al. (2010) Undone science: Charting social movement and civil society challenges to research agenda setting. *Science, Technology & Human Values* 35(4): 444–473.

Gascoigne T, Cheng D, Claessens M, et al. (2010) Is science communication its own field? *Journal of Science Communication* 9(3): C04.

Gaskell G, Allansdottir A, Allum N, et al. (2011) The 2010 Eurobarometer on the life sciences. *Nature Biotechnology* 29(2): 113–114.

Gay P du (1997) *Production of Culture/Cultures of Production*. SAGE Publications.

Gay P du, Hall S, Janes L, et al. (2013) *Doing Cultural Studies—The Story of the Sony Walkman*. London: SAGE Publications.

Gazan R (2013) The hammer of Hawking: The impact of celebrity scientists, the intent of extraterrestrials and the public perception of astrobiology. *First Monday* 18(6).

Gibbons M, Limoges C, Nowotny H, et al. (1994) *The New Production of Knowledge:The Dynamics of Science and Research in Contemporary Societies*. London: Sage.

Gieryn TF (1999) *Cultural Boundaries of Science: Credibility on the Line*. Chicago: University of Chicago Press.

Gieryn TF (2000) A space for place in sociology. *Annual Review of Sociology* 26(1): 463–496.

Gieryn TF (2002) What buildings do. *Theory and Society* 31(1): 35–74.

Gioia DA and Thomas JB (1996) Identity, image, and issue interpretation: Sensemaking during strategic change in academia. *Administrative Science Quarterly*: 41(3): 370–403.

Gioia DA, Schultz M and Corley KG (2000) Organizational identity, image, and adaptive instability. *Academy of Management Review* 25(1): 63–81.

Goodell R (1975) *The Visible Scientists* Boston: Little Brown.

Goven J (2003) Deploying the consensus conference in New Zealand: Democracy and de-problematization. *Public Understanding of Science* 12(4): 423–440.

Goven J (2006) Processes of inclusion, cultures of calculation, structures of power: Scientific citizenship and the Royal Commission on genetic modification. *Science, Technology & Human Values* 31(5): 565–598.

Goven J, Langer ER, Baker V, et al. (2012) Community engagement in the management of biosolids: Lessons from four New Zealand studies. *Journal of Environmental Management* 103: 154–164.

Grand A (2009) Cafe Scientifique. In: Holliman R, Whitelegg L, Scanlon E, et al. (eds), *Practising Science Communication in the Information Age: Theorising Professional Practices*, Oxford: Oxford University Press.

Gregg M and Seigworth GJ (2010) *The Affect Theory Reader*. Duke University Press.

Gregory K and Witcomb A (2007) Beyond nostalgia: the role of affect in generating historical understanding at heritage sites. In: Watson S, MacLeod S and Knell S (eds), *Museum revolutions: how museums change and are changed*, London: Routledge, pp.263–275.

Grundahl J (1995) The Danish consensus conference model. In: Joss S and Durant J (eds), *Public participation in science: The role of consensus conferences in Europe*, London: Science Museum, pp. 31–40.

Grunig JE and Hunt T (1984) *Managing Public Relations*. Holt, Rinehart and Winston.

Guston DH (1999) Evaluating the first U.S. consensus conference: The impact of the citizens' panel on telecommunications and the future of democracy. *Science, Technology & Human Values* 24(4): 451–482.

Guthey E, Clark T and Jackson B (2009) *Demystifying Business Celebrity*. Routledge.

Habermas J (1962) *The Structural Transformation of the Public Sphere—An Inquiry into a Category of Bourgois Society*. Cambridge: The MIT Press.

Haeussler C and Colyvas JA (2011) Breaking the ivory tower: Academic entrepreneurship in the life sciences in UK and Germany. *Research Policy* 40(1): 41–54.

Hagendijk R and Irwin A (2006) Public deliberation and governance: Engaging with science and technology in contemporary Europe. *Minerva* 44(2): 167–184.

Hall S (1980) Encoding/decoding. In: Hall S, Hobson D, Lowe A, et al. (eds), *Culture, Media, Language: Working Papers in Cultural Studies 1972–1979*, London: Unwin, pp. 128–138.

Hall S (1997) *Representation—Cultural Representations and Signifying Practices*. London: SAGE Publications.

Hansen A (1994) Journalistic practices and science reporting in the British press. *Public Understanding of Science* 3(2): 111–134.

Hansen A (2009) Science, communication and media. In: Holliman R, Whitelegg E, Scanlon E, et al. (eds), *Investigating Science Communication in the Information Age*, Oxford: Oxford University Press, pp. 105–127.

Hatch MJ and Schultz M (1997) Relations between organizational culture, identity and image. *European Journal of Marketing* 31(5/6): 356–366.

Hedgecoe A (2014) A deviation from standard design? Clinical trials, research ethics committees, and the regulatory co-construction of organizational deviance. *Social Studies of Science* 44(1): 59–81.

Hedgecoe A and Martin P (2003) The drugs don't work: Expectations and the shaping of pharmacogenetics. *Social Studies of Science* 33(3): 327–364.

Herriman J, Atherton A and Vecellio L (2011) The Australian experience of world wide views on global warming: The first global deliberation process. *Journal of Public Deliberation* 7(1). Available from: http://www.publicdeliberation.net/jpd/vol7/iss1/art3

Hilgartner S (1990) The dominant view of popularization: Conceptual problems, political uses. *Social Studies of Science* 20(3): 519–539.

Hilgartner S (2000) *Science on Stage*. Stanford: Stanford University Press.

Hilgartner S (2008) Intellectual property and the politics of emerging technology: Inventors, citizens, and powers to shape the future. *Chicago-Kent Law Review* 84(1): 197.

Hjörleifsson S, Arnason V and Schei E (2008) Decoding the genetics debate: Hype and hope in Icelandic news media in 2000 and 2004. *New Genetics and Society* 27(4): 377–394.

Holden K (2015) Lamenting the golden age: Love, labour and loss in the collective memory of scientists. *Science as Culture* 24(1): 24–45.

Horgan J (1998) *The End of Science: Facing the Limits of Knowledge in the Twilight of the Scientific Age*. Abacus.

Horlick-Jones T, Rowe G and Walls J (2007) Citizen engagement processes as information systems: The role of knowledge and the concept of translation quality. *Public Understanding of Science* 16(3): 259–278.

Horst M (2007) Public expectations of gene therapy: Scientific futures and their performative effects on scientific citizenship. *Science, Technology & Human Values* 32(2): 150–171.

Horst Maja (2008a) In search of dialogue: Staging science communication in consensus conferences. In: Cheng D, Claessens M, Gascoigne T, et al. (eds), *Communicating Science in Social Contexts*, Springer, pp. 259–274.

Horst Maja (2008b) The laboratory of public debate: Understanding the acceptability of stem cell research. *Science and Public Policy* 35(3): 197–205.

Horst M (2013a) A field of expertise, the organization, or science itself? Scientists' perception of representing research in public communication. *Science Communication* 35(6): 758–779.

Horst M (2013b) Bør vi forvente os en syntesebiologisk fremtid? In: Schiølin K and Riis S (eds), *Nye Spørgsmål Om Teknikken*, Aarhus Universitetsforlag, pp. 285–302.

Horst M, Davies SR and Irwin A(2017). Reframing Science Communication. In: Felt U, Fouché R, Miller C and Smith-DoerrL (eds), *Handbook of Science and Technology Studies*, 4th edition. Cambridge, MA: MIT Press.

Horst M and Irwin A (2010) Nations at ease with radical knowledge: On consensus, consensusing and false consensusness. *Social Studies of Science* 40(1): 105–126.
Horst M and Michael M (2011) On the shoulders of idiots: Re-thinking science communication as 'event'. *Science as Culture* 20(3):283–306.
Ipsos MORI (2011) *Public Attitudes to Science 2011*. Available from: http://www.ipsos-mori.com/researchpublications/researcharchive/2764/Public-attitudes-to-science-2011.aspx.
Irwin A (1995) *Citizen Science: A Study of People, Expertise and Sustainable Development*. London: Routledge.
Irwin A (2001) Constructing the scientific citizen: Science and democracy in the biosciences. *Public Understanding of Science* 10(1): 1–18.
Irwin A (2008) Risk, science and public communication: Third order thinking about scientific culture. In: Bucchi M and Trench B (eds), *Handbook of Public Communication of Science and Technology*, London/New York: Routledge, pp. 199–212.
Irwin A and Michael M (2003) *Science, Social Theory and Public Knowledge*. Maidenhead: Open University Press.
Irwin A and Wynne B (1996) *Misunderstanding Science? The Public Reconstruction of Science and Technology*. Cambridge: Cambridge University Press.
Jackson R, Barbagallo F and Haste H (2005) Strengths of public dialogue on science-related issues. *Critical Review of International Social and Political Philosophy* 8(3): 349–358.
Jain S, George G and Maltarich M (2009) Academics or entrepreneurs? Investigating role identity modification of university scientists involved in commercialization activity. *Research Policy* 38(6): 922–935.
Jasanoff S (2003) Technologies of humility: Citizen participation in governing science. *Minerva* 41: 223–244.
Jensen CB (2005) Citizen projects and consensus-building at the Danish board of technology—On experiments in democracy. *Acta Sociologica* 48(3): 221–235.
Jensen E and Buckley N (2012) Why people attend science festivals: Interests, motivations and self-reported benefits of public engagement with research. *Public Understanding of Science* 23(5): 557–573.
Johnson R (1986) The story so far: And further transformations. In: Punter D (ed.), *Introduction to Contemporary Cultural Studies*, Harlow: Longman, pp. 277–313.
Jones R (2008) When it pays to ask the public. *Nat Nano* 3(10): 578–579.
Kaiser D, Durant J, Levenson T, et al. (2014) *Report of Findings: September 2013 Workshop*. MIT and Culture Kettle. Available from: www.cultureofscienceengagement.net.

Katavic V (2010) Responsible conduct of research: Do we need training in fraud-science? *Biochemia Medica* 20(3): 288–294.

Keene M (2014) Familiar science in nineteenth-century Britain. *History of Science* 52(1): 53–71.

Kenney M Goe RW (2004) The role of social embeddedness in professorial entrepreneurship: A comparison of electrical engineering and computer science at UC Berkeley and Stanford. *Research Policy* 33(5): 691–707.

Kerr A, Cunningham-Burley S and Tutton R (2007) Shifting subject positions: Experts and lay people in public dialogue. *Social Studies of Science* 37(3): 385–411.

Kitson J and McHugh K (2014) Historic enchantments—Materializing nostalgia. *Cultural Geographies*: 22(3):487–508.

Kjølberg KL and Strand R (2011) Conversations about responsible nanoresearch. *NanoEthics* 5(1): 99–113.

Kruvand M and Hwang S (2007) From revered to reviled: A cross-cultural narrative analysis of the South Korean cloning scandal. *Science Communication* 29(2): 177–197.

Kunda G (2006) *Engineering Culture: Control and Commitment in a High-Tech Corporation*. Temple University Press.

Lam A (2010) From 'ivory tower traditionalists' to 'entrepreneurial scientists'? Academic scientists in fuzzy university-industry boundaries. *Social Studies of Science* 40(2): 307–340.

Lamont M (2010) *How Professors Think: Inside the Curious World of Academic Judgment*. Harvard University Press.

Landau J, Groscurth CR, Wright L, et al. (2009) Visualizing nanotechnology: The impact of visual images on lay American audience associations with nanotechnology. *Public Understanding of Science* 18(3): 325–337.

Larsen MT (2011) The implications of academic enterprise for public science: An overview of the empirical evidence. *Research Policy* 40(1): 6–19.

Latour B (1986) The powers of association. In: Law J (ed.), *Powers, Action and Belief*, London: Routledge, pp. 264–280.

Latour B (1987) *Science in Action*. Massachusetts: Harvard University Press.

Latour B (1996) *Aramis or the Love of Technology*. Cambridge: Harvard University Press.

Latour B (1999) *Pandora's Hope*. London: Harvard University Press.

Latour B and Woolgar S (1979) *Laboratory Life. The Construction of Scientific Facts*. New Jersey: Princeton University Press.

Lau D, Ogbogu U, Taylor B, et al. (2008) Stem cell clinics online: The direct-to-consumer portrayal of stem cell medicine. *Cell Stem Cell* 3(6): 591–594.

Law J (2004) *After Method: Mess in Social Science Research*. Abingdon: Routledge.

Lazarsfeld P, Berelson B and Gaudet H (1948) *The People's Choice: How the Voter Makes Up His Mind in a Presidential Campaign*. New York: Columbia University Press.
Leach M and Scoones I (2005) Science and citizenship in a global context. In: Leach M, Scoones I and Wynne B (eds), *Science and Citizens*, Zed Books, pp. 15–38.
Lentzos F (2009) Synthetic biology in the social context: The UK debate to date. *Biosocieties* 4(2–3): 303–315.
Lewenstein BV (1992) The meaning of `public understanding of science' in the United States after World War II. *Public Understanding of Science* 1(1): 45–68.
Lewenstein B (2016) Can we understand citizen science? *Journal of Science Communication* 15(1): 1–5.
Leydesdorff L and Ward J (2005) Science shops: A kaleidoscope of science-society collaborations in Europe. *Public Understanding of Science* 14(4): 353–372.
Leys R (2011) The turn to affect: A critique. *Critical Inquiry* 37(3): 434–472.
Lezaun J and Soneryd L (2007) Consulting citizens: Technologies of elicitation and the mobility of publics. *Public Understanding of Science* 16(3): 279–297.
Logan RA (2001) Science mass communication: Its conceptual history. *Science Communication* 23(2): 135–163.
Losch A (2006) Anticipating the futures of nanotechnology: Visionary images as means of communication. *Technology Analysis & Strategic Management* 18(3–4): 393–409.
Lucchi N (2011) Access to network services and protection of constitutional rights: Recognizing the essential role of internet access for the freedom of expression. *Cardozo Journal of International and Comparative Law (JICL).* 19: 645.
Lynch J, Bennett D, Luntz A, et al. (2014) Bridging science and journalism identifying the role of public relations in the construction and circulation of stem cell research among laypeople. *Science Communication* 36(4): 479–501.
Macdonald S (1995) Consuming science: Public knowledge and the dispersed politics of reception among museum visitors. *Media, Culture and Society* 17(1): 13–29.
Macdonald S (ed.) (2006) *A Companion to Museum Studies*. Blackwell companions in cultural studies, Malden, MA: Blackwell Publication.
Machill M, Beiler M and Schmutz J (2006) The influence of video news releases on the topics reported in science journalism. *Journalism Studies* 7(6): 869–888.

Macilwain C (2012) Two nations divided by a common purpose. *Nature* 483(7389): 247–247.

Marcinkowski F, Kohring M, Fürst S, et al. (2014) Organizational influence on scientists' efforts to go public an empirical investigation. *Science Communication* 36(1): 56–80.

Marris C (2014) The construction of imaginaries of the public as a threat to synthetic biology. *Science as Culture* 24(4): 83–98.

Martin-Sempere MJ, Garzon-Garcia B and Rey-Rocha J (2008) Scientists' motivation to communicate science and technology to the public: Surveying participants at the Madrid Science Fair. *Public Understanding of Science* 17(3): 349–367.

McCallie E, Simonsson E, Gammon B, et al. (2007) Learning to generate dialogue: Theory, practice, and evaluation. *Museums and Social Issues* 2(2): 165–184.

McCallie E, Bell L, Lohwater T, et al. (2009) *Many experts, many audiences: Public engagement with science and informal science education. A CAISE inquiry group report.* Washington DC: Center for Advancement of Informal Science Education (CAISE).

McManus PM (1992) Topics in museums and science education. *Studies in Science Education* 20(1): 157–182.

Mejlgaard N (2009) The trajectory of scientific citizenship in Denmark: Changing balances between public competence and public participation. *Science and Public Policy* 36(6): 483–496.

Mejlgaard N and Bloch C (2012) Science in society in Europe. *Science and Public Policy* 39(6): 695–700.

Mejlgaard N, Bloch C, Degn L, et al. (2012) Locating science in society across Europe: Clusters and consequences. *Science and Public Policy* 39(6): 741–750.

Mellor F (2003) Between fact and fiction: Demarcating science from non-science in popular physics books. *Social Studies of Science* 33(4): 509–538.

Mellor F (2013) Twenty years of teaching science communication: A case study of Imperial College's Master's programme. *Public Understanding of Science* 22(8):916–`926.

Mellor F, Webster S and Bell A (2011) *Content Analysis of the BBC's Science Coverage: Review of the Impartiality and Accuracy of the BBC's Coverage of Science*. London: BBC.

Merton RK (1968) The Matthew effect in science. *Science* 159(3810): 56–63.

Merton RK (1973) *The Sociology of Science: Theoretical and Empirical Investigations*. University of Chicago press.

Meyer JW and Rowan B (1977) Institutionalized organizations: Formal structure as myth and ceremony. *The American Journal of Sociology* 83(2): 340–363.

Meyer M (2010) The rise of the knowledge broker. *Science Communication* 32(1): 118–127.

Michael M (2000) Futures of the present: From performativity to prehension. In: Brown N, Rappert B and Webster A (eds), *Contested Futures: A Sociology of Prospective Techno-Science*, Aldershot: Ashgate, pp. 21–39.

Michael M (2001) Technoscientific bespoking: Animals, publics and the new genetics. *New Genetics and Society* 20(3): 205–224.

Michael M (2002) Comprehension, apprehension, prehension: Heterogeneity and the public understanding of science. *Science, Technology & Human Values* 27(3): 357–378.

Michael M (2009) Publics performing publics: Of PiGs, PiPs and politics. *Public Understanding of Science* 18(5): 617–631.

Michael M (2012) 'What are we busy doing?' Engaging the idiot. *Science, Technology & Human Values* 37(5): 528–554.

Michael M and Birke L (1994) Enrolling the core set: The case of the animal experimentation controversy. *Social Studies of Science* 24(1): 81–95.

Miller K (2005) *Communication Theories—Perspectives, Processes and Contexts.* New York: The McGraw-Hill Companies, Inc.

Miller S (2008) So where's the theory? On the relationship between science communication practice and research. In: Cheng D and Claessens M (eds), *Communicating Science in Social Contexts: New Models, New Practices*, Brussels: Springer, pp. 275–287.

Morgan G (2006) *Images of Organization*. Thousand Oaks: SAGE.

Morsing M (2006) Corporate social responsibility as strategic auto-communication: On the role of external stakeholders for member identification. *Business Ethics: A European Review* 15(2): 171–182.

Mossberger K, Tolbert CJ and McNeal RS (2007) *Digital Citizenship: The Internet, Society, and Participation.* MIT Press.

Mulder HAJ, Longnecker N and Davis LS (2008) The state of science communication programs at universities around the world. *Science Communication* 30(2): 277–287.

Mulkay M (1993) Rhetorics of hope and fear in the great embryo debate. *Social Studies of Science* 23(4): 721–742.

Mulkay M (1997) *The Embryo Research Debate*. Cambridge: Cambridge University Press.

Myers G (1995) From discovery to invention: The writing and rewriting of two patents. *Social Studies of Science* 25(1): 57–105.

Nelkin D (1971) *Nuclear Power and Its Critics: The Cayuga Lake Controversy*. Ithaca: Cornell University Press.

Nelkin D (1974) *Jetport: The Boston Airport Controversy*. Transaction Publishers.

Nelkin D (1979) *Controversy: Politics of Technical Decisions*. Beverly Hills: Sage Publications.

Nelkin D (1982) *The Creation Controversy: Science or Scripture in Schools*. New York: WW Norton.

Nelkin D (1995) *Selling Science—How the Press Covers Science and Technology*. New York: W. H. Freeman and Company.

Nelkin D and Lindee MS (1995) *The DNA Mystique. The Gene as a Cultural Icon*. New York: W.H. Freeman and Company.

Nelkin D and Tancredi LR (1989) *Dangerous Diagnostics: The Social Power of Biological Information*. New York: Basic Books.

Neresini F and Bucchi M (2010) Which indicators for the new public engagement activities? An exploratory study of European research institutions. *Public Understanding of Science* 20(1): 64–79.

Neresini F, Dimopoulos K, Kallfass M, et al. (2009) Exploring a Black Box: Cross-national study of visit effects on visitors to large physics research centers in Europe. *Science Communication* 30(4): 506–533.

Nerlich B (2008) Powered by imagination: Nanobots at the Science Photo Library. *Science as Culture* 17(3): 269–292.

Nielsen KH (2010) More than 'mountain guides' of science: A questionnaire survey of professional science communicators in Denmark. *JCOM* Journal of science communicators 9(2), June 2010.

Nowotny H, Scott P and Gibbons M (2001) *Re-thinking science: Knowledge and the public in an age of uncertainty*. Cambridge: Polity Press.

Nunes JA (1996) The transcultural lab: Articulating cultural difference in/although scientific work. In: Bielefeld: Centro de Estudos Sociais. Available from: https://estudogeral.sib.uc.pt/jspui/handle/10316/10983.

Ogbogu U, Du L, Rachul C, et al. (2013) Chinese newspaper coverage of (unproven) stem cell therapies and their providers. *Stem Cell Reviews and Reports* 9(2): 111–118.

Osmond DL, Nadkarni NM, Driscoll CT, et al. (2010) The role of interface organizations in science communication and understanding. *Frontiers in Ecology and the Environment* 8(6): 306–313.

Ottinger G (2010) Buckets of resistance: Standards and the effectiveness of citizen science. *Science, Technology & Human Values* 35(2): 244–270.
Owen R, Macnaghten P and Stilgoe J (2012) Responsible research and innovation: From science in society to science for society, with society. *Science and Public Policy* 39(6): 751–760.
Owen R, Stilgoe J, Macnaghten P, et al. (2013) A framework for responsible innovation. In: Owen R, Bessant J and Heintz ggy (eds), *Responsible Innovation*, John Wiley & Sons, Ltd, pp. 27–50.
Palmer SE and Schibeci RA (2014) What conceptions of science communication are espoused by science research funding bodies? *Public Understanding of Science* 23(5): 511–527.
Parkinson J (2006) *Deliberating in the Real World: Problems of Legitimacy in Deliberative Democracy*. Oxford/New York: Oxford University Press.
Parkinson J and Mansbridge J (2012) *Deliberative Systems: Deliberative Democracy at the Large Scale*. Cambridge University Press.
Pearce AR, Romero A and Zibluk JF (2009) An interdisciplinary approach to science communication education: A case study. In: Kahlor L and Stout PA (eds), *Understanding Science: New Agendas in Science Communication*, Austin: The University of Texas, pp. 235–252.
Peiffer AM, Hugenschmidt CE and Laurienti PJ (2011) Ethics in 15 min per week. *Science and Engineering Ethics* 17(2): 289–297.
Perelman C and Olbrechts-Tyteca L (1969) *The New Rhetoric. A Treatise on Argumentation*. London: University of Notre Dame Press.
Perrow C (1979) *Complex Organizations—A Critical Essay*. New York: McGraw-Hill, Inc.
Petersen A, Seear K and Munsie M (2014) Therapeutic journeys: The hopeful travails of stem cell tourists. *Sociology of Health & Illness* 36(5): 670–685.
Peters HP (2012) Scientific sources and the mass media: Forms and consequences of medialization. In: Rödder S, Franzen M and Weingart P (eds), *The Sciences' Media Connection—Public Communication and Its Repercussions*, Sociology of the Sciences Yearbook, Springer, pp. 217–240.
Peters HP, Brossard D, De Cheveigné S, et al. (2008a) Interactions with the mass media. *Science-New York Then Washington-* 321(5886): 204.
Peters HP, Brossard D, De Cheveigné S, et al. (2008b) Science-media interface it's time to reconsider. *Science Communication* 30(2): 266–276.
Phillips L (2011) *The Promise of Dialogue: The Dialogic Turn in the Production and Communication of Knowledge*. Amsterdam: John Benjamins Publishing Company.

Philpott K, Dooley L, O'Reilly C, et al. (2011) The entrepreneurial university: Examining the underlying academic tensions. *Technovation* 31(4): 161–170.
Pidgeon N, Corner A, Parkhill K, et al. (2012) Exploring early public responses to geoengineering. *Philosophical Transactions of the Royal Society a-Mathematical Physical and Engineering Sciences* 370(1974): 4176–4196.
Pinholster G and O'Malley C (2006) EurekAlert! Survey confirms challenges for science communicators in the post-print era. *JCOM*: Journal of science communicators 5(03): C01.
Plesner U and Horst M (2012) Selling the selling point: How innovation communication creates users of Virtual Worlds Architecture. *Convergence: T* 18(1): 49–70.
Plesner U and Horst M (2013) Before stabilization. *Information, Communication & Society* 16(7): 1115–1138.
Poliakoff E and Webb TL (2007) What factors predict scientists' intentions to participate in public engagement of science activities? *Science Communication* 29(2): 242–263.
Pollock N and Williams R (2010) The business of expectations: How promissory organizations shape technology and innovation. *Social Studies of Science* 40(4): 525–548.
Powell MC and Colin M (2008) Meaningful citizen engagement in science and technology: What would it really take? *Science Communication* 30(1): 126–136.
Powell MC and Colin M (2009) Participatory paradoxes: Facilitating citizen engagement in science and technology from the top-down? *Bulletin of Science, Technology & Society* 29(4): 325–342.
Powell WW and Owen-Smith J (1998) Universities and the market for intellectual property in the life sciences. *Journal of Policy Analysis & Management* 17(2): 253–277.
Rabinow P and Bennett G (2009) Synthetic biology: Ethical ramifications 2009. *Systems and Synthetic Biology* 3(1–4): 99–108.
Rawlings KC (2012) Attending Tocqueville's school: Examining the intrapersonal, political, and civic effects of nonprofit-board participation. *Administrative Theory & Praxis* 34(3): 320–356.
Rennie LJ and Williams GF (2006) Adults' learning about science in free-choice settings. *International Journal of Science Education* 28(8): 871–893.
Riesch H (2015) Why did the proton cross the road? Humour and science communication. *Public Understanding of Science* 24(7): 768–775.
Riesch H and Mendel J (2013) Science blogging: Networks, boundaries and limitations. *Science as Culture* 23(1): 51–72.

Rip A (2006) Folk theories of nanotechnologists. *Science as Culture* 15(4): 349–365.
Rödder S (2012) The ambivalence of visible scientists. In: Rödder S, Franzen M and Weingart P (eds), *The Sciences' Media Connection—Public Communication and Its Repercussions*, Sociology of the Sciences Yearbook, Springer Netherlands, pp. 155–177.
Rödder S and Schäfer MS (2010) Repercussion and resistance. An empirical study on the interrelation between science and mass media. *Communications: The European Journal of Communication Research* 35(3): 249–267.
Rödder S, Franzen M and Weingart P (2012) *The Sciences' Media Connection—Public Communication and Its Repercussions*. Sociology of the Sciences Yearbook, Dordrecht: Springer Netherlands.
Rogers EM (1995) *Diffusion of Innovation*. New York: Free Press.
Rose N (1999) *Powers of Freedom: Reframing Political Thought*. Cambridge University Press.
Rose N and Novas C (2004) Biological citizenship. In: Ong A and Collier S (eds), *Global Assemblages: Technology, Politics, and Ethics as Anthropological Problems*, Oxford: Blackwell Publishing, pp. 439–463.
Rowe D and Brass K (2011) 'We take academic freedom quite seriously': How university media offices manage academic public communication. *International Journal of Media & Cultural Politics* 7(1): 3–20.
Rowe G and Frewer LJ (2005) A typology of public engagement mechanisms. *Science, Technology & Human Values* 30(2): 251–290.
Royal Society (1985) *The Public Understanding of Science*. London: The Royal Society.
Royal Society (2006) *Survey of Factors Affecting Science Communication: Conclusions, Recommendations and Actions*. London: Royal Society.
Russell N (2010) *Communicating Science: Professional, Popular, Literary*. Cambridge University Press.
Sandercock L (2004) Towards a planning imagination for the 21st century. *Journal of the American Planning Association* 70(2): 133–141.
Schäfer T and Kieslinger B (2016) Supporting emerging forms of citizen science: A plea for diversity, creativity and social innovation. *JCOM: Journal of Science Communication* 15(02): Y02.
Scheufele DA and Tewksbury D (2007) Framing, agenda setting, and priming: The evolution of three media effects models. *Journal of Communication* 57(1): 9–20.
Schmidt Kjærgaard R (2011) Things to see and do: How scientific images work. In: Bennett DJ and Jennings RC (eds), *Successful Science Communication : Telling It Like It Is*, Cambridge: Cambridge University Press, pp. 332–354.

Schmitt H (2003) The eurobarometers: Their evolution, obvious merits, and ways to add value to them. *European Union Politics* 4(2): 243–251.

Schweitzer NJ and Saks MJ (2007) The CSI effect: Popular fiction about forensic science affects the public's expectations about real forensic science. *Jurimetrics*: 357–364.

Sedikides C, Wildschut T, Arndt J, et al. (2008) Nostalgia past, present, and future. *Current Directions in Psychological Science* 17(5): 304–307.

Selznick P (1957) *Leadership in Administration*. University of California Press.

Shapin S (1990) Science and the public. In: Olby RC, Cantor GN, Christie JRR, et al. (eds), *Companion to the History of Modern Science*, London: Routledge, pp. 990–1007.

Shapin S (2009) *The Scientific Life: A Moral History of a Late Modern Vocation*. University of Chicago Press.

Shapin S (2010) *Never Pure: Historical Studies of Science as if It Was Produced by People with Bodies, Situated in Time, Space, Culture, and Society, and Struggling for Credibility and Authority*. JHU Press.

Shattock M (2009) *Entrepreneurialism in Universities and Knowledge Economy*. Berkshire: McGraw-Hill/Open University Press.

Silva J and Bultitude K (2009) Best practice in communications training for public engagement with science, technology, engineering and mathematics. *JCOM: Journal of Science Communication* 8(2): 1–13.

Silvertown J (2009) A new dawn for citizen science. *Trends in Ecology & Evolution* 24(9): 467–471.

Slaughter S and Leslie L (1997) *Academic capitalism—Politics, policies and the entrepreneurial university*. Baltimore: The John Hopkins University Press.

Söderqvist T, Bencard A and Mordhorst C (2009) Between meaning culture and presence effects: Contemporary biomedical objects as a challenge to museums. *Studies in History and Philosophy of Science Part A* 40(4): 431–438.

Stilgoe J (2012) Taking care of the future—The imperative of responsible innovation. *People and Science* June 2012: 22.

Stilgoe J, Irwin A and Jones K (2006) *The received wisdom—Opening up expert advice*. London: Demos.

Stimson GV (1986) Place and space in sociological fieldwork. *Sociological Review* 34(3): 641–656.

Stirling A (2005) Opening Up or Closing Down? Analysis, Participation and Power in the Social Appraisal of Technology. In: Leach M, Scoones I, and Wynne B (eds), *Science and Citizens: Globalisation and the Challenge of Engagement*, London: Zed Books, pp. 218–231.

Stirling A (2008) 'Opening up' and 'closing down': Power, participation, and pluralism in the social appraisal of technology. *Science, Technology & Human Values* 33(2): 262–294.

Stobbart L, Murtagh MJ, Rapley T, et al. (2007) We saw human guinea pigs explode. *BMJ* 334(7593): 566–567.

Strauman EC and Goodier BC (2010) The doctor(s) in house: An analysis of the evolution of the television doctor-hero. *Journal of Medical Humanities* 32(1): 31–46.

Swan J, Bresnen M, Robertson M, et al. (2010) When policy meets practice: Colliding logics and the challenges of 'Mode 2' initiatives in the translation of academic knowledge. *Organization Studies* 31(9): 1311–1340.

Taylor BC, Demont-Heinrich C, Broadfoot KJ, et al. (2002) New media and the circuit of cyber-culture: Conceptualizing Napster. *Journal of Broadcasting & Electronic Media* 46(4): 607–629.

Taylor JR and van Every EJ (2008) *The Emergent Organization: Communication as Its Site and Surface*. Psychology Press: Sussex.

The Royal Society (2006) *Science and the Public Interest: Communicating the Results of New Scientific Research to the Public*. London: The Royal Society.

Thompson K (1997) *Media and Cultural Regulation*. SAGE Publications.

Thomson JA, Itskovitz-Eldor J, Shapiro SS, et al. (1998) Embryonic stem cell lines derived from human blastocysts. *Science* 282(5391): 1145–1147.

Thorpe C (2010) Participation as post-fordist politics: Demos, new labour, and science policy. *Minerva* 48(4): 389–411.

Townsend T, Pisapia J and Razzaq J (2013) Fostering interdisciplinary research in universities: A case study of leadership, alignment and support. *Studies in Higher Education*: 40(4): 658–675.

Treise D and Weigold MF (2002) Advancing science communication a survey of science communicators. *Science Communication* 23(3): 310–322.

Trench B (2008) Towards an analytical framework of science communication models. In: Cheng D, Claessens M, Gascoigne T, Metcalfe J, Schiele B and Shi S, (eds.) *Communicating Science in Social Contexts, new models, new practices*. Springer Netherlands, pp. 119–135.

Trench B (2012) Vital and vulnerable: Science communication as a university subject. In: Schiele B, Claessens M and Shi S (eds), *Science Communication in the World: Practices, Theories and Trends*, Dordrecht: Springer, pp. 241–258.

Trench B and Miller S (2012) Policies and practices in supporting scientists' public communication through training. *Science and Public Policy* 39(6): 722–731.

Trench B, Bucchi M, Amin L, et al. (2014) The global spread of science communication—Institutions and practices across continents. In: Bucchi M and Trench B (eds) *Handbook of Public Communication of Science and Technology*, 2nd ed. New York: Routledge, pp. 214–230.

Trumbo J (1999) Visual literacy and science communication. *Science Communication* 20(4): 409–425.

Trumbo J (2000) Seeing science research opportunities in the visual communication of science. *Science Communication* 21(4): 379–391.

Turney J (1994) Teaching science communication: Courses, curricula, theory and practice. *Public Understanding of Science* 3(4): 435–443.

Turney J (1998) *To Know Science Is to Love It? Observations from Public Understanding of Science Research*. COPUS.

Turney J (2006) *Engaging Science: Thoughts, Deeds, Analysis and Action*. London: Wellcome Trust.

Tuunainen J (2005a) Contesting a hybrid firm at a traditional university. *Social Studies of Science* 35(2): 173–210.

Tuunainen J (2005b) Hybrid practices? Contributions to the debate on the mutation of science and university. *Higher Education* 50(2): 275–298.

Van Lente H (1993) *Promising Technology: The Dynamics of Expectations in Technological Developments*. phd. dissertation, University of Twente.

Van Lente H (2000) Forceful futures: From promise to requirement. In: Brown N, Rappert B and Webster A (eds), *Contested Futures: A Sociology of Prospective Techno-Science*, Aldershot: Ashgate, pp. 43–63.

Van Lente H and Bakker S (2010) Competing expectations: The case of hydrogen storage technologies. *Technology Analysis & Strategic Management* 22(6): 693–709.

Van Lente H and Rip A (1998) The rise of membrane technology from rhetorics to social reality. *Social Studies of Science* 28(2): 221–254.

Wakeford T (2012) *Teach Yourself Citizens Juries: A Handbook*. DIY Jury Steering Group.

Ward B (2007) The Royal Society and the debate on climate change. In: Bauer MW and Bucchi M (eds), *Journalism, Science and Society: Science Communication Between News and Public Relations*, Abingdon: Routledge, pp. 160–172.

Warren ME and Pearse H (2008) *Designing Deliberative Democracy: The British Columbia Citizens' Assembly*. Cambridge University Press.

Webster A (2007) Crossing boundaries: Social science in the policy reoom. *Science, Technology & Human Values* 32(4): 458–478.

Weigold MF (2001) Communicating science: A review of the literature. *Science Communication* 23(2): 164–193.
Wetherell M (2012) *Affect and Emotion: A New Social Science Understanding.* SAGE.
Wilcox SA (2003) Cultural context and the conventions of science journalism: Drama and contradiction in media coverage of biological ideas about sexuality. *Critical Studies in Media Communication* 20(3): 225–247.
Wilensky HL (1964) The professionalization of everyone? *American Journal of Sociology* 70(2): 137–158.
Wilkinson C, Dawson E and Bultitude K (2011) 'Younger people have like more of an imagination, no offence': Participant perspectives on public engagement. *International Journal of Science Education, Part B*: 1–19.
Woodward K (1997) *Identity and Difference.* SAGE Publications.
Wynne B (2006) Public engagement as a means of restoring public trust in science—Hitting the notes, but missing the music? *Community Genetics* 9(3): 211–220.Lewenstein B (2016) Can we understand citizen science? *Journal of Science Communication* 15(1): 1–5.

关键词索引

D

F

G

H

J

K

L

M

N

O

P

Q

R

S

T

W

X

Y

Z

其他